DÉJÀ PARU

Fabrice de Pierrebourg, *Montréalistan – Enquête sur la mouvance islamiste*, essai, Stanké, 2007.

FABRICE DE PIERREBOURG
MICHEL JUNEAU-KATSUYA

CES ESPIONS
venus d'ailleurs

Enquête sur les activités d'espionnage au Canada

Catalogage avant publication de Bibliothèque et Archives nationales du Québec et Bibliothèque et Archives Canada

Pierrebourg, Fabrice de

    Ces espions venus d'ailleurs : enquête sur les activités d'espionnage au Canada

    ISBN 978-2-7604-1059-6

    1. Espionnage industriel - Canada. 2. Industrie - Sécurité - Mesures - Canada. 3. Espionnage - Canada. 4. Espions - Canada. I. Juneau-Katsuya, Michel. II. Titre.

HD38.7.P53 2009   658.4'720971   C2009-941141-5

Édition : Martin Bélanger
Révision : Carole Mills
Correction d'épreuves : Emmanuel Dalmenesche
Grille graphique, couverture et mise en pages : Chantal Boyer
Photo des auteurs : Groupe Librex

Remerciements

Les Éditions internationales Alain Stanké reconnaissent l'aide financière du gouvernement du Canada par l'entremise du Programme d'aide au développement de l'industrie de l'édition (PADIÉ) pour ses activités d'édition. Nous remercions le Conseil des Arts du Canada et la Société de développement des entreprises culturelles du Québec (SODEC) du soutien accordé à notre programme de publication. Gouvernement du Québec – Programme de crédit d'impôt pour l'édition de livres – gestion SODEC.

Les Éditions internationales Alain Stanké
Groupe Librex inc.
Une compagnie de Quebecor Media
La Tourelle
1055, boul. René-Lévesque Est
Bureau 800
Montréal (Québec) H2L 4S5
Tél. : 514 849-5 259
Téléc. : 514 849-1388
www.edstanke.com

Dépôt légal – Bibliothèque et Archives nationales du Québec et Bibliothèque et Archives Canada, 2009

ISBN 978-2-7604-1059-6

Distribution au Canada
Messageries ADP
2315, rue de la Province
Longueuil (Québec) J4G 1G4
Tél. : 450 640-1234
Sans frais : 1 800 771-3022
www.messageries-adp.com

Diffusion hors Canada
Interforum
Immeuble Paryseine
3, allée de la Seine
F-94854 Ivry-sur-Seine Cedex
Tél. : 33 (0)1 49 59 10 10
www.interforum.fr

1942 - 1930
1935 - 1949   WILLIAM LION MACKENZIE KING - SE(
            LOUIS ST LAURENT, PQ LT GOV.

                        1933 - TAX COLLECT. IN PQ   47.7%
                                                    10%
                                                    42.3%
                        1936 - CBC/R CANADA (intro
                                                    cult

1940 : the ROYAL COMMISSION ON DOMINION - PROV. R(
                        (THE ROWELL - SIROIS RE(
    CENTRALIZATION : - pan-Can. UI plan
            ↓   - fed. pays all old.age pe
    COMING OF THE   1944 - the FAMILY ALLOWANCE
    WELFARE STATE   1945 - TAX collected IN PQ - 82.8% +
            -56 LOUIS ST LAURANT   PM(7.3
1954 prov. TREMBLAY REPORT : CONFEDER. is a creation 9.4
        └ established a provincial income tax
1957 - 63 JOHN G. DIEFENBAKER PC PM | OCT '62 CR(
    WARS → HIGH RAW MATER. DEMAND)   - indec.
    1963 LESTER PEARSON, LIB PM | 1965
1968 - 79 PIERRE ELLIOT TRUDEAU LP PM |
1969 P.E. TRUDEAU, PM → the OFFICIAL LANGUAGES
            Canada officially bilingual

1973 - oil crisis

1979 - 80   JOE CLARK   PC PM|
1980 - 82   RECESSION
1980 - 84   P.E. TRUDEAU LP. PM|
        1982 - THE CONSTITUTION ACT (1867 - BNA AC(
1984 - 1993 BRIAN MULRONEY PC PM| *PQ didn't end
        1993   KIM CAMPBELL   PC | 1987 - MEECH LAKE AC(
                                     amendments: more power
                                          failed 1987 -
1993 -   JEAN CHRETIEN LIB PM| 1984 - (

► L'espion russe Paul William Hampel conservait ces aide-mémoire dans lesquels il recensait les faits saillants de l'histoire du Canada et du Québec. (Archives des auteurs)

PRÉFACE

Yves Bonnet, préfet de région honoraire, ancien patron du contre-espionnage français (DST), en fonction lors de l'affaire Farewell, préside le Centre international de recherches et d'études sur le terrorisme et l'aide aux victimes du terrorisme. Il est l'auteur d'ouvrages de référence tels que Le Nucléaire iranien : une hypocrisie internationale, Liban : les otages du mensonge, Contre-espionnage, les mémoires d'un patron de la DST, La Trahison des ayatollahs ou le dossier contre l'intégrisme *et* Mission et démission, le prix de la défense. *Il a publié en avril 2009 l'ouvrage* Vevak, au service des ayatollahs – Histoire des services secrets iraniens *(Timée-Éditions).*

Facile à concevoir et à définir, la lutte contre les ingérences extérieures constitue le premier devoir d'un État et la première mission des services dits « de sécurité ». Un État peut décider de ne rien consacrer à l'intelligence, depuis la quête du renseignement confidentiel jusqu'à l'espionnage. Une telle attitude, à coup sûr naïve, est concevable, en particulier quand cet État s'intègre à une communauté du renseignement. En revanche, le laisser-aller devient synonyme de trahison dès lors qu'il s'applique aux menaces de subversion qui affecteraient l'existence ou les intérêts de notre pays. La sécurité, entendue au sens que lui donnent les Anglo-Saxons, est un devoir national.

L'énoncé de ces généralités n'est pas si innocent ni facile qu'il y paraît, car plus d'une nation, en Europe par exemple, s'en remet à une communauté – comme l'Alliance atlantique –, à une puissance tutélaire – comme les États-Unis d'Amérique – ou à un État voisin pour identifier et neutraliser espions et terroristes. Or, s'il est effectivement indispensable de s'inscrire dans une entité plus grande, de préférence spécialisée, pour mieux contrecarrer les entreprises de ceux qui ne nous veulent pas nécessairement du bien, il ne saurait être question d'abandonner la gestion de nos intérêts propres à quelque ami ou allié que ce soit, sauf à abandonner notre indépendance.

J'imagine que mon propos peut étonner, sinon choquer, ceux qui font de l'alignement une vertu cardinale. Il est désagréable de réaliser que nous pouvons nous laisser duper et, comme le mari (ou la femme) trompé, mieux vaut refuser la réalité. Ainsi, nos amis allemands, échaudés par la propagande nazie et démoralisés par un cruel complexe de culpabilité, ont longtemps placé – et pour certains placent encore – leurs espoirs dans les « Amis », merveilleux sobriquet pour désigner les Américains. Ils n'ont jamais imaginé que ces gaillards venus d'outre-Atlantique, en uniformes de GI ou en costume texan, feraient la part belle aux criminels de guerre qui précisément les avaient mis au ban de l'humanité.

La lutte contre le terrorisme regorge d'exemples aussi édifiants. La France a longtemps fermé les yeux sur le terrorisme basque et le refuge accordé aux chefs de l'ETA ; la Grande-Bretagne et les États-Unis ont pratiqué l'autisme à l'égard des assassins du GIA qui frappaient sur les Champs-Élysées ; le Maroc et la Tunisie n'ont pas toujours pleuré sur les malheurs de l'Algérie.

Il y a enfin la raison d'État qui brouille les cartes, mais dont on peut également dire qu'elle restitue, pour chaque pays, la véritable échelle de leurs intérêts.

Pour illustrer mon propos, je prendrai l'exemple du pays que je connais le mieux, la France.

Notre « cher et vieux pays » a connu, dans sa longue existence, bien des alliances, des retournements d'alliances, des inimitiés et des réconciliations qui ont épaissi le cuir et fortifié la méfiance de ses dirigeants, vertu cardinale en matière de sécurité. Pour nous en tenir à la période relativement récente de l'après-guerre, force est de constater que la répartition des pions sur l'échiquier de la fin des hostilités s'est rapidement modifiée. Le partenaire soviétique nous est apparu comme un ours polaire, avide de chair fraîche, et l'ennemi d'hier, l'Allemagne, comme un ours brun (c'est le symbole de Berlin), frugivore et docile en dépit de sa puissante carrure. Nous avons, sur le conseil du grizzli américain, choisi celui-ci contre celui-là et nous en sommes bien portés.

Pour autant, toutes les rancunes n'ont pas été jetées à la rivière et je me suis aperçu – avec stupeur – en prenant mes fonctions à la DST en novembre 1982 que l'ambassade d'Allemagne figurait toujours sur la liste des «objectifs» de ma direction. Laquelle n'avait pas, par ailleurs, totalement réalisé que l'Algérie avait acquis son indépendance et que notre amitié pour Israël ne devait pas exclure la vigilance. C'est d'ailleurs ce point particulier que je souhaite expliciter.

Durant la guerre contre l'Iran des ayatollahs et l'Iraq de Saddam Hussein, la France a clairement choisi son parti. Avec l'Union soviétique dont elle était sur ce point, et sur ce seul point, l'alliée objective, elle soutint le régime laïque de Bagdad et fut son meilleur pourvoyeur en armes, jusqu'aux fameux Exocet dont nos amis britanniques ne conservent pas que de bons souvenirs. L'Iran fit payer cher à la France son engagement aux côtés de l'Iraq, mais nous avions conscience de lutter contre le fanatisme religieux et je crois pouvoir dire aujourd'hui que nous n'avions pas tort. Nous le faisions d'ailleurs si bien que l'armée iraquienne mit son adversaire en grande difficulté.

Or que faisaient pendant ce temps-là nos amis américains et israéliens? Le mot d'Irangate répond à la question: par l'intermédiaire de leurs services, avec lesquels je croyais entretenir de bonnes sinon d'excellentes relations et auxquels nous avions rendu de signalés services, ils approvisionnaient en munitions, armes et pièces détachées un régime dont ils dénoncent aujourd'hui l'essence et les méthodes. Je ne peux, quant à moi, me départir d'un sentiment de frustration dont mes anciens interlocuteurs n'ont d'ailleurs cure. J'en ai eu la confirmation lors d'une visite que, préfet de la Guadeloupe, je rendis à Langley et où, au propre comme au figuré, on me fit passer par la porte de derrière.

En revanche, j'ai eu, dans mes relations avec les patrons des services arabes, algériens et palestiniens en particulier, la bonne surprise de gestes qui allaient au-delà de la simple bonne entente et de la réciprocité. En clair, j'y ai découvert de l'amitié sans arrière-pensée, fondée sur la qualité des relations personnelles et non sur l'intérêt. C'est ainsi que, plus de vingt ans après mon retrait du service, je conserve de précieuses relations chez mes amis arabes, mais aucune chez nos « amis » américains ou israéliens.

Il faut savoir dépasser les questions d'amour-propre, et l'intérêt du service passe avant les susceptibilités personnelles comme il s'efface devant les impératifs nationaux. Or, c'est précisément sur ce point que se rejoignent l'objectif et le subjectif. Et s'agissant de nos amis canadiens, je sais qu'il en va ainsi.

Le Canada, qui m'est cher et dont je vais visiter les tombes des soldats tombés à Dieppe – hélas ! en vain – en 1943, le Canada est un grand pays dont le devenir ne doit être dicté ni même suggéré par qui que ce soit. Il se doit de disposer de services de renseignement et de sécurité performants et indépendants. Longtemps le lot de la Gendarmerie royale, la contre-ingérence est ainsi devenue, durant mon séjour à la DST, une mission confiée au SCRS, partenaire de grande valeur.

J'ai pourtant souvent eu le sentiment que ni les Canadiens ni leurs amis ne réalisaient la position stratégique, les atouts, le devenir de ce continent, jeté par la géographie dans cet Atlantique Nord dont il occupe la plus grande partie et dont, cependant, on remarque à peine la présence.

La position stratégique, c'est d'abord la proximité avec les États-Unis, la plus longue frontière de la première puissance mondiale, c'est aussi tout l'espace terrestre arctique qui n'est pas dévolu aux Européens, c'est enfin l'ouverture sur le Pacifique.

Ses atouts, le Canada les a conquis de haute lutte : des réussites exceptionnelles comme Bombardier, Lavalin, l'industrie pharmaceutique, des marchés enlevés de haute lutte dans maints pays d'où les États-Unis se sont proscrits, d'où les Européens se sont tout seuls exclus. Au Maghreb, dans les pays arabes en général, sans publicité tapageuse, nos « cousins » se sont imposés. Et s'accrochent comme le lierre.

Mais si discrètes soient-elles, leurs réussites suscitent des convoitises, des concurrences, que la Gendarmerie royale puis aujourd'hui le Service de renseignement et de sécurité ont dû apprendre à gérer, abandonnant leurs habits de gentils partenaires pour l'uniforme, évidemment invisible, des combattants de l'ombre. Je n'ai guère eu le loisir de les connaître dans ce nouveau rôle et je ne suis pas sûr de le regretter.

Je ne peux évoquer sans nostalgie la figure du « cousin » Giroud ou du malicieux Mac Donald, avec qui les affinités étaient tout à la fois faciles et fructueuses. Comme nos partenaires les plus confirmés, les Canadiens méritent notre respect et, comme je l'ai écrit pour d'autres liaisons, notre amitié.

Il ne faut pas oublier que l'affaire Farewell aurait pu porter un autre nom de code et passer par d'autres contacts si Vetrov s'était avisé de « défecter » – terme aimable pour « trahir » – quelques années plus tôt. Le commandant du KGB qu'il était avait, en effet, été affecté au Canada, et le hasard seul a voulu que la France lui offre sa chance. Sans entrer dans le secret de dossiers qui me sont aujourd'hui fermés, je sais que, depuis lors, le service canadien ami s'est imposé parmi les « bons ».

Cependant, pour assurée que soit la place du Canada dans l'économie mondiale, il faut bien prendre conscience que les adversaires et même les ennemis lui prêtent grande attention. Et ce, à un double titre.

D'abord, les activités que le Canada développe sur son sol suscitent des convoitises, en termes de transferts de technologie ou, pour parler plus simplement, d'espionnage. Mais il faut aller plus loin encore sur le chemin de la franchise : parfois, les Canadiens nous donnent le sentiment, à nous Français, qu'ils jouent le rôle de cheval de Troie de leurs puissants voisins du sud, en intervenant dans des pays francophones que, probablement à tort, nous considérions comme nos chasses gardées. C'est le cas de l'Algérie, que nous n'avons pas abandonnée dans les moments difficiles.

Ce constat est d'autant plus préoccupant que les États-Unis développent, depuis l'administration Clinton, une politique particulièrement agressive en matière de renseignement économique, connue sous le nom de *advocacy policy*, qui vise à leur assurer la maîtrise de nombre de technologies et de débouchés dans les pays émergents.

Ensuite, l'asile que le Canada accorde aux ressortissants de certains pays explique, sans les justifier, les intrusions de services secrets en chasse de leurs oppositions. Ces ingérences, inacceptables en droit comme en fait, se traduisent par de la désinformation, des chantages et des assassinats.

À ce jeu, le Vevak iranien se distingue particulièrement par son acharnement à neutraliser la résistance, tout comme les services chinois, qui ont pour cibles le Falun Gong ou l'opposition tibétaine. Autant d'atteintes insupportables à la souveraineté du grand pays démocratique qu'est le Canada.

C'est le monde de la déstabilisation et de l'ingérence que décrit cet ouvrage de référence dont il m'est fait l'honneur de rédiger la préface.

Fabrice de Pierrebourg, qui a déjà commis un très bon ouvrage malicieusement intitulé *Montréalistan*, et dont les talents d'investigateur lui valent l'estime des professionnels, nous fait parcourir le monde – au sens propre – de ses pérégrinations avec l'œil averti d'un expert. L'équipe qu'il forme avec Michel Juneau-Katsuya, professionnel du renseignement et de la sécurité, ancien du SCRS aujourd'hui reconverti à la tête de la société de conseil Northgate Group, apporte au lecteur la garantie d'un travail solide, documenté et convaincant. Un sujet passionnant, un auteur averti sont les plus solides assurances d'un ouvrage de haute tenue.

Yves Bonnet

Introduction

Le bon stratège est si subtil qu'il n'a plus de forme visible.
Le bon stratège est si discret qu'il en est inaudible.
Ainsi il se rend maître du destin de l'ennemi.

Sun Tzu, *L'Art de la guerre* (ve siècle av. J. -C)

En 1995, le Service canadien de renseignement de sécurité (SCRS*)[1] démontrait dans une étude, faits à l'appui, que le Canada perdait annuellement entre 10 et 12 milliards de dollars en raison de l'espionnage économique et industriel[2]. Une coquette somme de 1 milliard de dollars par mois évaporée grâce au travail efficace d'espions. Une analyse similaire produite à la même époque par la Société américaine pour la sécurité industrielle (ASIS) estimait que les États-Unis perdaient, quant à eux, en moyenne 2 milliards de dollars par mois. Considérant que le pays de l'Oncle Sam est dix fois plus gros que le Canada (population et économie confondues), il

---

*   Les astérisques renvoient à l'annexe 1 «Principales agences de renseignement» en fin d'ouvrage.
1.   En 1995, un des deux auteurs de ce livre, Michel Juneau-Katsuya, était le chef du bureau Asie-Pacifique du SCRS. À sa connaissance, aucune autre étude de cette envergure n'a été réalisée ni par le gouvernement fédéral, ni par un universitaire ou une firme privée.
2.   Il y a divers types d'espionnage. Ces différentes catégories seront expliquées plus loin.

n'est donc pas exagéré d'en conclure que le Canada est victime d'une véritable hémorragie économique.

Mais l'espionnage n'a pas qu'un seul visage. C'est une menace multiforme dont chacune des manifestations a des conséquences graves sur notre société. L'espionnage économique n'est que la pointe de l'iceberg. Il suffit de penser, par exemple, à l'énorme affaire «Farewell», qui reste l'un des dossiers les plus importants de l'histoire de l'espionnage moderne et dont le protagoniste central, un colonel du KGB* ayant pour nom Vladimir Vetrov, a été en poste à Montréal pendant plusieurs années. (Le même Vetrov a par la suite offert aux services français une impressionnante liste d'espions russes postés à travers le monde.) Ou aux centaines de compagnies «paravents» montées par les services secrets chinois afin de voler la technologie canadienne, ou encore aux agents iraniens qui terrorisent la communauté afin d'identifier et de faire taire la dissidence. Bref, des centaines d'opérations de calibre international se sont déroulées ici, au Canada, depuis la fin de la Seconde Guerre mondiale, plus exactement depuis septembre 1945, au moment où le transfuge russe Igor Gouzenko a quitté l'ambassade soviétique à Ottawa avec sous le bras des dizaines de documents dévoilant l'ampleur des opérations du KGB en Occident et déclenchant ainsi la vraie guerre froide.

Nombre de ces hauts faits ont été cachés au grand public canadien depuis des décennies. Le Canada s'est constamment retrouvé au cœur des plus importants dossiers d'espionnage de la planète. Certaines des plus célèbres intrigues historiques se sont déroulées à un moment ou à un autre au Canada. Même si plusieurs croient que l'espionnage est mort avec la fin de la guerre froide, la réalité est tout autre. Ces dernières années surtout, la Russie et la Chine ont doublé et même parfois triplé leurs efforts dans ce domaine. Évidemment, ces deux-là sont des acteurs majeurs et incontournables, mais ils ne sont pas les seuls «méchants». Il y a davantage d'activités d'espionnage aujourd'hui qu'au plus fort de la guerre froide parce que, maintenant, ce ne sont plus deux camps qui s'affrontent, c'est la planète entière. Et le Canada est un terrain de bataille privilégié pour diverses raisons d'ordre technologique (on veut notre savoir), économique (on veut nos marchés), politique (on tient à nous manipuler et à contrôler nos citoyens d'origine étrangère) et militaire (on veut l'accès à nos secrets et à ceux de nos amis).

Il va de soi que, depuis le 11 septembre 2001, le terrorisme a pris une grande place dans les activités des services de sécurité canadiens. Malheureusement, cela s'est fait au détriment de la lutte contre une plus grande menace. Même si les terroristes tuent des innocents, les questions d'espionnage au Canada devraient être de loin la plus haute priorité en matière de sécurité nationale.

Mais pourquoi le Canada?

Pourquoi des espions du monde entier ou presque se précipitent-ils ici? Parce que le Canada est une société basée sur le savoir. Nous avons quelques-uns des meilleurs centres de recherche au monde et nous sommes à la fine pointe des avancées technologiques dans presque tous les domaines, notamment l'aéronautique, le médical et le pharmaceutique. De plus, les lois canadiennes sont très permissives. En outre, le Canada est aussi une mosaïque multiethnique qui permet aux espions étrangers de se cacher tout en recrutant. Et puis, il y a cette propension naturelle chez les Canadiens à «inviter» facilement l'étranger chez eux sans trop poser de questions. Ce trait culturel est une qualité remarquable, mais quand des espions de tous acabits qui savent l'exploiter en abusent, ces mêmes Canadiens se retrouvent bien piteux lorsque leur propriété intellectuelle disparaît dans les poches de leurs invités.

L'espionnage paie! Il est bien plus rentable de voler ou de copier la nouvelle technologie que de la développer. La découverte et la mise au point d'une nouvelle technologie impliquent en effet des années de recherche et des millions, voire des milliards, de dollars investis. Le voleur n'a évidemment pas à amortir cet investissement. C'est ce qui lui permet d'offrir sur le marché le produit « cloné » à un prix bien inférieur, et même ridiculement bas comparé à celui qui est proposé par son découvreur.

À tout cela il faut ajouter le manque de leadership des gouvernements successifs, toutes allégeances confondues, qui n'ont jamais eu le courage ou la volonté, ni perçu la nécessité, de s'attaquer au problème. Pourquoi ?

Le problème : *See no evil, speak no evil*[3] !

Si le Canada est la cible des espions internationaux, est-il en mesure au moins de faire face à la situation ? La réponse est malheureusement : NON !

L'équation est d'une horrible simplicité et s'inscrit dans un cercle vicieux : les dirigeants politiques n'ont aucune connaissance de l'ampleur du phénomène. En partie par manque d'intérêt (ou dans certains cas à cause de conflit d'intérêts), en partie parce que le SCRS ne fait pas un bon boulot pour expliquer la situation clairement, en partie encore par manque de cohérence dans les actions et les politiques gouvernementales (dans bien des dossiers, les employés du ministère des Affaires étrangères et du Commerce font passer les intérêts de leurs dossiers ministériels avant celui du pays), en partie par manque de volonté politique parce que l'on a peur de déranger les plus grands. En bout de ligne, tous les dirigeants des partis politiques fédéraux au pouvoir ont successivement ignoré le problème, alors que ce dernier prenait de l'ampleur. Comme la question ne semble pas être suffisamment connue ou cruciale pour devenir un enjeu de plate-forme électorale, tout ce qui concerne l'espionnage au Canada est donc remis aux calendes grecques. Parent pauvre, l'espionnage ressemble un peu aux aqueducs et aux égouts vieillissants de nos villes que nos élus rechignent à rénover parce qu'ils sont bien moins sexy à inaugurer qu'un parc ou un hôpital. Et si la ques-

---

3.   « Ne rien voir de mal, ne rien dire de mal. »

tion ne figure pas parmi les priorités du Cabinet, il est évident qu'aucune attention ou action ne sera entreprise par les autorités concernées. La suite n'est donc que la conclusion logique.

Les lois canadiennes sont inadéquates pour protéger le pays. Si le problème n'est pas perçu par les gouvernants, il va de soi que le cadre législatif ne reflétera pas non plus les besoins en la matière. Immédiatement après la chute du bloc soviétique, des pays occidentaux tels que les États-Unis, la France et le Royaume-Uni, pour n'en nommer que quelques-uns, ainsi que la Russie, se sont dotés d'un arsenal juridique spécifique pour se protéger contre l'espionnage économique et/ou s'autoriser à faire de l'espionnage économique. Au Canada, il a fallu attendre 2003 avant qu'une loi soit votée. Et encore, seulement deux articles de cette loi traitent de l'espionnage économique et de l'ingérence étrangère[4]. Quand une affaire touche à l'ingérence étrangère et aux menaces exercées contre les citoyens canadiens, on doit s'en remettre au code criminel, qui ne couvre pas précisément ce genre d'activités. Bref, le cadre juridique canadien est totalement inadéquat.

Les policiers n'ont pas les ressources ni la formation nécessaires pour enquêter sur ce type de crime. Pas de cadre juridique, pas d'enquête. Les corps policiers canadiens ont de la difficulté, à cause de leurs maigres effectifs et ressources financières, à enquêter sur les crimes dits «de cols blancs» tels les fraudes et autres crimes économiques. Alors, quand surgissent des dossiers d'espionnage, ils sont totalement désarmés. À cela s'ajoute le fait que les entreprises téléphonent généralement à la police ou au SCRS une fois qu'il est trop tard. Dès lors, il ne reste plus beaucoup d'options à la disposition des policiers, si ce n'est recourir au Code criminel et utiliser des articles comme «vol au-dessus de 5 000 dollars» ou «fraude». Peine infligée généralement : une amende et/ou une peine avec sursis. Risible !

---

4.   Il n'y a que deux articles de loi qui visent spécifiquement l'espionnage économique et l'ingérence, mais ils n'ont jamais été utilisés et on les retrouve enfouis dans le projet de loi C-36, qui est devenu le fourre-tout de la *Loi antiterroriste* : les articles 19 et 20 de la *Loi sur la protection de l'information*.

Les entreprises sont totalement laissées à elles-mêmes pour se défendre contre les attaques des espions professionnels. À la fin, la responsabilité de se protéger incombe aux chefs d'entreprise. Mais voilà, eux-mêmes n'étant pas sensibilisés à la question, ils ignorent ou rejettent tout bonnement la possibilité de pouvoir un jour être victimes. Pire, ils sont persuadés que la police pourra les protéger… et le cercle vicieux recommence…

Et si par chance un chef d'entreprise est suffisamment proactif pour tenter de se protéger, ce clairvoyant aura de très grandes difficultés à trouver des spécialistes en sécurité qui pourront le faire efficacement. Trop souvent, les seuls conseillers en sécurité seront des vendeurs d'équipements et de gadgets à la James Bond qui offriront probablement des solutions totalement inutiles. Mais voilà, la sécurité technologique n'est qu'un outil. Dans tout système de sécurité, le maillon le plus faible est toujours le facteur humain. Il faut donc attaquer le problème sur le plan de la gestion de l'information (ne pas lire « sécurité informatique » – cet aspect n'en est qu'une petite composante), voire repenser la façon de gérer les affaires et même la culture organisationnelle. Il faut vraiment inculquer la notion de sécurité aux employés du début à la fin, en faire un réflexe. Pas la peine alors de transformer la compagnie en bunker !

Notre intention

Si le Canada a la vision ou l'ambition d'être une économie moderne et avant-gardiste, il lui est impératif de s'attaquer immédiatement au problème de l'espionnage. Pendant que des compagnies, des spécialistes, des chercheurs, etc., s'acharnent à percer des marchés ou à découvrir de nouvelles technologies, dans l'ombre, des centaines et peut-être même des milliers d'espions s'amusent allègrement à nous voler et même à terroriser notre population.

Ce livre cherche à jeter un peu de lumière sur l'obscur, trouble et complexe monde de l'espionnage au Canada, en exposant aussi bien ses acteurs que ses enjeux, afin de faire saisir au public ses conséquences sur notre société. Nous n'avons aucune prétention universitaire ni scientifique, nous tentons simplement, exemples à l'appui, de lever le voile, même partiellement, sur le sujet. Tout au plus, nous espérons sensibiliser la conscience collective à ce problème important et susciter l'éveil de nos dirigeants politiques et des gens d'affaires.

Chaque pays mentionné ici pourrait en soi faire l'objet d'un livre. C'est le cas en particulier de la Chine et de la Russie, à qui nous consacrons déjà une large part de cet ouvrage à cause de l'importance de leurs actions clandestines tous azimuts sur notre territoire.

Nous souhaitons aussi briser le silence qui a prévalu trop longtemps et qui perdure au sein des institutions canadiennes. Il faut d'abord connaître l'étendue du problème si l'on veut mettre en place des solutions efficaces ou même donner aux chefs d'entreprise la chance de prendre les mesures nécessaires afin d'endiguer l'espionnage dans leur entreprise.

Le lecteur remarquera que, au vol, nous écorchons et même dénonçons les actions (ou l'inaction) de certains hauts fonctionnaires qui, de façon scandaleuse, ont au cours des années parfois fait passer en priorité leurs intérêts carriéristes avant l'intérêt public canadien. Ainsi, ils ont mis en péril certains secteurs de notre économie ou même, plus grave, compromis la sécurité d'individus. À ces gens-là, nous disons: «Nous regrettons que le système ne vous demande pas d'être plus redevables de vos erreurs et de votre inaction.»

Il est remarquable que, malgré les contraintes du système et les frustrations vécues quotidiennement, il y ait encore des milliers d'hommes et de femmes qui continuent à s'acharner avec dévouement et professionnalisme à protéger notre société. À ces hommes et à ces femmes qui travaillent au sein des services de renseignement, de la police, des douanes, des forces armées et autres organes d'application de la loi, nous désirons dédier ce livre.

Nous éprouvons une reconnaissance profonde pour ces personnes qui œuvrent dans l'ombre de manière quotidienne et inlassable afin, envers et contre tout, de protéger le Canada et les citoyens de ce pays.

Un dernier mot sur nos sources. Ce livre est basé sur des rencontres avec des personnes venues de tous les horizons. La plupart sont citées nommément. Mais certaines, pour des raisons professionnelles évidentes, ont accepté de témoigner en échange de notre promesse de garder leur identité confidentielle. Nous nous sommes basés aussi sur toute la documentation disponible : articles, rapports, livres, etc., que nous avons recoupés afin d'en vérifier l'exactitude.

Enfin, dans le domaine de l'espionnage, il est impossible de contre-vérifier certaines allégations ou informations autant qu'il se devrait, même si elles proviennent de sources considérées comme très fiables. D'où une certaine marge. Et tout comme nos politiciens, les personnes incriminées ne répondent jamais directement aux questions, ou carrément nient en bloc.

Chapitre 001

Du KGB, la « vieille putain fatiguée », au SVR

Vous êtes très naïfs au sujet de la Russie et de ses intentions. Vous croyez que, maintenant que l'URSS n'existe plus, la Russie est votre amie. C'est faux.

Serguei Tretiakov[5], ex-espion russe

Novembre 1989. Les télévisions du monde entier relayent les images d'Allemands de l'Est et de l'Ouest défonçant avec une rage compréhensible le mur de la honte. À Ottawa, dans les bureaux du gouvernement, c'est l'euphorie. Chez le sous-solliciteur général, Wendy Porteus, se souvient encore un témoin, on sable le champagne dans des verres en plastique. Une faute de goût involontaire qui trahit surtout une certaine précipitation. Il est vrai que pour une grande partie de ces bureaucrates canadiens, même si le pacte de Varsovie n'avait pas encore été dissous, le temps était venu de tirer le rideau sur la guerre froide et de passer à autre chose.

Au siège du SCRS, deux clans s'affrontaient déjà : ceux qui estimaient qu'on pouvait mettre les ressources ailleurs, et ceux qui se méfiaient, estimant qu'on avait tort de baisser la garde si vite.

---

5. Pete Earley, *Comrad J. The Untold Secrets of Russia's Master Spy in America after the End of the Cold War*, GP Putnam's Sons, New York, 2007.

Quoi qu'il en soit, les quelques dizaines de «cibles» soviétiques qui faisaient l'objet d'un mandat de surveillance signé par le solliciteur allaient peut-être pouvoir respirer un peu.

«Quand on sait nager, c'est pour la vie»

Vingt ans plus tard, c'est par cette jolie boutade qu'un espion russe a répondu à la question d'un «ami» d'un service secret européen. Bien qu'il se doutât déjà de la réponse, celui-ci voulait simplement savoir si la «mère patrie» avait diminué ses activités d'espionnage depuis la glorieuse époque de James Bond.

L'URSS était peut-être morte, et par ricochet le pacte de Varsovie, mais la Russie, sa fière héritière, n'a pas pour autant perdu la main. Après des années de turbulences et d'humiliation, ébranlée jusque dans son arrière-cour par l'OTAN et les États-Unis, qui ne cessent d'y placer leurs pions, la mère patrie n'a plus qu'une obsession: retrouver sa puissance du passé.

Les hommes d'affaires en visite en Russie et dont les activités peuvent présenter une menace commerciale pour leurs concurrents locaux ont de bonnes raisons de se tenir sur leurs gardes. Ces derniers mois, certains ont même été suivis à la trace, parfois de façon ostentatoire, tout au long de leur séjour moscovite. Remarquez que d'autres pays, dont la Chine (voir chapitre 004), confondent allègrement eux aussi le monde des affaires et celui de l'espionnage pour protéger, ou accroître, leurs parts de marché. Même chose dans les pays dits «amis». Au début de l'année 2009, le renseignement militaire britannique avait placé la Russie et la Chine en tête de leur top 20 de l'espionnage, en particulier économique et industriel, devant la Syrie, l'Iran, la Corée du Nord et la Serbie, mais aussi devant la France et l'Allemagne! La seule différence est que les «amis» usent de plus de discrétion dans leurs méthodes, comme on pourra le lire dans cet ouvrage.

Certains rapports mentionnent que le nombre d'agents du GRU* et du SVR* installés dans certaines missions diplomatiques européennes atteindrait des niveaux équivalents à ceux de la guerre froide.

« Ils sont de retour […] et occupés comme jamais », s'est exclamé en 2005 un ancien haut responsable des services de renseignement américains. À l'époque, comme pour faire écho à ce constat, les Américains s'inquiétaient des efforts déployés désormais par les Russes pour s'emparer de technologies militaires ou à double usage. Essentiellement par le biais de compagnies paravents basées dans des pays tiers, afin de brouiller les pistes et de contourner les embargos éventuels.

« De retour ? En fait, ils ne sont jamais vraiment partis », réplique-t-on au sein du contre-espionnage canadien.

Chez nos alliés britanniques, on dresse le même constat. Les plus récentes observations démontrent que le nombre d'agents secrets russes implantés sous des couvertures diverses à Londres (une trentaine affiliés soit au GRU, soit au SVR, ligne X en particulier) serait sensiblement le même que pendant l'époque soviétique. Dans un discours prononcé en novembre 2007 à Manchester, Jonathan Evans, le directeur général du MI5*, déplorait d'être obligé d'allouer – « presque deux décennies après la fin de la guerre froide » – de plus en plus de ressources financières, matérielles et humaines pour contrecarrer des pays, Russie et Chine en tête, pour qui le vol de technologies est devenu le sport national et la priorité numéro 1. « Ils n'utilisent pas seulement des méthodes traditionnelles d'espionnage, ils ont recours de plus en plus à des moyens technologiques sophistiqués, utilisant l'internet pour infiltrer les réseaux informatiques[6] », avait-il précisé. Permettez-

---

6. « *They do not only use traditional methods to collect intelligence but increasingly deploy sophisticated technical attacks, using the internet to penetrate computer networks.* » Site internet du *Manchester Evening News*, « Full Speech by Director-General of the Security Service/MI5 », 5 novembre 2007.

nous au passage de féliciter M. Evans pour cette franchise et cette transparence dont devraient à coup sûr s'inspirer ses homologues, canadiens en tête.

Cette déception paraissait d'autant plus grande aux yeux du patron du contre-espionnage britannique que cela obligeait ses troupes à courir deux lièvres à la fois, le terrorisme international et l'espionnage. Une dispersion des forces qui, selon Jonathan Evans, se faisait au détriment de la lutte au terrorisme, une menace bien réelle pour ses compatriotes, mais aussi pour le monde entier.

Au Canada, un des indices de cette formidable montée en puissance du renseignement russe est le nombre d'agents du GRU et du SVR « déguisés » en diplomates auxquels on a refusé l'accès au territoire au cours de l'année 2008 après avoir découvert la vraie nature de leurs activités grâce à des *trace requests*[7]. Cette résurgence au premier plan de la « menace » russe est suffisamment sérieuse pour que le contre-espionnage du SCRS y consacre au cours des années 2007 et 2008 une enquête considérée comme hautement prioritaire. Une urgence justifiée par l'éventail des activités clandestines menées par Moscou tant au Canada qu'à l'étranger, en particulier auprès de nos représentations diplomatiques. Il s'agit de manœuvres classiques d'espionnage visant à collecter des informations d'ordre économique, scientifique, technique ou politique. Forts de leur puissance et de leur capacité extraordinaire de « corruption », les services secrets russes font désormais des pieds et des mains pour recruter des sources au sein même de certains ministères canadiens, en particulier de la Défense. Placer une taupe au plus haut niveau d'une organisation officielle a toujours été et demeure un jeu d'enfant pour les tout-puissants GRU et SVR russes.

---

7. Chaque arrivée en poste d'un diplomate doit être autorisée au préalable par le pays d'accueil. Au Canada, le service du protocole des Affaires étrangères tient à jour sur internet un registre où sont recensés les noms de tous les diplomates présents dans les ambassades, consulats et missions commerciales.

Une des cibles des Russes a été le chantier de modernisation du Centre des opérations aériennes du Secteur de la défense aérienne du Canada (SDAC), situé à North Bay, en Ontario. Cet établissement stratégique de près de 10 000 mètres carrés est un des éléments du Commandement de la défense aérospatiale de l'Amérique du Nord (NORAD). Son chantier s'est étalé de 2003 à 2007. Les manœuvres d'infiltration ont été facilitées par les nombreuses failles dans la sécurité du chantier. Des failles que la vérificatrice générale du Canada résume ainsi[8] :

« Les plans et la destination du bâtiment ont été rendus publics au moment où on a voulu porter ces documents et renseignements à la connaissance des entrepreneurs intéressés à soumissionner.

« Pendant la construction, le contrôle physique du bâtiment et de l'accès au site a été limité.

« L'habilitation de sécurité d'aucun des ouvriers appelés à travailler sur le site n'a été vérifiée au préalable. »

Fait incroyable, ni la Défense nationale ni Construction de Défense Canada n'auraient terminé les enquêtes de sécurité concernant la vingtaine d'entreprises canadiennes et étrangères intervenant sur le chantier du nouveau complexe du NORAD et ayant eu accès aux plans. On croit rêver ! Les inquiétudes sur la sécurité des locaux étaient telles que, une fois achevé, ce complexe flambant neuf est demeuré inutilisé pendant de longs mois, le temps que plusieurs vérifications et modifications soient menées.

Et les exemples similaires semblent se multiplier dans le monde entier. Au Japon par exemple, les agents du contre-espionnage ne chôment pas entre les agents du SVR qui cherchent à entrer dans ce pays sous couverture diplomatique et les illégaux déjà implantés. L'un d'entre eux aurait sévi pendant près de trente ans en ayant usurpé plusieurs identités avant d'être démasqué.

---

8.   Rapport de la vérificatrice générale du Canada, mai 2007, chapitre 6, « La modernisation du système du NORAD au Canada », Défense nationale. Site internet : www.oag-bvg.gc.ca.

Après la chute du mur de Berlin, en novembre 1989, il y a tout juste vingt ans cet automne, nous avons assisté à la transition d'une confrontation militaire vers une confrontation économique entre l'ex-bloc de l'Est, essentiellement la Russie, et l'Occident. Tandis que les dirigeants des pays occidentaux étaient subjugués par la perestroïka («restructuration», initiée par Andropov) et la glasnost («transparence») du très médiatique Mikhaïl Gorbatchev, les agents de l'ombre héritiers de la Tchéka, une fois le choc passé, se sont ressaisis puis ont redoublé d'efforts pour poursuivre le grand pillage, seule façon de rattraper à moindre coût le retard technologique du pays.

Le Mur avait beau avoir explosé en mille morceaux, entraînant l'URSS dans sa chute, les besoins demeuraient les mêmes.

Voire plus importants encore.

Il ne faut pas oublier que c'est ce même Gorbatchev qui, dès son arrivée au pouvoir, avait fait de l'espionnage scientifique et technologique, en particulier dans le domaine de la défense, une de ses priorités. Lors de son passage à l'ambassade soviétique de Londres en 1984, quelques semaines avant son accession au poste de secrétaire général du Parti communiste, il n'avait pas caché son enthousiasme devant les résultats obtenus dans le monde par les agents de la ligne X (renseignement technologique et scientifique) du Directoire T du KGB[9].

Se sentant pousser des ailes, ces agents, assistés parfois des cousins du bloc soviétique, sont devenus au fil des années suffisamment efficaces pour réussir à faire main basse sur des dizaines de fleurons de la technologie occidentale et sur des milliers de systèmes, composants, mécanismes divers et variés. De quoi donner raison au colonel Vladimir Vetrov, alias Farewell, qui entre 1980 et 1982 a fourni à la DST*, qui l'avait recruté, des milliers de documents démontrant

---

9. Christopher Andrew et Oleg Gordievski, *Le KGB dans le monde, 1917-1990*, Fayard, Paris, 1990.

l'ampleur de l'infiltration soviétique au cœur de l'économie française[10].

Ceux qui traitaient avec lui se souviennent du désabusement et du pessimisme de Farewell, qui se plaisait à décrire le KGB comme une «vieille putain fatiguée». Malgré cela, bien malin à l'époque celui qui aurait pu prédire l'effondrement prochain du château fort soviétique. Même ceux dont le métier est pourtant de tout savoir n'y ont vu que du feu. Comment expliquer alors qu'un haut responsable du contre-espionnage ouest-allemand ait choisi de sauter le Mur, en sens inverse, pour rejoindre les rangs de la Stasi est-allemande moins de cinq ans avant la chute dudit Mur ?

«Nous sortions à peine de l'affaire Farewell, se souvient Rémy Pautrat, alors directeur de la DST. À la DST, nous n'avions pas non plus imaginé que cela se désagrégerait si vite et que cet équilibre géopolitique serait bouleversé à ce point.»

Dans une longue entrevue accordée trois mois avant les événements de Berlin au journal *Pravda Ukrainy*, le directeur du KGB d'Ukraine, N. M. Holushko, ne semble pas particulièrement effrayé par la perestroïka. Au contraire, loin de croire en la perte du KGB, il entrevoit même que les grands bouleversements à venir serviront à accroître l'influence du glaive et du bouclier, en particulier dans le domaine des affaires. Le «guébiste» (membre du KGB) raconte sans complexe comment le KGB n'hésite pas à donner un coup de main à des entreprises soviétiques lors de leurs négociations avec des compagnies

---

10. Farewell a aussi donné une liste de deux cents espions soviétiques de la ligne X infiltrés dans une dizaine de pays sous différentes couvertures. Quarante-sept d'entre eux, pour la majorité des diplomates, ont été expulsés en 1983. Quant à la ligne X, elle a été décapitée pendant quelque temps, entraînant un effondrement de la vaste entreprise soviétique de collecte d'information scientifique et technologique. Démasqué, Farewell aurait été fusillé dans son pays en 1985, mais on n'en a aucune preuve. Farewell avait été auparavant en poste à Paris, puis à Montréal au sein de la délégation commerciale de l'URSS, boulevard Pie-IX. C'est à Ottawa en juillet 1981 que le président français François Mitterrand a informé son homologue Ronald Reagan de l'existence de «Farewell» et de la nature des secrets obtenus par la DST.

occidentales. En clair, les espions russes ont pour mission de s'infiltrer au cœur des entreprises étrangères afin d'en percer les secrets, de mettre ensuite le plus possible de cartes entre les mains des compagnies soviétiques pour leur procurer un avantage décisif ou éviter toute «entente nuisible aux intérêts soviétiques». Remarquez que les Américains et les Français, pour ne citer qu'eux, ont déjà fait de même dans le passé pour favoriser Boeing ou Airbus.

D'étranges hommes d'affaires

Une des tactiques privilégiée alors consistait à utiliser les *joint-ventures* formées avec des compagnies occidentales qui souhaitaient s'implanter en URSS. Évidemment, la compagnie soviétique, ou russe, partenaire était souvent une pure création des services secrets ou bien était noyautée jusqu'au plus haut niveau par des officiers du renseignement.

Robert James Woosley, ancien directeur de la CIA, aime raconter cette anecdote savoureuse qui résume bien ces liaisons dangereuses : «Si vous rencontrez dans un chic hôtel au bord du lac Léman un Russe parlant parfaitement anglais, portant un costume à 3 000 dollars et une paire de lunettes Gucci, qu'il se présente comme un dirigeant d'une compagnie commerciale russe et qu'il vous propose de fonder une *joint-venture*, il y a quatre possibilités. Il se peut qu'il soit ce qu'il dit être. Ce peut être un agent des services secrets travaillant sous couverture commerciale. Ce peut être un membre du crime organisé russe. Mais il y a une réelle possibilité qu'il soit les trois à la fois et que chacune de ces institutions n'ait aucun problème avec cet arrangement[11].»

La *perestroïka*, et l'ouverture des frontières qui en a découlé, a aussi grandement facilité la tâche des agents russes.

---

11. Témoignage le 21 septembre 1999 devant un comité sur les banques de la Chambre des représentants américaine.

Ils n'avaient plus qu'à attendre à bras ouverts les centaines d'hommes d'affaires occidentaux qui se précipitaient dans la défunte URSS pour y brasser des affaires. Même chose avec les scientifiques. Ces proies se jetaient elles-mêmes dans la gueule du loup. Que demander de mieux, qui plus est sur son propre terrain, loin des regards des services de contre-espionnage « ennemis » ?

Cette « nouvelle orientation » a incité un expert du bloc soviétique à la Direction de l'analyse du SCRS à adresser cette mise en garde aux compagnies canadiennes :

> Les gens d'affaires canadiens qui traitent avec des firmes sovié-
> tiques devraient être mis en garde contre leurs homologues
> et s'assurer de la sécurité et du caractère confidentiel de leur
> information ainsi que de leurs stratégies de négociation[12].

Pour faire bonne figure, les États-Unis par exemple ont été baptisés « cible principale » (avant l'OTAN et la Chine) et non plus « ennemi principal ». Simple artifice sémantique. Car pour le reste, rien n'avait vraiment changé, du moins qualita-tivement, estiment certains experts. Et ce, malgré des moyens réduits et sans l'effet de masse comme aux grandes heures du KGB, qui employait des dizaines de milliers de personnes.

L'écrivain prolifique et ex-diplomate Vladimir Fedorovski tient à mettre un bémol à certaines critiques. Il réfute toute lecture simpliste de l'évolution de la situation politique dans la défunte URSS. Ce familier du Kremlin a été l'interprète de Brejnev, proche conseiller de Gorbatchev chargé de promou-voir la perestroïka en Europe dans la seconde moitié des années 1980, puis s'est rangé aux côtés d'Eltsine lors de la tentative de putsch de 1991.

« C'est vrai que la gorbimania a été gonflée à l'époque. C'était une guerre de relations publiques. Mais les transfuges

---

12. Docteur B. Harasymiw, « La glasnost et le KGB : la presse soviétique rencontre deux officiers du KGB », février 1990. Site internet du SCRS.

ont toujours intérêt à vendre leur salade! [sous-entendu : à exagérer] N'oublions pas que le pays s'est vraiment développé à cette époque. Il y a eu de grands progrès dans la gouvernance, par exemple le suffrage universel. Sur ce plan-là, loin d'être un rideau de fumée, la perestroïka a vraiment changé la face du monde.»

C'était aussi l'époque où deux clans s'affrontaient. Les tenants du concept de Youri Andropov, qui a été à la tête du KGB de 1967 à 1982 avant d'accéder au fauteuil de secrétaire général du parti, et les tenants de la sortie de l'ère communiste.

Aujourd'hui, en revanche, grâce au «fantôme de Staline», comme se plaît à le surnommer notre interlocuteur, les espions du FSB* (la sécurité intérieure) sont plus que jamais au pouvoir. En effet, Vladimir Poutine, ex-président devenu premier ministre, a lui-même été lieutenant-colonel du KGB.

Sur ce point-là, on se replongerait même des années en arrière comme aux grandes heures de Youri Andropov, qui avait redonné au KGB tout son lustre et à qui Poutine voue une admiration sans bornes. Fedorovski, le bouillant essayiste, compare sans crainte le régime Poutine – encore président au moment de cette entrevue – à la méchante organisation Spectre de James Bond. Et confirme que les services secrets ont retrouvé une importance considérable au sein du système russe.

Après l'ère Eltsine, qui a fait les beaux jours et la fortune des mafieux et des oligarques (ces nouveaux riches qui à la faveur de privatisations massives se sont appropriés à vil prix les richesses de la défunte URSS mais sont aujourd'hui honnis par tout un peuple), et grâce à Poutine, nombre d'ex du KGB, devenu FSB, et autres membres de l'armée ont pris leur revanche en noyautant à leur tour l'appareil politique et des affaires. Et ce, jusqu'au plus haut niveau. Certaines sources ont avancé le chiffre spectaculaire d'environ 80 % de ces postes clés occupés par cette caste d'individus issus de la police, de l'armée et des services secrets, baptisés *siloviki*, qui rêvent de redonner à la Russie son lustre et surtout sa puissance d'antan (l'actuel président Dmitri Medvedev, ancien président du CA de Gazprom, est en revanche considéré comme un technocrate).

« Les deux clés [du pouvoir] sont le pétrole et le gaz, et les services secrets », résume Fedorovski.

Au Canada, pendant ce temps-là, tant les budgets que les effectifs du SCRS, et par ricochet ceux qui sont consacrés au contre-espionnage, n'ont cessé de fondre comme neige au soleil après avoir atteint un pic en 1991.

En 1984, année de la création du SCRS, environ 80 % des effectifs opérationnels s'attaquaient au contre-espionnage (CE) contre environ 20 % au terrorisme (CT).

À l'époque, parmi les pays les plus actifs ici sur le plan de l'espionnage, tant économique que politique ou militaire, figuraient notamment l'Afrique du Sud, l'Allemagne de l'Est, la Chine, Cuba, les États-Unis, la France, l'Inde, l'URSS et les pays satellites du bloc de l'Est, dont la Tchécoslovaquie et la Roumanie.

Dix ans plus tard, soit au milieu des années 1990, le Canada – ainsi que les intérêts canadiens à l'étranger – était la cible d'une dizaine de pays pratiquant l'espionnage politique ou militaire, de pas moins d'une quinzaine pratiquant l'espionnage économique, ainsi que d'une vingtaine se livrant à de l'ingérence, tous recensés ailleurs dans cet ouvrage.

Plusieurs des pays visés, comme la Chine, l'Inde, la Russie ou Israël, se distinguaient par leur hyperactivité dans tous, ou presque tous, les domaines du renseignement.

Pour ce qui est du « tableau d'honneur » de l'espionnage classique, on retrouvait donc plus ou moins les mêmes acteurs que ceux cités plus haut : la Chine, la Corée du Sud, l'Inde, l'Iran, Israël, le Maroc, la Roumanie, la Russie, Taïwan, l'Ukraine.

Concernant les Russes, les observateurs ont remarqué alors un redéploiement stratégique de leurs activités. Des *rezidentura* (l'équivalent russe de la « station » américaine dans le jargon) avaient été fermées un peu partout dans le monde, en particulier en Afrique, en Asie et en Amérique du Sud. Dans certains pays occidentaux, au Canada, par exemple, les agents du SVR laissaient tomber les opérations clandestines de

guerre politique, propagande idéologique et subversion, appelées «mesures actives», tellement en vogue pendant la guerre
froide et devenues obsolètes, pour se concentrer sur l'espionnage économique. En juillet 1992, le président Boris Eltsine
avait d'ailleurs ratifié une *Loi sur la collecte de renseignement à
l'étranger (Foreign Intelligence Collection Act)* qui a donné un
nouveau souffle aux activités d'espionnage du pays.

Quant aux membres du GRU, à peine touchés – à l'instar
de leurs cousins du défunt KGB – par les conséquences du
coup d'État raté, ils ont continué leur collecte à un rythme
effréné. Fermé à toute idée de collaboration avec les services
occidentaux, pour la lutte contre le terrorisme ou la prolifération des armes de destruction massive, par exemple, le GRU a
maintenu en vie son réseau d'espions agissant sous couverture.
C'est ainsi qu'il y a quelques années le Canada a encore identifié
neuf agents du GRU sur son sol, agissant officiellement comme
diplomates ou dans le domaine du commerce, et qui s'intéressaient à tout ce qui touchait les États-Unis et l'OTAN.

Leur *modus operandi* était de recruter des sources ayant accès
à des données «classifiées» ou bien de mener des cyberattaques
contre les systèmes informatiques gouvernementaux.

Pour les Russes, il a toujours été plus aisé de dérober
des secrets stratégiques au Canada qu'aux États-Unis ou
en Grande-Bretagne. Dans les années passées, des brèches
notoires dans la sécurité irritaient déjà le Pentagone au point
qu'il ne voulait plus partager avec le Canada (assimilé à une
passoire) qu'un minimum d'informations sur son système de
missiles de croisière.

Qu'ils soient membres du SVR ou du GRU, les agents de
renseignement russes continuaient d'utiliser les mêmes tactiques ROHUM (renseignement d'origine humaine) et les mêmes
couvertures qu'au temps de la guerre froide : journalistes, diplomates ou délégués commerciaux, à Ottawa ou au consulat de
Montréal, traducteurs à la délégation de l'Organisation de
l'aviation civile internationale (OACI) à Montréal, sans oublier
les illégaux de la ligne N (voir le cas Hampel, chapitre 002).

En ces années 1990 où l'ère internet a connu une explosion formidable pour les transmissions de données, le ROEM (renseignement d'origine électromagnétique), complément indissociable du ROHUM, a été appelé à jouer un rôle de plus en plus important. Au même titre que les Américains et leur réseau Échelon, les Russes faisaient tourner à fond leurs stations d'écoute, planquées dans leurs représentations diplomatiques ainsi que dans différents pays amis, pour intercepter « tout ce qui bougeait ». En particulier les trop nombreuses communications non cryptées que s'échangeaient nos fonctionnaires, diplomates et compagnies canadiennes.

Le plus gros de ces centres, installé à Cuba, près de La Havane (Lourdes), a continué à fonctionner jusqu'à ce que Vladimir Poutine décrète unilatéralement sa fermeture au début des années 2000. Une décision à caractère politique qui avait mis en furie les Cubains, privés du jour au lendemain de l'équivalent de 200 millions de dollars de revenus par an[13]. Les Russes considéraient, eux, qu'ils avaient de quoi se payer plusieurs satellites espions avec les sommes économisées.

Grâce à ces antennes braquées en particulier vers l'Amérique du Nord, ils se sont mis à l'affût de secrets industriels et économiques, qu'ils soient civils ou militaires. Ils ne manquaient pas une miette des activités de nos diplomates et savaient tout, ou presque, des prises de position du Canada à propos de tel ou tel conflit ou bien de tel ou tel gouvernement.

Les Russes avaient aussi trouvé un moyen d'intercepter des communications téléphoniques ou par télécopieur transmises via un satellite belgo-canadien et qui pouvaient leur fournir des informations stratégiques liées aux activités de l'OTAN.

Tandis que les Russes repartaient donc à l'attaque, revigorés comme jamais, au SCRS, les chasseurs d'espions ne représentaient plus que 44 % des effectifs. Les bureaux chargés des pays

---

13.   La nature ayant horreur du vide, ce sont les Chinois qui ont pris le relais des Russes. À l'automne 2008, la Russie n'écartait pas l'hypothèse de rouvrir ce centre pour protester contre l'installation de systèmes semblables par les Américains en République tchèque.

satellites avaient été fermés, hormis celui de l'Albanie. Subsistait aussi le bureau chinois, une voie de garage où l'on affectait le «bois mort», se souviennent certains anciens, alors que la Chine apparaissait déjà comme une menace, ne serait-ce qu'en regard du nombre incroyablement élevé de sa représentation diplomatique à Vancouver, Toronto et Ottawa.

Sans oublier le bureau «FLQ», qui avait repris du service pour cause de référendum au Québec!

Il suffit de lire les rapports publics annuels du SCRS pour se rendre compte que le contre-espionnage perdait, même dans le nombre de pages qui lui était consacré, de l'importance pour être relégué au deuxième rang des priorités.

C'est que le spectre du terrorisme hantait de plus en plus l'Occident, et les services de renseignement n'ont pas eu d'autre choix que de revoir leurs priorités. Au Canada, c'est l'attentat d'Air India en 1985 qui aurait commencé à sonner le glas du contre-espionnage.

Il y a eu aussi la lutte contre la prolifération des armes de destruction massive dans laquelle étaient impliqués des pays comme le Pakistan, l'Iraq, Israël, l'Iran, l'Inde, la Libye et la Chine. Après tout, les ressources et les budgets ne sont pas inépuisables.

Il ne faut pas négliger non plus l'offensive menée par plusieurs politiciens canadiens qui ne se gênaient pas pour casser du sucre sur le dos du SCRS, considéré désormais comme une structure obsolète et coûteuse.

Aujourd'hui, un ancien cadre du service déplore cette «frénésie» inconsciente qui consistait à vouloir à tout prix exposer sur la place publique, et devant le Parlement ou les comités parlementaires, les grandes économies que l'on allait réaliser en sabrant dans les effectifs du SCRS. Alors qu'il aurait fallu au contraire, nous dit-il, les augmenter pour faire face aux nouvelles menaces. Tout en continuant à surveiller de manière efficace nos «ennemis» traditionnels.

Le Canada et les Canadiens ne se sentent jamais menacés et n'ont pas de tradition du renseignement. On peut même parler de méfiance à l'encontre de cet organisme parmi la population francophone. À qui la faute ? En partie au gouvernement, qui a condamné le SCRS au mutisme pendant que ses homologues américains, anglais ou même français ne se gênent pas pour communiquer, publiciser leurs bons coups, exposer clairement les menaces.

Survint ensuite le 11-Septembre, qui a fini de déshabiller les unités de contre-espionnage occidentales. D'une certaine façon, les espions russes ou chinois, pour ne citer qu'eux, doivent une fière chandelle à Oussama ben Laden.

Aujourd'hui, au Canada tout comme chez le voisin du sud, c'est toujours la lutte contre le terrorisme qui monopolise temps, moyens humains et argent. Personne ne s'en plaindra. Au pire, comme l'explique un habitué du milieu, « mieux vaut laisser filer un espion que de laisser passer un attentat ».

En 2008, sur les quelque 3 000 employés du SCRS, une minorité des effectifs opérationnels est affectée au contre-espionnage. Impossible d'en connaître la proportion exacte. Mais parions sur un petit 30 %. Et 50 % de leur temps serait accaparé exclusivement par les activités souterraines des Chinois. Cela laisse peu de ressources et peu de temps disponible à consacrer à la Russie – qui ne cesse d'accroître les budgets alloués au SVR et au GRU – et aux pays « amis ». Avec pour conséquence dramatique que l'on a coupé dans tout, y compris dans les effectifs des équipes de filature. Ces dernières seraient donc obligées de faire des choix déchirants en abandonnant le travail de terrain la plupart des fins de semaine. Les centres commerciaux sont ouverts le dimanche, mais pas nos services de contre-espionnage. Une énormité qui n'a certainement pas échappé aux agents secrets russes déployés chez nous. Aujourd'hui, la technologie GPS facilite grandement la tâche des chasseurs d'espions, en leur indiquant en permanence la position des véhicules des individus placés sous surveillance. Cela est valable lors d'une filature physique dans les rues de nos métropoles. Mais le GPS ne vaut rien en l'absence de l'humain, la «pointe de diamant» de l'espionnage. Facile en effet pour un agent russe se sachant laissé à lui-même dans les rues de Montréal – parce que c'est dimanche – de garer sa voiture devant une station de métro puis de filer à l'autre bout de la ville.

Ces coupes massives dans l'unité de contre-espionnage sont une erreur stratégique, estime le Français Raymond Nart. Cet ex-numéro 2 de la DST, le recruteur de Farewell, connaît bien le Canada, et les services secrets canadiens, pour avoir collaboré sur plusieurs dossiers dont celui de Hugh Hambleton, l'économiste de l'Université Laval, taupe du KGB infiltrée au cœur de l'OTAN.

«Nous avons résisté contre cette tendance à l'époque [années 1980], confie-t-il, malgré les vagues d'attentats sanglants à Paris. On a évité par exemple de se séparer des traducteurs. C'est désastreux de démobiliser des troupes.»

Méfiants, les Français avaient même mis sur pied, a-t-on appris de bonne source, une division spéciale secrète qui se consacrait uniquement au contre-espionnage des services du bloc de l'Est. Cette unité ultraclandestine, dont les bureaux étaient situés hors de Paris, était composée d'effectifs agissant «sous couverture».

Aujourd'hui en France, c'est aussi le terrorisme qui a pris le dessus sur le contre-espionnage dans des proportions d'environ 60 % contre 40 %. Une répartition qui demeure raisonnable, estime Raymond Nart.

La tendance peut-elle s'inverser au Canada? L'avenir dira si les inquiétudes exprimées par Jim Judd, alors directeur du SCRS, dans le dernier rapport annuel 2007-2008 de l'organisme fédéral, ne demeureront que du blabla ou le signal d'une ère nouvelle:

L'espionnage, la principale source de préoccupation des services de renseignements jusque dans les années 1990, n'a pas disparu après le 11-Septembre. Bien au contraire, il reprend de la vigueur, ne cesse d'évoluer et se fait même plus offensif grâce aux nouvelles technologies.

Les transfuges passent aux aveux

La fin de l'année 2006 a été marquée par l'histoire retentissante de l'arrestation à Montréal de l'espion russe connu sous la fausse identité de Paul William Hampel.

Pour certains acteurs du monde de l'espionnage, Hampel a probablement été identifié de la même façon que les faux époux Lambert, ces autres « illégaux » russes démasqués en 1996 à Toronto, c'est-à-dire grâce aux révélations d'un transfuge. Coïncidence troublante, l'arrestation de Hampel est survenue quelques mois après que le transfuge Serguei Tretiakov, un haut gradé de l'espionnage russe en poste à l'ONU à New York qui a changé de camp en 2000[14], fut venu au Canada, à Montréal en particulier, en compagnie de son *handler* (officier traitant) américain, partager ses secrets avec les autorités canadiennes et les agents du SCRS.

« Sans ces transfuges, on ne valait pas cinq cennes à l'époque où j'étais en poste », soutient un ex-agent du service.

La vérité est moins sexy. Tretiakov n'aurait joué aucun rôle dans le dossier Hampel. Les services secrets russes se seraient plutôt brûlés eux-mêmes à la suite d'une succession d'erreurs tactiques qui ont propulsé leur illégal sur le radar du service de renseignement canadien.

Restait ensuite le plus dur, c'est-à-dire le trouver. Une fouille dans des fichiers gouvernementaux, par exemple de Passeport Canada, ainsi que dans les listes de l'Agence des services frontaliers du Canada a certainement permis de resserrer l'étau sur lui.

Mais parfois le hasard fait bien les choses. Il y a quelques années, un autre illégal russe avait été identifié tout simplement grâce à la perspicacité de son voisin de palier. Celui-ci avait prévenu les autorités parce qu'il trouvait étrange que sa radio FM soit brouillée par des conversations en russe. C'est ainsi que le SCRS avait découvert le pot aux roses.

---

14. L'histoire de Tretiakov est évoquée plus loin dans cet ouvrage (p. 46 et suivantes).

Il y a aussi le cas de cette octogénaire montréalaise d'origine espagnole, vétéran de la guerre d'Espagne. Cette retraitée au-dessus de tout soupçon qui résidait dans Verdun travaillait en fait pour l'Union soviétique, puis pour la Russie, depuis son arrivée au Canada. Dénoncée en 1996 par la même source qui avait balancé les Lambert, elle a craché le morceau avec un calme olympien aux enquêteurs du SCRS qui n'en croyaient pas leurs oreilles. Désormais à la retraite, cette mamie, qui se disait encore viscéralement communiste, ne reniait rien de son passé. Mais en raison de son grand âge, elle ne fut jamais inquiétée. Même si les espions canadiens perdaient souvent la trace d'un diplomate bulgare soupçonné d'espionnage et résidant à l'Île-des-Sœurs, dans le même quartier. Après tout, ce n'était qu'un hasard.

Quant à Hugh Hambleton, on raconte qu'il a aussi été dénoncé par sa femme, d'origine italienne, après qu'ils se furent battus lors d'une énième dispute conjugale. Le SCRS a contacté la CIA*, qui a consulté à son tour la DST*. Cela faisait des années que les agents du contre-espionnage français cherchaient à identifier un espion à l'OTAN dont ils ne connaissaient que le nom de code.

Là encore, c'était le transfuge soviétique, le colonel Rudi Herrman, qui les avait mis sur la piste de cet agent mystérieux.

« Hambleton était un cas extrêmement important, se souvient Raymond Nart, qui était venu au Canada à la fin des années 1970 pour l'interroger[15]. On dit qu'il s'était tout simplement laissé embrigader par son père, qui avait des liens avec les Soviétiques. »

Les transfuges se font plus rares aujourd'hui. En pleine guerre froide, l'attrait d'une vie meilleure en Occident suffisait

---

15. Hambleton n'a jamais été poursuivi ni arrêté au Canada sous prétexte que ses activités ne visaient pas le Canada. Sa carrière d'espion a pris fin en 1982 lorsqu'il a commis l'erreur de se rendre à Londres. Condamné à dix ans de prison, il a été libéré au bout de quatre ans et transféré au Canada pour y purger la fin de sa peine. Lors de son procès, Hambleton s'est vanté d'avoir rencontré Youri Andropov lorsque celui-ci était patron du KGB.

à en inciter certains à sauter le mur. Mais les temps ont changé. Maintenant, c'est l'attrait du *cash*. Cela dit, les services secrets russes sont vigilants, même si de nombreux ex-hauts gradés ont déserté. Certains ont même écrit des livres. En d'autres temps, on n'hésitait pas à éliminer les bavards. Le KGB, on y entrait, mais on n'en sortait pas. C'était à la vie, à la mort. La rumeur veut que le KGB faisait circuler un film en noir et blanc où l'on voyait un homme attaché sur un chariot métallique, hurlant d'effroi, poussé vivant, lentement, très lentement, les pieds en premier, dans un four crématoire… Le malheureux était accusé d'avoir trahi.

Dans les années qui ont suivi la chute du Mur, puis la prise de pouvoir par Boris Eltsine, le Canada aurait fait la fine bouche alors que plusieurs opportunités de recrutement d'agents doubles se présentaient à lui. Ces individus, simples agents ou officiers de haut rang, voulaient changer de camp avec leurs secrets sous le bras, pour des raisons familiales, parce qu'ils étaient victimes de luttes intestines ou tout simplement parce qu'ils étaient déboussolés par la situation politique dans l'ex-URSS.

L'arrivée au pouvoir de Gorbatchev et la mise en place de sa politique réformiste avaient déjà créé un certain malaise chez les agents du KGB en poste au Canada. Alors que l'«empire» soviétique commençait à perdre des morceaux ici et là, de l'Allemagne de l'Est à la Pologne, en passant par la Hongrie et la déroute afghane, les «guébistes» ne voulaient et ne pouvaient pas croire que la fin était proche.

À des milliers de kilomètres de la mère patrie, ils rageaient face à ce qu'ils estimaient être une trahison de l'Histoire. Et comme si cela ne suffisait pas, l'argent commençait à manquer cruellement.

À Montréal par exemple, certains employés du consulat ont été forcés de rentrer au pays. Le compte en banque n'était plus assez garni pour payer leur logement dans les immeubles des rues avoisinant celles où les Soviétiques avaient leurs habitudes. Ceux-ci partaient en groupe à Mirabel pour embarquer dans un avion de l'Aeroflot sous les yeux amusés des agents du SCRS. Même le nouveau *rezident*, Baturov, implanté après l'expulsion de son prédécesseur Vadim Rubtsov, a fait ses bagages pour ces mêmes raisons.

«Les fruits étaient mûrs, il n'y avait qu'à les cueillir», se désole un ex-agent du SCRS qui cherchait alors lesquels pouvaient être retournés. Certains Russes étaient prêts à collaborer, mais Ottawa a balayé ces candidatures du revers de la main (cela aurait été le cas de Serguei Tretiakov, évoqué plus loin). Pour des raisons économiques, par méfiance légitime face à d'éventuels pièges tendus par des agents doubles, mais aussi parce que l'espionnage n'était plus la priorité, comme évoqué plus haut.

«Les Russes, c'est de la vieille histoire, nous répétait-on sans arrêt», se souvient encore un ex-agent qui cache mal, même des années plus tard, sa frustration.

Une frustration compréhensible pour les hommes et les femmes de terrain. Mais pour d'autres familiers du milieu, qui ont une vision plus globale, moins «émotive», cette abondance de «fruits mûrs» n'était pas forcément synonyme de qualité de l'information. Une bonne discussion informelle avec le *rezident* local lors d'une réception mondaine, un verre de champagne à la main, était parfois plus productive que les confidences d'un transfuge. On accordait aussi la priorité au *rezident*, le grand patron, le joyau, plutôt qu'à un de ses sbires.

De plus, chaque transfuge récupéré engendrait un travail de moine pour vérifier les informations fournies, faire le tri entre des souvenirs approximatifs, les ragots, la désinformation, les informations déjà connues et l'imaginaire.

Ce changement de stratégie a eu des conséquences inquiétantes sur le terrain. Par exemple, un poste d'observation du SCRS situé à proximité d'un des consulats russes au Canada était carrément désert la nuit et les fins de semaine à la fin des années 1990. En prime, plus personne au quartier général à Ottawa ne semblait lire les rapports rédigés par les agents affectés à la surveillance du consulat russe de Montréal.

Plusieurs des agents rencontrés lors de la préparation de cet ouvrage ne sont pas tendres avec certains membres de leur haute hiérarchie d'alors. Une hiérarchie qui faisait du vent, estiment-ils. Des «amateurs», des «flambeurs», qui n'étaient intéressés selon eux que par le gain et la carrière. Et de citer l'exemple d'un chef des opérations, alcoolique notoire, qui emportait chez lui des dossiers top-secret sur le porte-bagages de son vélo. Un jour, il est tombé dans la rue et tous ses dossiers confidentiels ont été éparpillés par terre !

Au-delà de l'anecdote, certains se posent encore aujourd'hui de sérieuses questions à propos de cet homme qui sortait des documents confidentiels de l'édifice du service. Se pouvait-il que d'autres Gilles Brunet – officier chargé du contre-espionnage à la GRC*, bourgeois aimant mener la belle vie, qui était en fait une taupe du KGB – aient pourri le SCRS de l'intérieur[16] ?

Le KGB avait prouvé à de multiples reprises dans le passé qu'il avait les moyens psychologiques et financiers de corrompre le système canadien. Et l'infiltration du SCRS, tout comme de son prédécesseur le service de sécurité de la GRC, a clairement fait partie de ses priorités. Les Soviétiques voulaient savoir ce que les Canadiens savaient, leurs méthodes d'enquête et de filature.

«Infiltrer celui qui doit tout savoir sur toi est la première priorité de tout service secret», résume un ex-espion.

Quatre ans après l'arrestation de Hanssen, un haut responsable du renseignement américain cité par le magazine *Time*[17] n'excluait pas la possibilité que d'autres taupes à la solde des Russes soient toujours en train de poursuivre leurs activités

---

16. Gilles Brunet, fils d'un haut responsable de la GRC, aurait collaboré depuis 1968 avec l'URSS en échange de plusieurs centaines de milliers de dollars. Il est décédé en avril 1984, d'une crise cardiaque paraît-il, avant d'avoir pu être interrogé par les agents canadiens. Entre-temps, un autre officier du nom de James Bennett, chef du contre-espionnage, avait été forcé de démissionner à tort parce qu'on le soupçonnait d'être la taupe de Moscou.

17. Timothy J. Burger et Brian Bennett, «The Russians are coming », *Time*, 30 janvier 2005.

clandestines. «Il y a encore trop d'événements inexpliqués et étranges», avait-il confié. Des anciens du SCRS nous ont aussi confié leurs craintes et leurs doutes à peu près dans les mêmes termes, évoquant par exemple des filatures avortées, des individus ciblés qui agissaient comme s'ils étaient déjà au courant qu'ils étaient dans la mire et bien d'autres événements troublants. Comment expliquer qu'alors que tous les acteurs majeurs de l'espionnage ont été, à des niveaux divers, infiltrés à leur tour par des agents doubles, le plus souvent à la solde des Russes, le Canada échapperait comme par miracle à cette fatalité? Allons donc... Paranoïaques, dites-vous? Non, réalistes.

À la fin des années 1980, un étudiant de l'université Concordia, originaire du sous-continent indien, qui avait fait acte de candidature pour entrer au SCRS était en fait une taupe des Soviétiques. Il avait été démasqué après un test au polygraphe. Son contrôleur avait pour nom R. Quelques années plus tard, ce fut au tour d'un employé junior d'être surpris en train de fouiller dans des dossiers qui ne le regardaient pas. Il a été viré, mais pas accusé, faute de preuves suffisantes. Deux autres apprentis espions auraient eux aussi été pris la main dans le sac à la même époque. Et le mystère plane toujours concernant ce *rezident* du GRU qui, au milieu des années 1970, agissait comme s'il savait exactement quand et où il était suivi par les équipes de filatures canadiennes. Son attitude n'avait rien à voir avec un quelconque flair du parfait espion.

Tretiakov, l'homme aux chaussettes de soie

La plus grosse bourde des Canadiens a pour nom de code «camarade Jean», alias Serguei Tretiakov, un officier de la ligne PR (renseignement politique) devenu *rezident* du KGB à Ottawa au début des années 1990 à la suite du départ précipité de son prédécesseur, Leonid Ivanovich Ponomarenko, dit «camarade

Pietr[18] ». En fait, il aurait partagé quelque temps cette fonction avec un certain Vladimir Lavrentiyev, enregistré comme officier de sécurité (l'équivalent de l'agent de liaison). Lavrentiyev, décrit par des agents canadiens comme intimidant, frondeur et arrogant, était donc connu, identifié et accepté officiellement comme « espion » par la GRC et le SCRS.

Du haut de son mètre quatre-vingt-dix, « camarade Jean » avait en prime un visage de tueur à cause de ses traits taillés au couteau et de son regard inquiétant. En fait, ceux qui l'ont fréquenté au Canada en dressent un portrait pour le moins contrasté. Un homme sympathique bien qu'« imbu de lui-même », plutôt paresseux, élégant, portant des chaussettes de soie et s'exprimant avec aisance en français et en anglais (tout comme sa femme, Helen) sans accent, vestiges de ses années d'études à l'Institut des langues étrangères de Moscou, puis d'un séjour en France à la fin des années 1980, sous la couverture d'un échange étudiant entre les deux pays.

Son travail consistait notamment à recruter des informateurs involontaires au sein d'un groupe cible d'employés du gouvernement, d'intellectuels, de scientifiques et de membres d'associations pacifistes, prodésarmement, antinucléaires et autres défenseurs d'une hypothétique amitié soviéto-canadienne ou entre les peuples...

Bref, tous ceux que le KGB surnommait alors avec un mépris doublé d'ironie les « idiots utiles ». Très utiles par exemple pour qu'on leur soutire des données stratégiques au nom d'un nécessaire équilibre mondial des forces.

Remarquez que les services secrets chinois ont copié ce modèle efficace en s'appuyant sur la naïveté de certains « sino-béats », en pénétrant les multiples réseaux politiques d'amis de la Chine jusqu'aux organisations de jumelage[19]. Et dans

---

18. Selon certaines sources, Ponomarenko avait été « brûlé » par deux transfuges des années 1980 : Gayduk, agent de la ligne X (renseignement scientifique et technologique) du KGB à Ottawa, et Oleg Gordievski, chef du KGB à Londres.

19. Roger Faligot, *Les Services secrets chinois de Mao aux JO*, Nouveau Monde Éditions, Paris, 2008.

une certaine mesure les instituts Confucius, clés de voûte de la puissance douce.

À son arrivée dans la capitale fédérale, camarade Jean affirme s'être intéressé aussi à l'avenir de la flotte vieillissante de sous-marins canadiens. Ce n'était pas tant nos vieux engins rouillés qui intéressaient Tretiakov – si ce n'est tenter de savoir qui parmi les « ennemis » de la Russie pourraient être intéressés à les récupérer – mais plutôt les caractéristiques techniques et stratégiques des sous-marins que le Canada projetait d'acquérir auprès des constructeurs européens. Des modèles qui, une fois ces données obtenues par le KGB, seraient plus facilement repérables par les forces armées soviétiques. Tretiakov aurait aussi cherché à en savoir plus sur les activités de surveillance militaire canado-américaine en Arctique et dans le fameux et non moins stratégique et convoité passage du Nord-Ouest[20].

Confessions surprenantes car ce domaine relève plutôt, en théorie, des agents du GRU, le renseignement militaire.

À l'époque, Tretiakov, fils de diplomate, issu d'une famille très impliquée dans le renseignement, vivant dans un certain confort, faisait partie de ces espions qui ne voyaient plus rien de bon pour eux dans cette nouvelle Russie en plein bouleversement, agitée par des guerres civiles dans ses ex-républiques et à l'économie chancelante. Des milliers de Tretiakov se retrouvaient du jour au lendemain à la porte.

---

20. Signe que l'intérêt des Russes pour cette région dont le sous-sol regorge d'importantes richesses énergétiques ne faiblit pas, dix-sept ans plus tard, ce sont désormais des bombardiers longue distance Tupolev 95 qui ont été surpris alors qu'ils frôlaient l'espace aérien canadien ou qu'ils y pénétraient. Une vingtaine de missions d'interception ont été menées par les armées de l'air américaine et canadienne en 2006 et 2007. À l'été 2007, Vladimir Poutine relançait la patrouille systématique de cette zone stratégique par des bombardiers, comme au bon vieux temps de la guerre froide. À ce petit jeu où chacun bombe le torse pour impressionner l'autre, tout est désormais permis. Deux bombardiers russes Tupolev-95 (nom de code Bear pour l'OTAN) ont même été repérés et interceptés par les F-18 canadiens alors qu'ils frôlaient l'espace aérien du Canada, la veille de l'arrivée du président fraîchement élu Barack Obama à Ottawa, en février 2009. Simple patrouille de routine annoncée à l'avance, ont justifié les Russes, tout en dénonçant au passage le *Russia bashing* et une mentalité digne de la guerre froide !

Certains de ces transfuges ou candidats à la défection, soyons honnêtes, étaient des opportunistes qui avaient plutôt une peur bleue de perdre un emploi qui leur assurait un certain statut de privilégié au sein de la société et des revenus confortables. Il faut dire que la vie à Ottawa, par exemple, n'était pas des plus désagréables. Entre deux opérations d'espionnage, les agents soviétiques adoraient partir en groupe, autant pour leur sécurité que pour le plaisir, pêcher l'esturgeon dans la rivière des Outaouais, derrière le Parlement. Si par chance ils attrapaient une femelle, ils rentraient euphoriques à l'ambassade préparer du *fresh caviar*, qu'ils dégustaient en buvant de larges rasades de vodka.

Quant à Boris Eltsine, qui considérait comme de la « merde » les notes que lui faisait parvenir quotidiennement le SVR[21], Tretiakov le dépeignait sous les traits d'un « alcoolique » entouré d'oligarques voraces dépeçant son pays pour s'en mettre plein les poches *(sic)*.

Enfin, il y avait le Centre – quartier général du SVR –, qui avait envoyé un bureaucrate pour remplacer Ponomarenko. Désillusionné, fâché même au point d'être prêt à vendre son âme au diable, soutiennent certains, le *rezident* Tretiakov ne voulait plus rentrer chez lui et l'avait fait savoir à des agents du SCRS qui ont immédiatement relayé la nouvelle à Ottawa.

Ce fut un *niet* catégorique au quartier général du SCRS. Accueillir un transfuge implique des ressources colossales, tant en argent qu'en moyens humains, pour le débriefer, vérifier méticuleusement tous ses dires, enquêter, lui organiser la tournée des services « amis » (États-Unis, Angleterre, France…). Surtout que le Canada en avait déjà plein les bras avec Anatoli Gayduk, un transfuge du KGB de la ligne X travaillant au bureau commercial de l'URSS, rue Wurtemburg à Ottawa, dont les révélations – et les centaines de documents

---

21.   Christopher Andrew et Vassili Mitrokhine, *Le KGB contre l'Ouest, 1917-1991 – Les archives Mitrokhine,* Fayard, Paris, 2000.

qu'il avait consciencieusement copiés en se rendant chaque jour à la résidence située dans l'ambassade –, monnayées au prix fort (1 million de dollars, selon la rumeur), se révélaient être une vraie mine d'or. Pour la petite histoire, Gayduk avait d'abord frappé à la porte de la GRC pour offrir ses services et non à celle du SCRS.

En 1995, Tretiakov a été muté à New York à la mission russe auprès de l'ONU, lui aussi nid d'espions notoire. Officiellement, il était le premier secrétaire, responsable de la presse et de l'information. Officieusement, Tretiakov était *rezident* adjoint du SVR. Il chapeautait des dizaines de taupes russes maquillées en diplomates ou en journalistes, ainsi qu'une escouade de «cooptés», y compris au sein de l'ONU.

Son bureau était situé dans un bunker sans fenêtres au huitième étage de la mission russe, monté sur amortisseurs et équipé de parois vibrantes pour contrer les écoutes électroniques. Pour pénétrer dans ce sanctuaire ultrasecret, il fallait se servir d'une pièce de monnaie ou bien une alliance, qui activait alors un mécanisme d'ouverture de la porte vers un premier sas sécurisé qui faisait office de vestiaire. Parce que l'on n'est jamais assez prudent, c'est à cet endroit que les officiers du SVR et du GRU devaient se débarrasser de leur manteau et de tout appareil électronique qui pourrait être utilisé pour dérober des secrets.

Une dizaine de bureaux composaient cette résidence d'importance, un pour chaque ligne, plus un pour les archives.

L'homme aux chaussettes de soie espionnait en particulier les missions étrangères à l'ONU (États-Unis, Chine, France, etc.). Comme à Ottawa, il recrutait dans les milieux politiques, universitaires, financiers et au sein de la communauté russe, mais avait aussi pour rôle de désinformer. Ainsi, il se chargeait de faire parvenir aux médias, aux groupes environnementalistes, etc., de la propagande antitchétchène, antiaméricaine, pour ne citer que les principales, fabriquée par des experts en la matière dans les bureaux du SVR en Russie. Ceux-là mêmes qui ont créé et gonflé la gorbimania.

À la fin de 1997, Tretiakov serait devenu agent double. Il refile alors aux autorités américaines près de 5 000 télégrammes et rapports top-secret.

Puis, en octobre 2000, accompagné de sa femme, de sa fille et de leur gros chat persan blanc Matilda, Tretiakov quitte son appartement de fonction du Bronx et s'en va frapper à la porte des Américains. L'espion balance les noms de ses agents et contacts aux États-Unis et au Canada. Y compris, selon certains, le nom d'un agent double de haut rang infiltré au sein même du FBI* depuis une quinzaine d'années : Robert Philip Hanssen[22]. Mais cette information a été démentie par Tretiakov lui-même.

En contrepartie de sa collaboration, l'ex-espion russe, qui dit avoir agi par conviction et non pour l'argent, ce qui fait hurler de rire ceux qui l'ont fréquenté ici, a empoché une somme colossale estimée à plusieurs millions de dollars. Assez pour vivre – son épouse et lui – de leurs rentes, mener une vie de·pacha, s'acheter une luxueuse maison, donner la meilleure nourriture à leur gros chat persan et remplir leur garage avec une Porsche Boxter et un gros VUS Lexus.

Le rêve américain sur un plateau d'argent.

Et dire qu'au début des années 1980, Farewell, alias Vladimir Vetrov, n'avait reçu que 150 000 francs français (environ 35 000 dollars canadiens) payés par la DST et la CIA, ainsi qu'un manteau de fourrure artificielle pour sa maîtresse, en contrepartie des 3 000 pages ultrasecrètes sur les activités de pillage technologique du KGB et d'une liste de 250 agents soviétiques implantés dans le monde entier.

Que dire aussi du général-major Dmitri Poliakov, un temps *rezident* légal du GRU à New York, qui demanda en échange

---

22. Hanssen a travaillé pendant presque vingt-cinq ans pour les Soviétiques puis pour les Russes. Il leur a livré des tonnes d'informations confidentielles, en particulier les noms d'agents doubles qui ont été exécutés. Hanssen a été arrêté en 2001. Il purge une peine de prison à vie dans un pénitencier à sécurité maximale.

▶ Agent du contre-espionnage au sein du FBI, Robert Philip Hanssen a été arrêté en novembre 2001, puis condamné à la prison à vie pour espionnage au profit de la Russie. Durant une quinzaine d'années, celui qui était connu sous le nom de code de «B» aurait fourni environ 6 000 pages de documents secrets et top secrets au KGB puis à son successeur, le SVR. En retour, il aurait reçu plus de 600 000 dollars ainsi que des diamants. (Photo FBI)

▶ Hanssen et son contact russe communiquaient en utilisant le système classique du signal sur un poteau (*signal site*) combiné à une boîte aux lettres morte (*dead drop*). Une marque préétablie sur le poteau électrique en question, un morceau de ruban adhésif par exemple, signifiait que la boîte aux lettres devait être vidée à un moment convenu à l'avance.

▶ Une des boîtes aux lettres utilisée par «B» (Hanssen) et par son officier traitant russe était cachée sous une estrade en bois du Long Branch Nature Center d'Arlington en Virginie. (Photos FBI)

de ses vingt-cinq années de collaboration avec la CIA et le FBI – sous les noms de code de Bourbon et de Tophat – un fusil de collection et des outils de jardinage[23] ?

En 2007, Tretiakov a fait encore parler de lui en affirmant dans une biographie[24] passionnante que Moscou avait réussi à s'infiltrer au cœur de la colline parlementaire. Un ex-député conservateur canadien, considéré comme anticommuniste enragé, avait été recruté en 1992 par Vitali Domoratski, diplomate à Ottawa et officier de la ligne KR. L'agent « Grey », nom de code du député, avait été ciblé parce qu'il avait un pressant besoin d'argent pour sa campagne électorale de 1993. Ce qui le plaçait en position de vulnérabilité. « Grey » aurait accepté de collaborer en échange d'une dizaine de milliers de dollars versés en coupures de 100 dollars lors d'une rencontre secrète dans le parc de la Gatineau, près d'Ottawa. Le député en question, dont le nom est cité, a farouchement nié ces allégations.

Toujours dans ce même ouvrage, Tretiakov soutient aussi avoir recruté au moins cinq autres Canadiens bien placés à Ottawa, dont il ne dévoile que les noms de code : Arthur (expert reconnu en armement nucléaire), Ilya, Semion, Lazar et Kirill.

Trois d'entre eux, soutient-il, travaillaient pour le compte d'un *think tank* pacifiste créé en 1983, le Centre canadien pour le contrôle des armements et le désarmement, qui a changé de nom depuis.

Et c'est compter sans une centaine d'autres sources informelles dans les sphères politique, journalistique, diplomatique... Une information jugée autant fantaisiste qu'improbable par ceux qui l'avaient à l'œil à cette époque. Mais il ne faut jamais oublier qu'une source ou un contact n'est pas un agent.

Enfin, le camarade Tretiakov se vante d'avoir manipulé le programme humanitaire iraquien de l'ONU *Pétrole contre nourriture* au profit de la Russie.

---

23. Constantin Melnik, *Les Espions – Réalités et fantasmes*, Ellipses, Paris, 2008. Poliakov a été exécuté en 1988 pour espionnage après avoir été dénoncé par Aldrich Ames, la taupe du KGB au sein de la CIA.
24. Pete Earley, *Comrade J.*, *op. cit.*

En revanche, pas un mot sur ses offres de service aux agents canadiens.

Autant de révélations qui déclenchent une tempête de protestations vigoureuses, comme on s'en doute. Dans les couloirs du SCRS, certains ont parlé de «*bullshit*». Pure «fantaisie», a estimé lors de la sortie du livre James Warren, qui fut le directeur adjoint des opérations au SCRS à l'époque de Tretiakov. «Autopromotion s'appuyant sur la trahison», a protesté le SVR.

Mais lorsque l'on cherche à savoir le sort réservé aux quatre contacts présumés de Tretiakov après la sortie de son livre, c'est le silence radio. Les a-t-on au moins identifiés et interrogés? Existaient-ils vraiment? Le SCRS refuse de s'étendre officiellement sur le sujet.

Quant au principal intéressé, il a fait savoir dans un courriel au ton sarcastique qu'il n'avait jamais fait d'offre de défection au Canada:

> Je n'ai jamais approché aucun officiel canadien en lui faisant part de plaintes ou d'inquiétudes. En premier lieu parce que le Canada n'existe pas sur la carte politique mondiale. C'est juste un beau pays pacifique avec une nature magnifique. Ensuite, et c'est mon credo, je ne me plains pas, j'agis. Et si j'avais voulu faire défection au Canada, […] je n'aurais pas approché de Canadiens mais je serais allé directement à l'ambassade américaine. Dans toute ma carrière, je n'ai jamais été approché par aucun gouvernement. Personne n'a jamais essayé de me recruter. Je ne suis pas certain que les Canadiens aient suffisamment de compétences ou de cran pour cela. Je veux que le public canadien sache ce que les espions russes ont fait au Canada et comment les autorités canadiennes ont été incapables de résister. J'ai beaucoup de sympathie envers le peuple canadien, mais suivez mon conseil: ne plaisantez pas avec les professionnels russes.

Tretiakov, dont la mémoire semble sélective, oublie peut-être qu'il avait écrit de sa main à l'encre bleue ses numéros de téléphone personnel et professionnel au dos d'une carte professionnelle d'un agent canadien. Juste au cas où, lui avait-il fait comprendre… L'un de ces deux numéros existe toujours. C'est celui de l'ambassade de la Fédération de Russie, rue Charlotte, à Ottawa.

Les espions comme Tretiakov trouveront toujours un « Arthur » prêt à trahir par conviction, naïveté ou cupidité. En 2002, soit deux ans après la défection de Tretiakov, un attaché militaire russe, soupçonné d'agir sous couverture diplomatique pour le compte du GRU, a été prié par le ministère des Affaires étrangères de faire ses bagages. Moscou a acquiescé.

Pendant sa courte affectation dans la capitale nationale, le colonel Vladimir Androsov n'avait pas chômé. Sa mission était d'obtenir des informations sensibles dans le domaine de la défense nationale. Androsov avait fini par corrompre un Canadien bien placé et ayant accès à des données classifiées, moyennant des milliers de dollars. Chacune de leurs rencontres était, comme on s'en doute, entourée de multiples précautions et précédée de manœuvres de contre-filature classiques.

► Le transfuge Serguei Tretiakov a écrit ses coordonnées au dos de la carte professionnelle d'un agent du SCRS alors qu'il était en poste à Ottawa dans les années 1990. (Archives des auteurs)

Le SCRS a mis fin à la partie juste avant que ce Canadien refile son butin, gravé sur un CD-Rom, à son ami russe. Androsov est reparti vers de nouvelles aventures. Son contact, lui, n'aurait pas été inquiété. Juste muté à un poste moins sensible[25].

L'Autriche a aussi été secouée en 2007 par une affaire identique. Les policiers ont arrêté à Salzbourg, le 11 juin, un quinquagénaire, Vladimir V., travaillant pour l'agence fédérale russe de l'espace (RKA) mais soupçonné d'être à la solde du GRU, ainsi qu'un officier de l'armée de l'air allemande en poste dans une base d'hélicoptères de combat. L'officier, Harald S., qui semblait mener une belle vie incompatible avec son salaire, venait de lui vendre pour 35 000 dollars des données confidentielles, entre autres sur les hélicoptères de combat franco-allemands Tigre d'Eurocopter. Quant à l'espion, il a été libéré après plusieurs jours d'incarcération en invoquant l'immunité diplomatique. Son nom figurait en effet sur la liste des participants à une conférence de l'ONU sur l'utilisation pacifique de l'espace.

L'histoire ne s'arrête pas là. Nous avons découvert que, dix jours avant son arrestation, l'espion du GRU était l'un des hôtes de marque d'une conférence organisée conjointement à Moscou par Affaires étrangères Canada (DFAIT) et le Centre international des sciences et de la technologie russe. Le thème de la rencontre était : «Perspective de coopération russo-canadienne dans l'aérospatiale». L'agent russe qui aime tant voler les secrets a eu tout loisir de rencontrer les représentants de l'agence spatiale canadienne, de Pratt & Witney et du Conseil national de recherches. Espérons seulement que l'agent de liaison du SCRS en poste à Moscou veillait au grain ce jour-là !

Dans le domaine des défections manquées, Tretiakov n'est pas un cas isolé. À la même époque, d'autres Soviétiques auraient pu être l'objet d'approches ou bien avaient déjà offert leurs services, mais le Canada a ignoré de la même façon ces opportunités qui se présentaient à lui.

---

25. Stewart Bell, «Return of the Spying Game», *National Post*, Toronto, 7 juin 2007.

Le Biélorusse Alexandr Alexandrovich Fedoseyev, colonel du GRU basé à Ottawa spécialisé dans les sciences et technologies, fait partie de ces gros poissons que l'on a volontairement laissés filer au début des années 1990. Cet homme semblait vouloir passer à l'Ouest simplement pour que sa petite fille, victime d'un grave accident de voiture alors qu'ils se trouvaient en vacances à Moscou, puisse bénéficier de bons soins médicaux au Canada.

Un jour, il approcha un agent du SCRS et lui demanda : « Qu'est-ce que tu peux faire pour moi ?

— Et toi ? » lui répondit du tac au tac l'agent, qui avait bien perçu les signes que lui envoyait le colonel.

Ce premier contact établi, un rapport est envoyé au quartier général du SCRS à Ottawa. Un psychologue du service épluche son dossier, étudie son passé, ses motivations, puis donne un avis favorable au recrutement. Les mois passent. Aucune nouvelle de la part d'Ottawa.

Jusqu'à ce que les agents chargés de son cas apprennent que leur cible va bientôt quitter le Canada avec sa petite famille à bord d'un avion de l'Aeroflot. Ordre leur est alors donné de l'approcher lorsqu'il pénétrera dans l'aéroport de Mirabel. Mais ce jour-là, Fedoseyev n'est pas seul dans l'aérogare et il ne le sait que trop bien. Lorsque l'agent du SCRS s'est avancé vers lui, la main droite en avant, le colonel lui a fait comprendre que c'était trop tard.

« *Thank you* », a-t-il lâché poliment avant de poursuivre son chemin, impassible, en poussant son chariot à bagages.

Une des cibles de choix des agents canadiens était la secrétaire de Leonid Ponomarenko, le *rezident* du KGB à Ottawa. Mais ils ont dû passer leur tour. Même chose avec un diplomate, en fait agent du GRU, soupçonné d'être chargé du soutien aux illégaux. Celui-ci a été contacté alors qu'il se trouvait avec sa femme dans la zone internationale à l'aéroport de Mirabel. Autant dire trop tard. D'autant plus que son patron, Alexandr Kozhurin, qui les avait accompagnés (en leur faisant payer l'essence de sa voiture, dit-on…), rôdait dans les parages.

L'agent du GRU et son épouse, qui ne voulaient manifestement pas rentrer au pays et avaient envoyé plein de signes en ce sens auparavant, avaient les larmes aux yeux.

À la décharge du Canada, d'autres services de renseignement étrangers ont aussi adopté la même attitude *a priori* incompréhensible vis-à-vis d'aspirants transfuges. Exemple, en 1992, lorsque le colonel Vassili Mitrokhine, archiviste au KGB, s'est rendu à Riga, en Estonie, pour offrir ses secrets et ses services à la CIA, l'organisme américain s'est empressé de l'envoyer balader, estimant certainement que la fiabilité de ce petit employé était douteuse. Loin de se laisser démonter, l'espion s'est retourné vers l'ambassade britannique pour rencontrer le MI6*, qui sans tarder l'a exfiltré vers l'Angleterre.

Rémy Pautrat, qui a dirigé au milieu des années 1980 la DST avant de devenir en 1989 conseiller à la sécurité du premier ministre socialiste Michel Rocard, se souvient de la « vague de transfuges » qui a submergé la France après la chute du Mur.

« Au salon aéronautique du Bourget, nous raconte-t-il, nos agents de la DST n'arrivaient plus à faire face à toutes les demandes. [...] C'étaient surtout des gens motivés par l'argent. Des espions, des scientifiques [...] qui se rendaient compte que tout foutait le camp. Ils n'avaient plus peur. Leur seule crainte était que la nation russe disparaisse. »

D'autres opérations de recrutement d'espions russes ont été menées à terme par le Canada mais dans des conditions pathétiques. C'est le cas de X, un simple employé de la compagnie aérienne Aeroflot, un autre vrai nid d'espions, dans une métropole canadienne. L'homme s'est laissé convaincre, après une partie de pêche sur un lac avec un agent canadien, de changer d'allégeance et de partager des informations de premier plan, en particulier des informations sur le chef d'escale Yuri Gorodnichev. Méthodiquement, avant de déserter, il a photographié tout ce qui passait devant ses yeux, noté tout ce qui pourrait être utile. Après un bref séjour dans une *safe house* située dans les Cantons-de-l'Est, il a été relocalisé en lieu sûr, à des milliers de kilomètres de ses ex-collègues. Semaine après semaine, l'homme a été débriefé par des officiers du SCRS. Or, certains maladroits ou idiots le traitaient comme une prise de guerre, allant presque jusqu'à lui balancer l'argent promis à la figure, s'insurge aujourd'hui un agent retraité. Pis encore, il n'a jamais pu obtenir l'emploi qu'on lui avait promis, lui qui voulait gagner sa vie en travaillant et non aux dépens du Canada. Résultat, le transfuge a sombré dans la dépression. Dans leur tête, les gens comme X étaient fiers et ne se considéraient pas comme des traîtres. Et pourtant, nombreux sont ceux qui, partout en Occident, ont été pressés tels des citrons. Dès la dernière goutte de jus, la pelure a été jetée !

Un feu bienvenu

L'erreur est humaine, dit-on. Ce vieil adage s'adapte parfaitement aux événements entourant l'incendie du consulat soviétique de Montréal le 14 janvier 1987. Une grossière erreur de jugement de la part des responsables soviétiques de la sécurité du consulat et du *rezident* a transformé ce qui aurait dû être un banal fait divers en pêche miraculeuse pour les services secrets canadiens. Cette vaste opération de récupération est considérée comme l'un des plus beaux coups de l'histoire moderne du contre-espionnage, de l'avis de plusieurs spécialistes rencontrés lors de la rédaction de cet ouvrage.

L'opération a donné lieu à des dizaines de briefings et de conférences à travers le monde, de visites de représentants des services anglais et américains au Canada.

« Cet incendie, c'est bien entendu le rêve de tout service secret », en rigole encore une vingtaine d'années plus tard le Français Raymond Nart, ex-numéro 2 de la DST.

Il est environ 10 h 50 ce mercredi 14 janvier 1987 lorsque des résidants de l'avenue du Musée, sur le flanc du mont Royal, observent intrigués des employés du consulat soviétique courir à l'extérieur du bâtiment dans la panique la plus totale. Certains ont à la main des extincteurs ou des tuyaux d'arrosage, tandis que d'autres remplissent à la hâte des seaux de neige.

Rapidement, une épaisse fumée sort des fenêtres des deuxième et troisième étages de la bâtisse historique en calcaire blanc érigée en 1911. Le feu, d'origine électrique, qui s'est déclaré au sous-sol, progresse rapidement dans les étages supérieurs avant de perforer le toit enneigé. Les Soviétiques, qui ne veulent pas que des yeux indiscrets viennent fouiller dans leurs affaires louches, refusent de faire appel aux pompiers de Montréal et tentent désespérément de contenir le sinistre. Mais le combat est perdu d'avance.

D'autres voisins d'un genre particulier observent cette scène surréaliste avec un grand intérêt. Ce sont les agents du SCRS en planque dans leur poste d'observation (PO) tout proche. Caché dans un immeuble locatif d'une dizaine d'étages en face du consulat, il offre une vue imprenable sur les allées et venues des Soviétiques sept jours sur sept, vingt-quatre heures sur vingt-quatre.

Tous les mouvements de personnel et de visiteurs sont notés, les plaques d'immatriculation des automobiles répertoriées, les compteurs kilométriques des voitures des employés relevés la nuit. Les agents communiquent aussi au besoin avec leurs collègues des équipes de filature en les appelant sur un téléphone secret caché dans une boîte en métal fixée sur un des murs de pierre du couvent des sœurs grises, rue Guy, à moins d'un kilomètre de là.

Il faut préciser que cet édifice patrimonial de trois étages, acquis en 1970 par les Russes, et ses trois bâtiments attenants étaient en fait l'une des bases principales du KGB et du GRU en Amérique du Nord[26]. Cette enclave soviétique occupait – et occupe encore aujourd'hui – toute la partie est de cette voie se terminant en impasse côté

---

26. La dernière acquisition immobilière des Soviétiques dans cette rue remontait à 1985, au coût de 2 millions de dollars payés comptant.

nord, ce qui est un avantage indéniable lorsqu'il s'agit de contrôler les allées et venues d'un camp comme de l'autre. Et juste en surplomb, accessible par un escalier vertigineux qui débouche avenue des Pins ouest, se trouve la résidence Arts déco classée monument historique où résidait Pierre Elliott Trudeau.

À l'opposé de l'avenue du Musée, au coin de la rue du Docteur-Penfield, se trouve la résidence Molson, qui servait de logement à une partie des employés subalternes ainsi qu'aux membres d'équipage de l'Aeroflot. Il leur arrivait aussi d'être logés à l'hôtel, sous l'étroite surveillance d'un officier de la ligne KR. Les Soviétiques louaient également une flopée d'appartements rues du Docteur-Penfield et Peel.

Le personnel du consulat est pléthorique : diplomates, chauffeurs, commis au chiffre, etc. Une grosse PME de l'information, écrivent certains à l'époque[27]. Ou plutôt de l'espionnage, comme ce serait à nouveau le cas. Grosse si l'on tient compte de sa superficie – près de 5 000 mètres carrés –, manifestement disproportionnée pour un simple consulat d'une non moins modeste métropole canadienne.

De plus, on y dénombre pas moins de seize employés protégés par leur statut diplomatique, soit seulement une dizaine de moins qu'à l'ambassade soviétique d'Ottawa. À l'hiver 2008, ils n'étaient plus que sept diplomates, consul et vice-consul enregistrés auprès du service du protocole.

L'autre nid d'espions soviétiques notoire est situé dans l'est de la ville, au 4368-4370, boulevard Pie-IX. Il s'agit de la mission commerciale qui abrite invariablement un agent du GRU et un du SVR. C'est à cet endroit que travaillait au début de sa carrière le célèbre colonel de la ligne X du KGB Vladimir Vetrov, alias Farewell.

En pleine guerre froide, leurs objectifs sont multiples : aérospatiale, militaire, électronique, pharmaceutique, infor-

---

27. André Dalcourt, « Le consulat soviétique, une grosse PME de l'information », *Le Journal de Montréal*, vendredi 16 janvier 1987.

matique. Dans leur mire, des compagnies phares tels Canadair et Paramax (devenue par la suite Lockheed Martin Canada), qui concevaient entre autres des systèmes pour les frégates canadiennes et pour le fabricant de simulateurs civil et militaire CAE. Mais aussi Canadian Marconi, qui construisait des systèmes de navigation, de surveillance, de communications tactiques, de radar, etc. Sans oublier le SCRS.

Montréal est aussi privilégiée parce qu'elle est considérée comme une base arrière idéale pour les opérations d'infiltration vers les États-Unis.

Le consulat soviétique de Montréal cache un système d'interception radio sophistiqué. C'est le directeur du KGB de l'époque, Youri Andropov, qui a approuvé son installation à Montréal ainsi que dans quatorze autres métropoles (New York, Washington, Paris, Rome, Téhéran, Pékin, Londres, Belgrade, Mexico, Athènes, Bonn, Salzbourg, Reykjavik et Tokyo) le 15 mai 1970[28].

Ces oreilles indiscrètes captent chaque année des dizaines de milliers de messages codés et de communications téléphoniques, certains ultraconfidentiels, échangés entre le président des États-Unis et des membres haut placés de son administration.

Alertés par la fumée, les agents du SCRS décrochent leur téléphone sécurisé et avisent sans tarder le bureau chargé de la surveillance des activités du consulat soviétique au CE-1. Le CE-1 est une sous-division qui regroupe toutes les activités soviétiques. Il était encore établi à cette époque dans le quartier général de la division C de la GRC, 4225, boulevard Dorchester, à Westmount[29]. Le SCRS en était à ses premières années d'existence et n'avait pas encore emménagé dans son édifice actuel de la rue Peel, qu'il partage avec Immigration Canada.

---

28. Christopher Andrew et Vassili Mitrokhine, *Le KGB contre l'Ouest, 1917-1991, op. cit.*
29. Il y avait aussi le CE-2, chargé des pays satellites de l'URSS.

Pour les espions canadiens, il est évident que l'occasion d'aller voir de plus près ce qui se trame derrière les murs du consulat est trop belle et qu'elle ne se représentera pas de sitôt. Mais l'officier responsable du bureau soviétique, Gilles C., ne semble pas pressé d'intervenir, lui. Nous sommes en fin de matinée et sa préoccupation du moment est d'aller déjeuner. Point final.

« Vous m'appellerez lorsque ce sera fini », aurait-il lancé, imperturbable, à ses interlocuteurs ébahis.

Heureusement, le chef des opérations spéciales, Joe M., prend quand même l'initiative d'envoyer des équipes de surveillance sur les lieux du sinistre. La mission de ces professionnels de la filature physique est d'observer la scène en se mélangeant aux badauds, journalistes, pompiers et policiers, de noter tous les détails pertinents et de prendre des photos.

Sur place, la situation ne s'arrange pas. La centaine de pompiers appelés à la rescousse environ quarante-cinq minutes plus tard par des voisins font le pied de grue sur le trottoir en regardant la bâtisse historique flamber. C'est l'alerte générale. Mais en vertu des immunités consulaire et diplomatique invoquées par le consul général Alexandre Yerekovski[30], les pompiers se voient refuser l'autorisation d'entrer, et même de s'attaquer au feu depuis leurs échelles à l'extérieur. Yves Bineau, le directeur du Service de prévention des incendies de Montréal, ne cache pas sa frustration aux journalistes : « On n'est pas habitué de voir une bâtisse brûler et de ne rien pouvoir faire pour l'en empêcher. »

À l'intérieur, à l'abri des regards, tandis que certains livrent un combat perdu d'avance contre les flammes, d'autres jettent

---

30. Pour la petite histoire, la femme de Yerekovski entretenait une liaison avec un colonel du KGB, Vitali Yurchenko, qui a fait défection auprès de la CIA en août 1985. Le même Yurchenko a réintégré les rangs du KGB quatre mois plus tard à Washington, dans des conditions rocambolesques (il a expliqué avoir été drogué et séquestrée par la CIA). En fait, il aurait agi ainsi parce que sa maîtresse aurait refusé de le suivre.

► L'incendie du consulat soviétique à Montréal le 14 janvier 1987 a été le point de départ d'une formidable opération de collecte de renseignement par le SCRS. Méfiants, les Soviétiques avaient pourtant longtemps tenu tout le monde à l'écart du sinistre, même les pompiers. Ce consulat était une vraie place forte, comme en témoignent les murs de brique dissimulés derrière les fenêtres. (© *Journal de Montréal* – Claude Rivest)

► Le consul de l'époque était Alexandre S. Yereskovski, que l'on voit sur cette photo en discussion avec un policier montréalais. (© *Journal de Montréal* – Claude Rivest) au feu des documents compromettants ou top-secret. Des caisses sont sorties à la hâte par la porte arrière et entassées dans le coffre de voitures garées dans le stationnement privé. On voit aussi des membres du personnel et leurs proches se réfugier avec un calme apparent dans la maison voisine, qui fait habituellement office d'école.

Après quinze minutes de négociations ardues entre le directeur des incendies et les autorités consulaires, les pompiers peuvent enfin s'attaquer au brasier. Ils ne sont pas au bout de leurs surprises ni de leurs peines. En brisant les fenêtres pour projeter de l'eau, ils se rendent compte que l'une d'entre elles est occultée par un mur de brique. Et impossible de faire leur travail à l'intérieur sans être suivis par une douzaine d'agents de sécurité qui rechignent à ouvrir certaines portes. On découvre même l'existence d'un tunnel secret qui relie le consulat à un bâtiment voisin.

En fin de journée, de l'élégant consulat il ne reste plus que quatre murs noircis, des décombres fumants et des tonnes de gravats. Théoriquement, ces débris auraient dû être chargés dans des conteneurs par des équipes de nettoyage venues spécialement de Russie, chargés à bord d'un navire soviétique, puis balancés au beau milieu de l'océan Atlantique. Cela pour éviter leur récupération par les services secrets occidentaux.

Contre toute attente, Boris Lumpov, le chef *rezident* du KGB à Montréal, a décidé d'envoyer les débris dans les dépotoirs locaux. Curieux, car Lumpov, célèbre pour sa maîtrise remarquable de la langue française, était pourtant un officier senior chevronné.

Entre-temps, le bureau des opérations spéciales du SCRS de Montréal sollicite l'échelon supérieur à Ottawa pour qu'il l'aide à récupérer ces débris et à les analyser dans son laboratoire. Nouveau refus. Une fois encore. Motif invoqué : tout a brûlé ou a été récupéré par les Russes. Il ne doit donc plus y avoir grand-chose, croit-on en haut lieu.

L'incroyable Projet F

Les enquêteurs montréalais sont convaincus du contraire. Ils décident d'aller fouiller eux-mêmes dans les poubelles des Russes. L'opération ultrasecrète «F» (Projet F), comme feu, débute.

Les informations recueillies sur les méthodes employées alors ne concordent pas. À l'époque, il a été révélé que les dix-huit conteneurs de gravats avaient été déversés par des camions dans un dépotoir clandestin situé sur le territoire de la réserve mohawke de Kahnawake[31]. C'est à cet endroit que les limiers du SCRS auraient fait le tri entre les gravats de construction sans intérêt particulier et le reste, en particulier les documents carbonisés ou déchiquetés, en partie ou en totalité. Mais il semble que les Soviétiques ont changé plusieurs fois de site pour déjouer les agents canadiens.

Certaines sources nous ont assuré que le SCRS avait choisi d'aller se servir lui-même dans le consulat en se faisant passer pour des pompiers ou des nettoyeurs d'après-sinistre, ou lors de visites nocturnes. Le tout au nez et à la barbe des agents de sécurité russes, pourtant méfiants de nature. Surtout dans de telles circonstances.

Nos espions étaient probablement assistés d'hommes de main peu regardants en échange d'enveloppes brunes bien garnies de billets… Il se peut aussi qu'une compagnie légitime ait accepté de leur prêter main-forte, attirée par une confortable récompense.

Une fois remplis, la plupart des conteneurs ont été dirigés vers un vaste entrepôt couvert de l'île de Montréal loué par le SCRS pour l'opération de tri. Les éléments susceptibles de révéler des secrets ont rapidement été envoyés dans le laboratoire du SCRS à Ottawa, l'«Unité des opérations scientifiques». En haut lieu, on avait changé d'avis après les premiers rapports enthousiastes de Joe M., le responsable des opérations spéciales à Montréal.

---

31. Normand Lester, *Enquête sur les services secrets*, Éditions de l'Homme, Montréal, 1998, p. 35.

Pendant environ un an, à la manière des enquêteurs après un accident d'avion, une poignée de spécialistes, en particulier des chimistes, ont patiemment reconstitué des dizaines de puzzles. Le laboratoire était alors plein jusqu'au plafond, dit-on, de caisses de documents et de débris. Un travail de moine pour recoller des milliers de feuilles découpées en fines lanières, faire parler des documents carbonisés, analyser des particules de substances chimiques, assembler des morceaux de métal tordus par la chaleur de l'incendie.

La pêche a été bonne. Tellement bonne qu'elle a attiré des collègues des services secrets occidentaux, en particulier les Anglais et les Américains. Les limiers français de la DST ont aussi trouvé la trace d'un ingénieur français qu'ils connaissaient bien. Cet individu avait été arrêté dans le cadre d'une affaire d'espionnage visant la fusée Ariane. L'homme en question, un «volontaire» dans le jargon du métier, aurait offert ses services aux Soviétiques probablement à Montréal, puisque l'on a retrouvé son nom sur le registre des visiteurs du consulat.

Les agents du SCRS ont parcouru le monde pour faire partager leurs découvertes. Autant de trésors qui seraient toujours conservés avec d'autres reliques, du FLQ par exemple.

Les services secrets canadiens ont découvert, en la reconstituant grandeur nature, comment était construite la salle d'isolation électromagnétique du consulat. Cette cage de Faraday empêchait toute écoute électronique depuis l'extérieur. On a aussi mis la main sur plusieurs serrures et clés.

Des plans de guerre effrayants

Les enquêteurs ont également exhumé des équipements de surveillance et de contre-surveillance. Plusieurs documents confidentiels de la plus haute importance, un masque de plongée sous-marine militaire sophistiqué fonctionnant avec des cartouches (les agents du SCRS ont envisagé l'hypothèse qu'il ait été utilisé pour faire entrer au Canada un illégal) et des contenants pharmaceutiques. Ainsi que l'agenda personnel de Boris Lumpov, le *rezident* du KGB. Pas de vrais noms au fil des pages, mais plutôt des pseudonymes du genre Bob ou Dan. Une vraie mine d'or malgré tout.

Il y avait aussi des plans opérationnels. Des noms de taupes infiltrées au sein de l'appareil canadien, comme l'était Gilles Brunet, et d'informateurs occasionnels involontaires qui bien souvent ne savaient pas qu'ils s'adressaient à des agents du KGB ou du GRU. On parle plutôt de bonnes âmes idéalistes favorables à l'abolition de la guerre froide, prônant une réconciliation entre les deux blocs ennemis.

Mais le pire n'était pas là. Les limiers du SCRS ont également fait des découvertes qui les ont fait frémir. Ne nous leurrons pas, il s'agissait de vrais plans de guerre qui mettaient la vie des Canadiens en danger lors d'un éventuel conflit Est-Ouest.

Au début des années 1990, soit trois ans plus tard, il semble que trois agents du KGB de la ligne V, spécialisés dans l'assassinat ainsi que dans le sabotage des infrastructures énergétiques et du transport, étaient toujours en poste ici. Les barrages d'Hydro-Québec et les lignes à haute tension figuraient en bonne place sur une liste de cibles répertoriées en 1967 par des agents du KGB envoyés à Montréal sous le couvert de l'exposition universelle Terre des hommes.

Un des scénarios échafaudés prévoyait le déversement de produits chimiques toxiques et mortels dans des réservoirs d'eau potable. Le consulat montréalais était d'ailleurs équipé pour mener une guerre chimique et bactériologique sur le sol nord-américain. Ses occupants disposaient aussi de tout l'équipement nécessaire pour se protéger.

Il est bon de mentionner que chaque *rezidentura* en Occident avait échafaudé un plan d'attaque similaire destiné à semer la terreur dans la population en guise de représailles[32].

---

32.   Constantin Melnik, *Les Espions – Réalités et fantasmes, op. cit.*

Cela donne un autre relief à un événement survenu quelque temps auparavant. L'officier du GRU en poste à Montréal, un certain Agapov, avait ciblé un professeur du Collège McDonald (McGill). L'homme en question était un microbiologiste de renom qui faisait des recherches, en particulier dans le domaine de l'épidémiologie. Agapov avait employé la tactique de séduction classique, vantant ses mérites et son travail, lui faisant miroiter la possibilité d'exercer ses talents en URSS aux frais du parti. Agapov voulait s'assurer au préalable que sa cible pouvait obtenir des cultures biologiques spécifiques ou du moins y avoir accès. Informé de cela, le SCRS délègue ses agents pour discuter avec le professeur. Pour en savoir plus, mais aussi pour le prévenir des risques inhérents à une telle «collaboration».

Loin de se laisser convaincre, l'éminent chercheur, offusqué, envoie paître les agents du contre-espionnage. Pour lui, ce ne sont que des cow-boys paranoïaques qui voient des espions partout.

Pendant ce temps-là, l'officier du GRU dévoile de plus en plus ses cartes. À sa troisième visite, il présente au professeur une liste d'épicerie incluant des cultures biologiques particulières. Terrifié, celui-ci se résout à contacter le SCRS. À leur arrivée dans son bureau, le brave professeur était blanc comme un linge. Selon ses dires, Agapov lui avait demandé des produits à ne pas mettre entre toutes les mains. L'un d'eux était suffisamment dangereux pour tuer toute la population dans un rayon de cinquante kilomètres autour du Saint-Laurent.

On n'a jamais su si cette marchandise mortelle était destinée à être utilisée en Amérique du Nord dans le cadre d'un conflit ou bien pour la recherche militaire en URSS. Quant à Agapov, cette histoire est venue alourdir son dossier et aurait ainsi contribué à son expulsion.

On peut toutefois se poser de sérieuses questions. Il faut savoir en effet qu'en 1973, à peine un an après avoir signé le traité d'interdiction des armes biologiques, l'URSS avait activé, sous couvert de recherche pharmaceutique, un programme d'armement biologique baptisé «Biopreparat».

Biopreparat, un des secrets les mieux gardés de la guerre froide, parce que le plus terrifiant, était un conglomérat de laboratoires, disséminés dans toute l'URSS ainsi qu'au Kazakhstan, qui produisaient des armes à base de toxines, virus et bactéries.

Biopreparat, a affirmé ensuite Alibekov, son numéro 2, peu après s'être réfugié aux États-Unis, comptait sur le KGB, surnommé « Agence capture N1 », pour l'approvisionner. Régulièrement, a-t-il révélé, les espions russes basés dans le monde entier utilisaient la valise diplomatique pour expédier dans les laboratoires de Biopreparat des ampoules remplies de souches, échantillons et autres substances potentiellement mortelles qu'ils avaient dénichés.

Le SCRS aurait pu exploiter l'histoire révélatrice d'Agapov pour sensibiliser les centres de recherche, et ceux qui y travaillent, à travers le pays. Malheureusement, cela n'a jamais été fait. Pourtant, on le voit, les chercheurs sont des cibles de choix pour les espions.

Le dossier Agapov fait partie de ces belles histoires que les anciens du service se racontent autour d'un verre pour se rappeler la grande époque. C'est tout.

Le spectre de Biopreparat est revenu hanter tout récemment certains services secrets. En 2007, des agents soviétiques ont été repérés par leurs confrères du MI6, en particulier près d'un centre de recherche biologique, alors qu'ils cherchaient manifestement à retrouver des fioles contenant, semble-t-il, des virus de l'anthrax et du virus Ebola.

Vague d'expulsions

Ces découvertes dans les décombres calcinés du consulat ont précédé une vague d'expulsions sans précédent. Entre le 15 et le 23 juin 1988, le gouvernement canadien de Brian Mulroney signe des ordres de déportation à l'encontre de neuf diplomates soviétiques, dont six sont basés à Montréal. « Beau travail ! » se serait-il exclamé alors. Dix autres Soviétiques, qui se trouvaient déjà à l'extérieur du pays, sont également déclarés *persona non grata* (PNG)[33]. Ce sont des consuls, des vice-consuls, des secrétaires, des délégués auprès de l'OACI à Montréal, le plus haut gradé militaire de l'ambassade à Ottawa, un gérant de la compagnie aérienne Aeroflot et un journaliste d'une agence de presse.

Pour au moins quatre d'entre eux, c'est le feu qui aurait directement causé leur perte. À l'époque, il a aussi été avancé que la défection, début juin, de Youri Smurov, un traducteur de la délégation soviétique à l'OACI, à Montréal, aurait servi d'élément déclencheur à cette guerre des espions.

Foutaise, avance aujourd'hui une de nos sources:

> Ses renseignements ne valaient pas grand-chose. Smurov, qui était surnommé «le Rat», a dénoncé des gars déjà connus du SCRS comme membres du KGB mais n'a fourni aucune information valable et nouvelle. Certains à Ottawa se demandaient même si Smurov n'était pas un agent double et se méfiaient de lui comme de la peste[34].

Une autre affaire met à mal les relations canado-soviétiques. À la mi-juin, un jeune Canadien de 25 ans est arrêté dans un hôtel de Terre-Neuve et accusé d'espionnage pour le compte de l'URSS. Stephen Joseph Ratkaï s'était procuré des documents militaires secrets concernant la base américaine d'Argentia, chargée du contrôle des sous-marins.

En représailles, et comme le veut la coutume en pareilles circonstances, l'URSS crie à l'insulte et expulse à son tour le 25 juin une dizaine de diplomates canadiens en poste à

---

33. Terme utilisé dans le milieu diplomatique désignant une personne qui a été chassée d'un pays pour des activités non compatibles avec sa position de diplomate, habituellement des activités d'espionnage.

34. Pour la petite histoire, dans les derniers jours de juin 1988, Smurov a été transféré de Montréal à Ottawa non pas dans un avion privé, qui avait été réservé pour des raisons évidentes de sécurité, mais plutôt dans la voiture personnelle d'un haut gradé du SCRS. Celui-ci voulait tout simplement empocher les 12 cents du kilomètre pour se rendre à Ottawa et déménager les effets personnels de sa fille, qui étudiait à l'université.

Moscou, en déclare indésirables une poignée d'autres et rappelle vingt-cinq de ses trente-neuf employés soviétiques. Yuli Vorontsov, vice-premier ministre soviétique aux Affaires étrangères, estime que le Canada s'est embarqué dans un « roman savon ».

Deux jours plus tard, les deux pays cessent les hostilités. À Ottawa, l'ambassadeur soviétique Alexei Rodionov et Joe Clark, alors ministre des Affaires extérieures, se rencontrent durant une trentaine de minutes pour une franche explication. Pendant ce temps-là, à Montréal, d'étranges ouvriers venus spécialement d'URSS s'affairent à reconstruire le consulat. Le problème est que la plupart d'entre eux ont un permis de travail expiré. Une carte que conserve Joe Clark dans sa manche au cas où la valse des expulsions repartirait de l'autre côté du rideau de fer.

Reste que les Soviétiques ne tenaient pas du tout à se faire berner une nouvelle fois. Qu'après les soi-disant pompiers montréalais, comme le prétendaient les Soviétiques à l'époque, et nettoyeurs d'après-sinistre, ce soient des soi-disant électriciens ou plombiers canadiens qui en profitent pour truffer leur édifice de dispositifs d'écoute électronique. Un coup classique.

Les alliés cubains connaissaient la musique. Leur consulat de l'avenue des Pins, qui a brûlé lui aussi au mois de mars suivant – coïncidence troublante –, causant la mort de trois de ses employés, avait été piégé à leur insu lors de travaux de construction. Les agents fédéraux avaient intercepté des portes intérieures neuves avant leur installation dans ce bunker aux murs à double paroi. Des spécialistes y avaient soigneusement dissimulé des micros commandés à distance et capables d'émettre pendant cinq ans. Les agents canadiens les fermaient simplement chaque fois que les balayeurs d'ondes cubains, chargés de détecter les systèmes clandestins, débarquaient à Montréal.

L'un des expulsés du Canada a pour nom Igor Aleksandrov. Officiellement, il travaillait au siège de l'OACI à Montréal, alors connue pour être un vrai nid d'espions, au même titre que la compagnie aérienne Aéroflot ou Intourist, et une compagnie de fabrication de matériel agricole installée sur la rive sud. Mais M. Aleksandrov avait surtout pour tâche de bâtir des légendes pour les illégaux en visitant les cimetières, en consultant les registres dans les paroisses.

Dans les débris du consulat, les agents du SCRS ont mis la main sur des notes de travail dans lesquelles il évoquait une rencontre avec un individu à Hudson, village situé à l'ouest de Montréal. Cet informateur lui avait communiqué le nom d'un enfant décédé dans cette région.

Sur cette même liste noire figurent évidemment Lumpov et son successeur, Rubtsov. Le malheureux Lumpov a certainement eu des comptes à rendre à sa hiérarchie pour sa gestion désastreuse des événements.

Les derniers temps de son séjour à Montréal, Boris Lumpov avait fait l'objet d'une tentative de recrutement par le SCRS. Une opération menée en dépit du bon sens, l'exemple classique de la chose à ne pas faire, qui s'est soldée par un échec aussi cuisant que pathétique.

Boris Lumpov, comme on l'a vu plus haut, était le chef *rezident* du KGB à Montréal. Il avait en charge toutes les opérations du KGB au Québec et dans les provinces maritimes. À l'époque, Lumpov est donc une pièce maîtresse sur l'échiquier du KGB au Canada. L'idée est de lui faire comprendre qu'il est en très mauvaise posture à la suite de l'incendie du consulat. Sans compter que son agenda est entre les mains du camp ennemi. Bref, son retour en URSS s'annonce chaud.

L'opération de recrutement est lancée en catimini par Ottawa, dans le dos des agents de Montréal, qui connaissent pourtant bien la cible. Le *golden boy* choisi par les pontes d'Ottawa pour réaliser cette mission délicate est une des stars du service. Un gars à la réputation de cow-boy qui a eu sa part de succès dans le contre-espionnage, en particulier dans les dossiers de Brunet et de Hambleton, mais unilingue anglophone. Pas de chance, Lumpov ne parle pas anglais, mais français, qui plus est avec un magnifique accent parisien. Beaux restes d'une affectation passée dans la Ville lumière.

L'action se passe sur le boulevard Saint-Laurent. Lumpov fait son magasinage. Dès que les équipes de surveillance et de contre-surveillance réussissent à l'encadrer, le feu vert est donné pour la phase d'approche.

L'agent anglophone s'approche de Lumpov et l'interpelle ainsi :

« Hey, Lumpov !

— … »

Boris Lumpov est un agent secret, mais c'est surtout un diplomate élégant, sophistiqué, habitué au protocole et au décorum des salons officiels.

Le diplomate se retourne, surpris.

L'agent du SCRS se présente et engage la conversation :

« Je suis X, je travaille au SCRS. Cela vous dérange si je vous parle en anglais ?

— Oui, répond Lumpov, je ne parle pas anglais. »

Les choses démarrent mal.

Poursuivant dans un français maladroit, l'agent fédéral lui explique qu'il a des informations importantes à lui dévoiler et qu'il aimerait lui parler. Ce faisant, il pose le pied sur la roue d'une auto en stationnement, décroche par inadvertance l'enjoliveur, qui roule au milieu du boulevard. Lumpov, qui n'est pas au bout de ses surprises, regarde alors avec stupéfaction son interlocuteur courir après l'enjoliveur. Comme dans une mauvaise comédie.

Le cirque fini, Lumpov cherche quand même à savoir quelles sont ces informations *a priori* si exclusives. La discussion se poursuit dans un café voisin. On lui exhibe alors une copie d'une page de son agenda.

« On a découvert votre agenda, toutes les informations et surtout qui est Pretty.

— Ah oui, réplique Lumpov, vous avez découvert qui est Pretty ?

— Oui, elle a commencé à nous parler, à tout nous raconter sur vos activités, et il va y avoir bientôt des arrestations. »

Lumpov insiste :

« Vous avez découvert Pretty et vous êtes en train de lui parler ?

— C'est ça, répond l'apprenti recruteur du SCRS.

— Si vous avez découvert qui est Pretty et qu'elle est en train de vous parler, alors vous n'avez rien découvert », réplique sèchement Boris Lumpov.

Sur ces entrefaites, il se lève et quitte les lieux. L'opération vient de s'écrouler lamentablement. Dans les bureaux du SCRS à Montréal, c'est la consternation mêlée de colère.

Surtout lorsqu'ils découvriront que « Pretty » n'était pas une quelconque Mata Hari, mais le nom de code utilisé par les Soviétiques pour aller chercher le courrier diplomatique à l'aéroport de Mirabel.

Un espion se rebiffe

Le Projet F rebondit dans l'actualité trois ans plus tard sous une forme inattendue.

En juin 1991, une poursuite de 150 000 dollars est déposée en Cour fédérale par un ancien agent du SCRS. L'homme en question a pour nom Guy Chamberland. Ce scientifique de 29 ans est issu du laboratoire des sciences judiciaires de la GRC. Les spécialistes de son genre sont recherchés par les services secrets. Le SCRS recrute encore aujourd'hui sur son site internet des diplômés en physique ou en chimie. Il est précisé que ces « scientifiques peuvent être appelés à voyager et à mettre à profit leurs compétences dans un environnement opérationnel où l'on peut difficilement se servir d'outils de laboratoire conventionnels. Ils doivent donc faire preuve d'innovation et de créativité dans l'application de leurs connaissances et de leurs compétences ».

Le moins que l'on puisse dire est que leur palette d'intervention est assez large. Ce sont généralement des virtuoses de l'examen de documents clandestins. Par exemple, dans le cas d'une interception de courrier, leur rôle est de débusquer l'information cachée, de s'assurer qu'il n'y a pas de piège anti-espionnage, puis de remettre la pièce en question dans son état d'origine. Ils sont aussi capables de reconstituer à l'identique un document carbonisé, de chercher un texte caché avec une encre secrète dans un délai très court, lors d'une perquisition clandestine par exemple.

Guy Chamberland, qui fait alors un doctorat en bio-chimie à Montréal, affirme être affecté par une maladie typi-quement russe, marginale en Amérique du Nord : la tuber-culose. Maladie qu'il estime liée à son travail de fouille et d'expertise des débris en décomposition des consulats russes et cubains.

Un contact prolongé et répété dans une atmosphère confinée. Contaminé par des bactéries, il souffre de problèmes pulmonaires, de lésions et d'altérations cutanées. Sa vie est un calvaire. Il est gavé d'antibiotiques, fait de fortes fièvres.

La tuberculose est non seulement mortelle mais conta-gieuse, et qui plus est à déclaration obligatoire. Le problème est que l'agent ne devrait pas être malade puisque ces opéra-tions sont censées ne jamais avoir existé. Guy Chamberland tente de se faire soigner, invoque le Code canadien du travail. Rien n'y fait. On l'intimide, tout comme le sera, même après sa démission du service, son médecin, à qui il avait demandé un certificat médical. Le SCRS refuse aussi de communiquer aux médecins de l'organisme fédéral quelque information que ce soit qui pourrait aider à son traitement. On lui interdit aussi de parler de sa maladie à quiconque. Fait à noter, il semble que Guy Chamberland ne connaissait pas la nature exacte du mal dont il était atteint et ne l'a découvert qu'après son départ du SCRS en 1989.

Les relations deviennent carrément houleuses, voire hostiles, entre l'agent et sa hiérarchie. Cela va même jusqu'à des menaces de mort. Autre exemple parmi tant d'autres : en mai 1988, Chamberland apporte une lettre de son médecin dans laquelle il est expressément demandé qu'il soit retiré du Projet F.

« Tu sais ce que tu peux en faire de ta lettre ? » lui réplique alors son superviseur tout en froissant le document avant de le balancer dans la poubelle.

S'il accepte l'idée que sa maladie puisse faire partie des risques du métier, il ne comprend pas en revanche que l'on ne fasse rien pour le tirer d'affaire.

Chamberland est devenu un vrai secret d'État. Un de ses supérieurs lui précise même qu'il devrait se préparer à emporter ses secrets dans sa tombe : « Un bon agent secret doit être prêt à mourir pour son pays. »

Pendant deux ans, il va multiplier les séjours à l'hôpital. Son combat médico-judiciaire a des échos jusque dans la Chambre des communes. Le député de sa circonscription de Chambly, Phillip Edmonston, se saisit du dossier. Dans un communiqué publié le 16 octobre 1991, le député pose plusieurs questions pertinentes :

> Existe-t-il une violation directe de la Charte canadienne des droits et libertés quand on fouille les poubelles des gens ? De plus, est-ce que les agents du gouvernement comme M. Guy Chamberland sont mal protégés à cause de compressions budgétaires aveugles ? [...] Il faut également déterminer qui d'autre aurait pu être infecté lors d'opérations similaires. S'il y a d'autres personnes possiblement contaminées par des « agents toxiques », le gouvernement fédéral devrait s'assurer que le public en général ne sera pas exposé.

Le 7 novembre 1991, le député revient à la charge aux Communes. Il résume à sa manière, en ces termes, les propos tenus auparavant par Guy Chamberland dans son bureau de comté : « Écoute, j'ai demandé un dédommagement au SCRS et je leur ai aussi demandé quel était le produit qui m'avait contaminé. S'agit-il d'une bactérie ou d'une espèce de produit que l'URSS a mis sur ses papiers ou sur les objets qui ont brûlé dans l'incendie ? »

Cette bataille juridique peu commune a des échos jusque dans la presse soviétique. Le 15 octobre 1991, le quotidien russe

Pravda relate les malheurs du «pauvre Guy» sur un ton plutôt sarcastique dans un article signé V. Shelkov, son correspondant à Ottawa :

> *Besides, we "supplied" the Canadians with some excellent ashes (perhaps even containing grains of some personal secrets), but themselves made a mistake somewhere. Did they not store them properly?*

Il conclut son article de cette manière :

> *Perhaps the people in the West who warn that the smoke from our motherland can cause a lot of trouble for them are right.*

Le calvaire vécu par Guy Chamberland n'était pas que physique. L'ex-agent s'est retrouvé isolé comme un pestiféré, excommunié. Rares étaient les collègues qui s'approchaient de lui de peur d'être mis eux-mêmes au ban par leur hiérarchie. Ce n'était vraiment pas bien vu de lui adresser la parole. On a sous-entendu aussi que ce sont certains membres de sa famille qui lui ont passé la tuberculose. La raison d'État, dit-on.

Pour eux, Chamberland, «poussé à la rue comme une poubelle» et se rendant compte qu'il n'y avait plus de carrière pour lui, a quitté le service à contrecœur.

Pour ceux qui l'ont fréquenté à cette époque, la situation subie par Guy Chamberland, élevé dans une tradition militaire, donc dans l'honneur, était d'autant plus injuste que ce scientifique était connu pour être un bon soldat totalement dévoué à la cause et à son pays. L'affaire s'est finalement réglée hors cour, en 1994.

Cette affaire a aussi fait des victimes dans sa hiérarchie. Son patron qui avait jeté la lettre du médecin à la poubelle, le chef des opérations à Ottawa, a été poussé à la retraite. Un autre a été muté. Deux collègues de Guy Chamberland seraient aussi tombés malades dans les mêmes circonstances. Trois malades sur cinq employés de l'unité des opérations scientifiques... Un piètre bilan qui entache à tout jamais une opération de contre-espionnage extraordinaire.

TRANSLATION
FROM THE
RUSSIAN LANGUAGE PRESS REVIEW
Telephone (613) 993-9042

TRADUCTION D'ARTICLES DE LA
REVUE DE LA PRESSE
DE LANGUE RUSSE
Téléphoner au (613) 993-9042

VOL. 1 NO 21
VOL. 1 N° 21

From/tiré de   : Pravda, 91-10-15, p. 4

OUR ASHES ARE NOT TO BE TRIFLED WITH
- AN ECHO FOUR YEARS AFTER THE FIRE

During the winter of 1987 there was a major fire at the USSR consulate-general in Montreal. Shortly after this incident, which, fortunately, only involved the loss of material, the Cuban consulate in Montreal burned down. Both accidents received a great deal of attention from the local press.

The memory of the fire faded in Montreal not long after the black smoke. Our rebuilt consulate-general has been punctually receiving visitors for a long time. Then suddenly, a day or two ago, the Canadian press once again returned to the bygone event. But there was how a totally unexpected twist.

Guy Chamberland, a 29 year-old former employee of the Canadian Security and Intelligence Service (CSIS), filed a $150,000 claim in the federal court against the federal government. The biochemist believes that he should be compensated this amount for damage to his health during his service with CSIS.

What does Guy Chamberland's chronic illness have to do with the fire in the USSR consulate-general in Montreal? As the "Southam News" agency and the Canadian newspapers confirm, these two seemingly totally unrelated facts are linked by ashes and charred embers; that is, by all that was left of the contents of our mission, which should have ended up in some garbage dump. Still hot on the heels of the fire, the Canadian press had reported that the Soviet ashes would be dealt with by the appropriate parties - that is, Canadian counter-intelligence. Within its walls, apparently, they were convinced that, coupled with their equipment, our ashes were priceless.

Due to the secret nature of the work which followed, it is difficult to say what kinds of "gems" of secret information were uncovered by the Canadian special service among our smouldering ruins. For now the public has only learned of one secret result of these investigations - Guy Chamberland, who, together with a group of colleagues had analyzed our remains, has fallen ill.

Poor Guy accuses his superiors of criminal actions in hiding the dangerous nature of the work from him, and in refusing to allow him to reveal the details of the work that he had been doing for the service to the doctor who was treating him, even after he began

2

to experience breathing difficulties and pains in his back and chest.

At least the victim is making claims against his own government and not ours. Not that we would able to help him anyway - we have no currency. Besides, we "supplied" the Canadians with some excellent ashes (perhaps even containing grains of some personal secrets), but they themselves made a mistake somewhere. Did they not store them properly? And, as a result, Guy Chamberland, as we are told by the press, is now insisting that the materials which were to be sifted through had "decomposed and become contaminated by fungi and bacteria" (Canadian, of course - V.Sh.) - hence the illnesses from which the experts working with the materials now suffer. Thus, we have an absolute alibi in this case.

Perhaps the people in the West who warn that the smoke from our motherland can cause a lot of trouble for them are right.

V. SHELKOV

▶ Le 15 octobre 1991, le correspondant du journal russe *Pravda* à Ottawa ne s'est pas gêné pour ironiser sur la poursuite judiciaire de Guy Chamberland, ex-employé du SCRS, contre le gouvernement à la suite de ses graves ennuis de santé, attribuables selon lui à l'incendie du consulat soviétique de Montréal. (Archives des auteurs)

Aujourd'hui encore, cette opération maudite reste enveloppée de mystère. Le doute subsiste autour de la mort d'un technicien tiré en catastrophe de sa retraite par le SCRS pour étudier de près certaines découvertes du Projet F, en particulier la cage de Faraday. Celui-ci est décédé à la même époque, officiellement d'un cancer du poumon.

Tretiak, l'idole qui cachait bien son jeu

Montréal, 29 janvier 2007. Le chandail numéro 29 du gardien Ken Dryden rejoint dans un tonnerre d'applaudissements ceux d'autres illustres joueurs de l'histoire du club canadien, tels Maurice Richard, Guy Lafleur ou Jean Béliveau, dans les hauteurs du centre Bell à Montréal. Parmi les invités de marque ce jour-là sur le tapis rouge figure son grand rival de l'époque de la Série du siècle, son alter ego russe Vladislav Tretiak. Ce gardien mythique n'a pas hésité un instant à faire un aller et retour express depuis Moscou pour participer à la cérémonie. Vêtu de son chandail historique marqué CCCP (URSS en cyrillique), numéro 20 de l'époque, celui qui fut l'ennemi numéro 1 des joueurs de hockey canadiens récolte lui aussi les faveurs de la foule de supporters. Le CV sportif du Russe, né en 1952, est impressionnant. Ce colosse a récolté au cours des années 1970 et 1980 un nombre incroyable d'honneurs, de récompenses, dont rien de moins que dix championnats du monde et trois médailles d'or aux Jeux olympiques (1972, 1976 et 1984).

Confortablement assis devant son poste de télévision, un ex-agent du SCRS ne peut s'empêcher de sourire. Ce n'est pas que de la superstar de la glace bardée de médailles qu'il se souvient avec nostalgie, mais du Tretiak lieutenant-colonel de l'Armée rouge, décoré de l'Ordre de Lénine en 1978, de la bannière rouge du travail en 1984, et… ayant des accointances avec le KGB.

Tretiak aurait été identifié sur le tard, seulement vers le milieu des années 1990. Le grand Tretiak a suscité beaucoup d'intérêt à cette époque, et pas seulement chez les amateurs de hockey. Le SCRS s'est penché sur son cas attentivement. Selon ce que nous avons appris auprès de plusieurs sources dignes de foi, il était étiqueté au moins «coopté», c'est-à-dire un informateur recruté et rémunéré ou récompensé, comme il en existait des centaines à cette époque. Surtout parmi les Soviétiques qui, comme lui, étaient appelés à se déplacer hors des frontières. Mais il fut envisagé pendant quelque temps l'hypothèse qu'il soit plus qu'une simple source. Dans ce cas, la mention K/SVR (K = *known*) serait apparue à côté de son nom dans les ordinateurs du SCRS. Cette lettre n'est pas apposée à la légère, mais à la suite de l'obtention de renseignements fiables, de corroboration entre autres auprès de services alliés. La mention K n'est pas sans conséquences. Elle peut par exemple entraîner un statut de PNG, c'est-à-dire indésirable. Un cran en dessous du K, il s'agit de S (S/SVR), pour suspect.

Pour les agents du SCRS qui s'étaient penchés sur son cas, le talentueux gardien de but était considéré malgré tout comme un «bon gars». L'un d'eux le décrit comme un «évaluateur de talents», un recruteur, probablement affecté à la ligne PR ou KR. Cette révélation étonne les spécialistes du hockey. Ceux à qui nous avons parlé rétorquent que l'URSS avait refusé qu'il quitte le pays après son repêchage par les Canadiens de Montréal en 1983. Selon eux, si Tretiak était un agent à la solde du KGB, cela aurait au contraire fait leur affaire qu'il déménage en Amérique du Nord.

Pour la petite histoire, son nom est associé à celui de Michel Bordeleau, un jeune Québécois qui a servi de traducteur à Dan Rather, de CBS, et même à Bernard Derome, de Radio-Canada, à Moscou à la fin des années 1980[35]. Il était aussi dans le décor lorsque Pat Quinn, patron des Canucks de Vancouver, s'est rendu à Moscou pour rencontrer des joueurs, dont Larionov.

---

35.   Bordeleau est apparu ces derniers mois à la télévision québécoise dans les émissions de sport pour défendre avec fougue la réputation des joueurs de hockey russes.

Il aurait été aussi l'«agent exclusif» du grand Tretiak au début des années 1990. Toujours à la même époque, on retrouve le même Bordeleau tout sourire aux côtés de Tretiak, au complexe des Quatre Glaces de Brossard, où le numéro 20 tient son école annuelle de gardiens de but. Ses adjoints d'alors ont pour nom José Théodore et Martin Brodeur.

L'histoire de Bordeleau n'est pas banale. Ce natif de Shawinigan est âgé d'à peine 7 ans lorsque a lieu la fameuse Série du siècle. Le garçon, fasciné, n'a d'yeux que pour la bande à Tretiak. Un héros qu'il rencontrera pour la première fois le 8 janvier 1977 à la sortie d'un ascenseur du Château Frontenac, à Québec.

▶ Vladislav Tretiak et le jeune Michel Bordeleau dans les années 1980 au complexe des Quatre Glaces à Brossard. (Photo Pablo Durant)

Sept ans plus tard, le voilà à Moscou pour participer comme des milliers de jeunes venus du monde entier au 12ᵉ Festival mondial de la jeunesse et des étudiants, dont le slogan est : «Pour une solidarité anti-impérialiste, la paix et l'amitié.» Mentionnons que cette grande fête est organisée depuis 1947 entre autres par l'Union internationale des étudiants, un organisme largement utilisé à l'époque par le KGB pour ses campagnes de propagande et de désinformation. Bordeleau trouve le moyen de décrocher une bourse d'études à l'institut Pouchkine de Moscou pour y apprendre le russe.

«Évidemment, n'entre pas là qui veut, reconnaît-il dans une entrevue accordée à cette époque, et un des interprètes que j'avais connus au Festival me permet de m'inscrire à cet institut. Dès lors, je savais que j'en avais pour quelques années à vivre en Russie[36].»

Bordeleau restera près de deux ans dans ce pays, jusqu'à l'été 1988. Le Québécois trouve encore une bonne âme sur son chemin pour lui permettre de réaliser un autre rêve. Toujours selon son témoignage, un de ses professeurs de l'institut Pouchkine l'a mis en contact avec l'entraîneur d'une équipe d'ouvriers travaillant dans une usine de crayons moscovite du nom de Sakko and Vanzetti (ou Sakko i vantcetti). Il lui offre le rare privilège pour un étranger de jouer dans une équipe de hockey de deuxième division. Pour qu'il ne soit pas démasqué, Michel Bordeleau est même rebaptisé Mikhail Bordelov.

Par chance, son équipe s'entraîne sur la même patinoire que les stars de l'Armée rouge. C'est à cette occasion qu'il tisse des liens d'amitié avec des joueurs vedettes, comme l'attaquant Igor Larionov ou Viatcheslav Fetisov[37], qui se préparaient à

---

36. Claude Allaire, «Michel Bordeleau, alias Mikhail Bordelov», *Le Journal de Montréal*, 27 septembre 1989.

37. Larionov a d'abord joué trois ans à Vancouver, entre 1989 et 1992, avant de rejoindre d'autres équipes de la LNH américaine. Il a été intronisé au Temple de la renommée en novembre 2008. Fetisov a joué pour les Devils du New Jersey, puis les Red Wings de Detroit. Nommé champion de l'Unesco pour le sport en 2004, il est aujourd'hui président de l'Agence fédérale pour les sports, l'éducation physique et le tourisme de la Fédération de Russie.

faire leurs valises pour l'Amérique du Nord. Il devient l'homme de confiance de Larionov, qui l'invite à passer une partie de l'été 1989 avec sa famille dans un centre de villégiature russe. Au programme : bains, saunas et vodka.

C'est trois jours avant son retour à Montréal à l'été 1988, alors qu'il s'apprête à commencer des études de droit à l'université McGill, que le KGB s'invite brutalement chez lui. Sans préavis, les espions du sinistre service de renseignement l'embarquent pour un interrogatoire.

Voici la version de son histoire, telle qu'il l'a racontée au journaliste Réjean Tremblay peu après :

> J'ai eu le temps de prévenir Evelyn Prexley, de l'ambassade du Canada, mais j'ai quand même subi un interrogatoire serré. On m'a mis sous le nez que j'avais échangé des dollars contre des roubles sur le marché noir, que je m'étais rendu à Leningrad sans visa intérieur... on a tout fait pour m'intimider [...][38].

Même après l'avoir relâché, le KGB ne lâchera pas Mikhail Bordelov d'une semelle jusqu'à ce que celui-ci embarque dans son avion.

Que s'est-il passé réellement ? Selon ce que nous avons appris, ce russophile notoire avait, semble-t-il, été victime d'un chantage. Son grand ami Tretiak serait apparu dans l'histoire, drapé dans le costume du sauveur. On aurait alors proposé au jeune Québécois de tirer un trait sur cette incartade fâcheuse en échange de quelques services à rendre pour le bien de la grande URSS, d'après ce qu'il a raconté par la suite aux enquêteurs du SCRS.

Un grand classique qui perdure. Il n'y a pas si longtemps, un employé d'un célèbre constructeur aéronautique en mission en Chine s'est retrouvé dans l'embarras après avoir été pincé par la police alors qu'il venait tout juste de tomber dans

---

38. Réjean Tremblay, « Michel Bordeleau, l'URSS il en rêvait... il y a goûté », *La Presse*, Montréal, 25 février 1990, p. 8.

les bras d'une jeune prostituée… Les Chinois appellent ça le « stratagème de la belle »…

Son parcours atypique, ou au contraire très typique selon le point de vue, a inévitablement attisé un certain intérêt de la part du SCRS. Guerre froide oblige, toute accointance avec les « ennemis » de l'Est devenait suspecte. Cela faisait des années – à l'époque du service de renseignement de la GRC – que tous les visiteurs se rendant en URSS étaient fichés. Sur un des documents rédigés dans les années 1970 et que nous avons pu consulter, on indique que cette liste de « suspects » potentiels atteint déjà le chiffre significatif de 9 500 noms. Certains dossiers secrets du SCRS hérités du service de renseignement de la GRC, et conservés à Ottawa, portent les intitulés évocateurs de « Canadian visiting URSS », « End the Race Committee », « Campaign for Nuclear Desarment », « Hockey Series Canada-URSS », « Moiseyev Dance Company ».

Nous avons interrogé Michel Bordeleau pour obtenir sa version des faits. Lors d'un premier contact téléphonique, alors que nous avions à peine échangé des banalités et évoqué son interrogatoire par les guébistes, Bordeleau a lancé, après s'être assuré qu'il n'était pas enregistré, et comme s'il voulait déjà se justifier :

> J'étais un collaborateur du service [SCRS], […] j'ai fait des rapports […]. C'est grâce à moi que des Soviétiques ont été expulsés du Canada, en particulier Vladimir Dorofeyev, un traducteur de l'OACI.

Bordeleau a soutenu aussi, avant de nous donner rendez-vous pour une plus longue explication, que « plusieurs diplomates canadiens » ont été expulsés de Moscou à cette époque après avoir été compromis dans des scandales sexuels. Nous avons vérifié l'information sur Dorofeyev. Selon toute vraisemblance, il n'a jamais été expulsé. Et pour cause, c'était un des plus *clean* de la délégation soviétique, nous a juré une source canadienne très fiable.

Nous avons eu une seconde conversation avec Bordeleau, qui a tourné court lorsque nous lui avons laissé entendre que nous avions obtenu une autre version de son histoire. Par la suite, il n'a pas retourné nos appels.

Aujourd'hui, Tretiak est député du parti de Vladimir Poutine à la Douma, le parlement russe, et président de la Fédération de Russie de hockey sur glace. Il enseigne encore l'été dans une école qui porte son nom à Toronto, Vladislav Tretiak Elite School of Goaltending.

Nous lui avons fait parvenir une série de questions concernant son passé, en particulier afin qu'il puisse nous éclairer sur le rôle qu'il aurait pu jouer sous les couleurs de l'équipe du glaive et du bouclier – ou démentir. Celui-ci ne nous a jamais répondu, et ce, malgré plusieurs relances.

M. Tretiak nous a d'abord fait savoir qu'il ne répondrait à aucune de nos questions, compte tenu du fait que notre ouvrage portait entre autres sur la guerre froide. Nous avons insisté pour lui donner une chance de commenter, et même de démentir les allégations sur son appartenance au KGB. Nouveau refus tout aussi ferme. «Pensez-vous vraiment que M. Tretiak répondra à ces questions, compte tenu de sa position actuelle?» nous a alors répondu une proche collaboratrice.

CHAPITRE 002

Paul William Hampel, l'espion qui aimait tant le Canada

L'espionnage n'est pas une sainte méditation[39].
Maloy Krishna Dhar,
ex-directeur adjoint de l'Intelligence Bureau (Inde)

Un bon espion doit posséder plusieurs qualités. Entre autres, être discret, charmeur, convaincre des gens de collaborer avec lui sans qu'ils sachent qui il est vraiment, se fondre dans son environnement, avoir une bonne couverture qui lui permet de voyager sans éveiller de soupçons et être capable de prendre des photos.

Ces quelques qualités, Paul William Hampel, dont le nom véritable est inconnu, expulsé du Canada le 25 décembre 2006 dans un avion à destination de Moscou, les possède assurément. Ajoutons à cela qu'il parle un anglais sans accent, ou presque, et comprend le français.

Mais qui est vraiment cet espion dont l'histoire rocambolesque a replongé le Canada dans un épisode digne des meilleurs moments de la guerre froide ?

Pour son avocat, Me Stéphane Handfield, Hampel n'était qu'un banal immigré clandestin, comme il en existe tant, travesti

---

39. *« Spying is not a Saint's meditation. »*

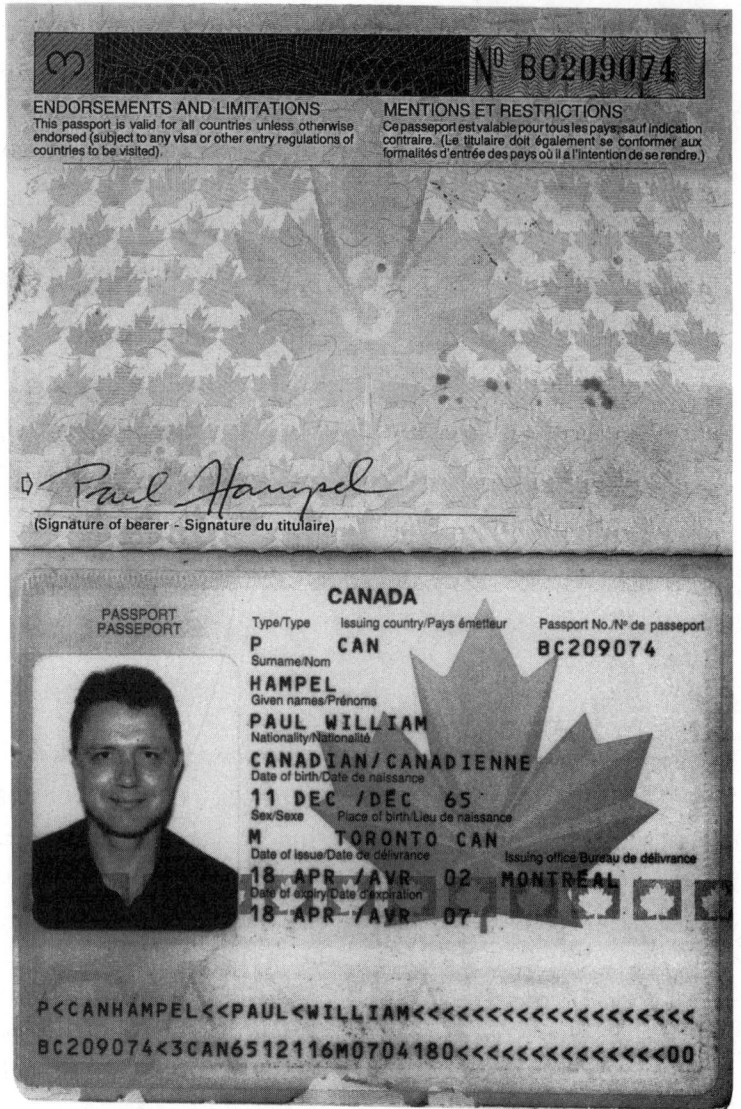

► Photo du passeport canadien obtenu «légalement» en 2002 par l'illégal russe dont le véritable nom est inconnu. (Archives des auteurs)

à son insu en agent secret par les autorités canadiennes, qui auraient gonflé l'affaire. Pour l'ambassadeur de Russie à Ottawa, Georgiy Mamedov, Hampel était éventuellement un vendeur de drogue ou un membre de la mafia russe, mais pas un espion.

«Nous ne sommes plus en "mode guerre", déclarait-il avec aplomb quelques jours après son arrestation, aux médias, alors je ne vois pas quels secrets justifieraient l'envoi d'un agent à Montréal.»

Pour le gouvernement et les services secrets canadiens, Paul Hampel n'existait pas non plus. Sauf que derrière ce nom d'emprunt, sont-ils en mesure d'affirmer à la suite d'une longue enquête, se dissimulait un officier d'élite du service de renseignement extérieur russe, le Sluzhba Vneshney Razvedki (SVR).

Le SVR a été créé officiellement en décembre 1991 sur ordre du président Mikhaïl Gorbatchev pour remplacer le Premier Directoire général, chargé du renseignement étranger, du défunt KGB[40]. Une restructuration opérée dans l'urgence après une tentative de coup d'État menée le 19 août 1991 par des hauts responsables du sinistre service de sécurité, son directeur en tête, Vladimir Krioutchkov. Encore du cosmétique. Un changement de nom, de nouvelles têtes au sommet de la hiérarchie, mais la vocation reste la même.

Dans un document déposé à la Cour fédérale après l'arrestation de Hampel[41], le SCRS relate ceci:

> Devant ses auditoires russes, le SVR ne cache pas qu'il pratique l'espionnage intensif et à haut niveau et se vante fréquemment du vol de secrets financiers et industriels occidentaux pour venir en aide à l'économie russe déficiente. Cependant, devant des audiences internationales, le SVR préfère parler de coopération avec les États-Unis, le Canada et d'autres pays afin de combattre ensemble le terrorisme, le crime organisé et le trafic de matières nucléaires.

---

40. Le Premier Directoire général comptait aussi vingt départements qui se répartissaient les pays. L'un d'eux avait pour cible les États-Unis et le Canada.
41. Cour fédérale, dossier DES-3-06, sommaire daté du 20 novembre 2006.

Citant un rapport publié à l'automne 2002 par le *Janes Intelligence Digest* (JID), le SCRS soutient que la Fédération de Russie a augmenté considérablement ses activités d'espionnage en Europe et en Amérique du Nord. Il est vrai que, lorsqu'il a présenté le nouveau chef du SVR à l'automne 2007 (il s'agit de son ex-premier ministre, Mikhaïl Fradkov), le président Vladimir Poutine, un ex-officier du KGB et du FSB, a lui-même donné l'ordre à son maître-espion d'accroître ses collectes clandestines d'information, en particulier dans le domaine économique. Cela pour protéger les intérêts des groupes russes, avait mentionné le président.

Au Canada, les services secrets de la mère patrie ont depuis concentré leurs efforts dans des villes comme Toronto, Montréal, Calgary et Vancouver, où réside une forte proportion d'émigrés russes.

À la même époque, le JID rapporte aussi sur son site internet les révélations troublantes du lieutenant-colonel Alexandre Litvinenko, cet ex-officier supérieur des services secrets russes mort empoisonné à Londres en novembre 2006 après avoir ingéré une substance radioactive. Litvinenko, qui connaissait par cœur les méthodes radicales de son ex-employeur, avant d'en avoir été probablement par la suite lui-même la victime malheureuse, a expliqué que, comme durant les grandes heures de la guerre froide, les agents du SVR ont encore recours au chantage si besoin est pour convaincre un ou une émigré(e) de collaborer. Avant, les menaces étaient toujours dirigées contre les membres de la famille vivant en URSS (tactique encore employée par la Chine). Aujourd'hui, le marché est plus simple : « Ou tu collabores, ou on t'invente un passé criminel en Russie. » Si la cible persiste dans son refus, la demande d'extradition est rédigée instantanément[42].

Cette méthode musclée basée sur la peur a toutefois ses limites en raison de son effet boomerang potentiel, car la peur

---

42. « Russia Steps up Espionnage », 3 décembre 2002. Site internet du JID : www. janes.com.

engendre parfois de la colère. Elle ne doit être employée qu'en dernier recours. La recette de manipulation la plus efficace pour le recrutement, et largement employée durant la guerre froide, est connue sous l'acronyme de MISE : Money, Ideology, Sex, Ego.

Les espions russes ne se contentent plus de piller des secrets économiques, industriels ou commerciaux. Ils ont aussi dans leur mire les opposants au régime en place. On parle de surveillance, d'intimidation, mais aussi éventuellement d'assassinat.

Dans le jargon de l'espionnage, Hampel était un « illégal » – ou « non légal » pour les Russes – de la ligne N. Les illégaux relèvent du Directoire S du SVR, qui est spécifiquement chargé de leur contrôle opérationnel, de leur entraînement et de leur financement. Ces superespions, surnommés « poissons des grands fonds » par les Chinois, sont considérés de longue date comme des officiers d'élite. À la différence des espions présents « officiellement » sous couverture diplomatique, commerciale ou journalistique, ce sont des caméléons qui se fondent dans le paysage, où ils sont déployés après que leur service leur a forgé une légende. C'est-à-dire une fausse biographie, un passé et une vie inventée de toutes pièces, mais cohérente[43]. Ce qui nécessite un travail de recherche et de documentation exhaustif. À eux aussi de s'imprégner de la culture locale pour peaufiner cette même légende. Les illégaux sont des investissements à long terme pour leur pays, qui les positionnent à certains endroits stratégiques en attendant une mission.

Depuis le début de la guerre froide, le Canada a toujours été une terre d'accueil privilégiée par les services de renseignement soviétiques pour y parachuter leurs illégaux. Ils semblaient même s'y bousculer dans les années 1960.

---

43. Leur nouvelle identité est empruntée généralement à une personne décédée. C'était le cas des faux époux Ian Mackenzie et Laurie Brodie Lambert, alias Dmitriy Olshevski et Yelena Olshevskaya, arrêtés le 22 mai 1996 à Toronto et déportés le 10 juin suivant en Russie.

Avant de quitter Moscou, ils devaient prêter serment de périr plutôt que de trahir les secrets que l'on leur avait confiés «ou de laisser aux adversaires des éléments qui pourraient nuire aux intérêts politiques de l'État». Avant de conclure : « À chaque battement de cœur, chaque jour qui passe, je jure de servir le parti, la patrie et le peuple soviétique[44]. »

Pour la majorité d'entre eux, le Canada était l'étape obligatoire pour se refaire une virginité avant d'infiltrer le sol de l'«ennemi principal» : les États-Unis (c'est toujours le cas). Mais il en restait quelques-uns sur place, prêts à être activés en cas de guerre entre l'Est et l'Ouest.

L'illégal est à l'espionnage ce que l'agent dormant est au terrorisme.

Plus méconnu, ce qui est finalement peu étonnant, le Canada a aussi été une pépinière d'agents du GRU dont la destination finale était la France, une fois leur identité forgée officiellement. Là encore, leur rôle n'était pas d'espionner mais d'être prêts à passer à l'action en situation de crise. Au contre-espionnage français, on se souvient notamment des cas «Petit-clerc» et «Bordier».

Dans un ouvrage fort bien documenté, Christopher Andrew et l'ex-colonel du KGB Vassili Mitrokhine, passé à l'Ouest en 1992 avec des valises entières de notes et de documents ultrasecrets, s'attardent sur les histoires rocambolesques d'agents illégaux «canadiens». Il est amusant de constater que, même si beaucoup de ces tentatives ont souvent tourné à la déconfiture, cela n'a freiné en rien les ardeurs du KGB puis du SVR.

Les auteurs recensent le cas alambiqué du faux Belge «Albert» et de son épouse roumaine «Gera», émigrés au Canada au début des années 1960 avec leur jeune fils. Le scénario bâti par ses patrons moscovites prévoyait qu'«Albert» devait endosser un costume d'homme d'affaires. Il monte une

---

44.   Christopher Andrew et Vassili Mitrokhine, *Le KGB contre l'Ouest, 1917-1991*, *op. cit.*

première compagnie spécialisée dans la vente de terrains aux compagnies minières. Mais son histoire tourne au fiasco. C'est la faillite. «Albert» se lance sans plus de succès dans la vente d'automobiles avant d'être rappelé à Moscou. Heureusement pour le KGB, il reste «Douglas» et son épouse «Gerda», des soi-disant opposants réfugiés de l'ex-RDA. Après un passage à Montréal, ils achètent un restaurant à Toronto à quelques pas des bureaux de la CBC. Puis «Douglas», alias Rudi Herrman, troque le costume de cuisinier contre celui de réalisateur et fait un film publicitaire pour le Parti libéral.

Avant de quitter le Canada pour les États-Unis, en 1968, «Douglas» devient le contrôleur de Hugh Hambleton, ce professeur en sciences économiques de l'Université Laval, en poste à l'OTAN de 1956 à 1961, qui des années durant a remis près de quatre-vingts documents confidentiels au KGB[45]. Mais en 1977, «Douglas», né Dalibar Valouchek, se fait pincer par le FBI et balance tout.

Habituellement, les ordres adressés aux illégaux arrivent directement de l'état-major du SVR (baptisé : le Centre), à Yasenovo, dans la banlieue sud de Moscou, la plupart du temps la nuit par transmission radio ou satellite, secrète et codée (blocs de cinq chiffres). Les codes changent chaque jour.

Sur le terrain, l'illégal relève d'un officier de la ligne N, en poste dans la mission diplomatique, ambassade ou consulat, sous la couverture d'une fonction officielle. Son rôle consiste à fournir à son illégal du support logistique ou monétaire, en se servant d'une boîte aux lettres morte, par exemple.

Les services secrets russes savent trop bien que leur vrai-faux diplomate court le risque d'être connu ou soupçonné par les services de contre-espionnage étranger, donc filé. Autant ne pas risquer une rencontre qui démasquerait l'illégal. Dans cette éventualité, il va de soi que l'illégal ne pourrait invoquer l'immunité diplomatique.

---

45. Le professeur Hambleton a été arrêté à Londres en juin 1982 et condamné à dix ans de prison pour espionnage. Il est revenu au Canada quatre ans plus tard.

La ligne N est sans doute l'arme la plus secrète du KGB devenu SVR. Il n'est pas surprenant que ce soit seulement le *rezident* qui connaisse l'identité de l'illégal de son secteur. Au pire, il n'a même pas besoin de connaître sa vraie identité pour communiquer avec lui. C'est pour cette raison que, lorsque l'ambassadeur russe Georgiy Mamedov donne l'impression de tomber des nues et soutient ne pas connaître ce Paul Hampel après son arrestation, il ne ment peut-être pas.

La vraie identité de Paul Hampel était tellement bien cachée que même le SCRS ne la connaissait pas. Le Russe l'a chuchotée, ainsi que ce qu'il affirme être sa véritable date de naissance, à l'oreille de son avocat, Me Stéphane Handfield, dans un petit bureau de la Cour fédérale à Montréal, le 4 décembre 2006. Se rendant compte qu'il est incapable de prouver qu'il est bien le citoyen canadien né à Toronto qu'il prétend être, Paul Hampel jette l'éponge et insiste auprès du juge Pierre Blais[46] pour que son identité soit tenue secrète. Même s'il n'admet toujours pas être un espion (ce qu'il niera d'ailleurs jusqu'à son départ du Canada), il invoque des mystérieuses raisons de sécurité tant pour lui que pour sa propre famille.

Enfin, le plus important : il mentionne son souhait de quitter le Canada au plus vite.

«Vous ne pouvez pas vous imaginer le cadeau qu'il vous fait», lance alors le juge aux quatre avocats du gouvernement.

De Montréal à Belgrade

Reconstituer le parcours de Paul Hampel, en particulier au Canada, n'est pas chose facile. L'homme d'affaires, dont le réseau de connaissances s'étend en France, en Turquie, en Serbie et en Angleterre, semblait partout et nulle part à la fois.

---

46. Le juge Pierre Blais a été solliciteur général du Canada (ministre de la Sécurité publique) en 1989.

La première trace officielle du séjour de Paul Hampel au Canada remonte à 1995. Le 8 mai, il dépose une demande de passeport au Bureau des passeports à Montréal, accompagnée d'un certificat de naissance délivré le 3 mai 1971 à Toronto.

Sur le formulaire officiel, il déclare alors être né le 11 décembre 1965 à Toronto, mesurer 1,90 mètre, peser 90 kilos, avoir les cheveux bruns, les yeux bleus, et occuper l'emploi de sauveteur. Son garant, dont l'identité est gardée secrète, indique le connaître depuis deux ans. Si cela est exact, cela signifie que Hampel serait arrivé au Canada au moins depuis 1993, soit après la chute du Mur.

Rien à voir avec les faux époux Lambert, dont le SVR semblait se laver les mains en tentant de faire croire aux Canadiens qu'ils étaient des vestiges oubliés de la guerre froide.

En novembre 1999, il obtient, toujours frauduleusement, un permis de conduire délivré par la SAAQ. Six mois plus tard, en mai 2000, il se voit attribuer un second passeport. Il déposera une troisième demande à Montréal 13 avril 2002, dans laquelle il mentionne une date de voyage prévue sept jours plus tard. Il demande aussi à ce que son passeport précédent lui soit retourné…

On retrouve aussi sa trace à Dublin, en Irlande. Paul Hampel y a enregistré le 30 juin 1997 la société EMR & C (Emerging Markets Research & Consulting), une coquille vide et inactive dissoute en 2004. Personne à Dublin parmi ceux dont les noms sont associés directement ou indirectement à cette entreprise ne dit le connaître, ni même l'avoir rencontré. Hampel est un directeur fantôme à la tête d'une compagnie fantôme au capital de plus de 2 millions de dollars. Un paravent de rêve. Son choix de l'Irlande n'aurait rien à voir avec de quelconques avantages fiscaux, si l'on en croit Oleg Gordievski. Ce transfuge ex-haut gradé du KGB a expliqué aux médias locaux que l'Irlande était le point de passage obligatoire des espions soviétiques avant qu'ils soient affectés en Grande-Bretagne ou en Amérique du Nord[47]. Encore un hasard, peut-être.

Voici ce qu'écrit le SCRS dans son rapport annuel de 1996 :

> La fin abrupte de la guerre froide a fait naître à l'Ouest des espoirs qui ne se sont pas complètement concrétisés. Les services de renseignement « de la plupart des démocraties occidentales ont commencé à réduire leurs effectifs et à se réorganiser à peu près au moment où les services de renseignement étrangers traditionnellement adversaires étaient chargés par leur gouvernement d'entreprendre d'autres activités de collecte, dans l'intérêt de l'État. En plus de se livrer à l'espionnage traditionnel, plusieurs pays ont mobilisé leurs services de renseignement à de nouvelles fins ; les effets à long terme de cette réorientation ne sont pas encore clairs.
>
> Ainsi, après une période de flottement, les services de renseignement russes (SRR) ont été revigorés par l'adoption d'un projet de loi sur la collecte de renseignement à l'étranger qui a été ratifié par le président Boris Eltsine en juillet 1992. Depuis, plusieurs exemples d'activités d'espionnage traditionnel par des Russes ont été notés.

Au Canada, une des rares adresses connues de Paul Hampel est un immeuble de trois étages en briques jaunâtres à Montréal. Celui-ci est situé rue Saint-Jacques Ouest, dans le quartier Notre-Dame-de-Grâce, pas loin du monstrueux et décrépi échangeur Turcot, dont on perçoit le bruit incessant de la circulation. Une bâtisse d'une quarantaine de logements construite dans les années 1960, pourvue des inévitables antennes satellites sur ses balcons, qui ressemble plus à un point de chute pour immigrés peu fortunés qu'à la résidence d'un homme d'affaires.

Le précédent propriétaire, monsieur A.V., a perdu la mémoire quand des journalistes lui ont demandé des détails sur son ex-

---

47. Mark Tighe et Mark Paul, « Canada Claims an Irish Boss is Top Russian Spy », *The Sunday Times*, Londres, 26 novembre 2006.

locataire. A.V. n'a plus qu'un «souvenir très vague» de Hampel. Il soutient que Hampel ne serait resté que cinq ou six ans dans son immeuble de la rue Saint-Jacques[48]. Encore aujourd'hui, A.V. n'est pas très bavard et nous a refusé fermement toute entrevue à ce sujet. «Appelez la police si vous voulez des informations», nous a-t-il lancé avant de refermer sa porte.

Mentionnons que c'est désormais son fils qui est le propriétaire de cet immeuble, selon les registres fonciers de la Ville de Montréal.

La vérité est que Paul Hampel a séjourné dans l'immeuble jusque l'année précédant son arrestation, selon une source digne de foi. En fait, il était locataire à temps partiel. La première fois qu'il a débarqué dans cet immeuble, au début des années 1990, il a élu domicile dans un appartement situé au dernier étage. Mais avant de signer, Paul Hampel a insisté pour pouvoir rester une heure dans son nouveau logement. Il voulait, affirmait-il, simplement vérifier si l'endroit était calme, sans bruit. Une heure plus tard, Hampel a ouvert la porte, visiblement satisfait. Et il a signé son bail. Il y est demeuré plusieurs mois. Il est inscrit d'ailleurs sous le nom de P. Hampel à cette adresse de la rue Saint-Jacques dans l'annuaire téléphonique de 1994-1995.

Lorsqu'il était de passage à Montréal, entre deux voyages, il téléphonait pour louer un appartement meublé. S'il y avait de la place, il arrivait au volant d'une voiture de location, avec sa valise de vêtements, son ordinateur portable, et séjournait à cet endroit quelques semaines. Il ne recevait personne. Si l'édifice était complet, il lui arrivait alors de loger dans un des motels miteux des environs. Ou à la résidence même de son propriétaire, à trois kilomètres de là, près du campus Concordia–Loyolla, toujours dans le même quartier Notre-Dame-de-Grâce. C'est d'ailleurs l'adresse de ce pavillon cossu qu'a fournie Hampel lors de l'enregistrement de sa compagnie EMR & C et même de son site web. Enfin, un P. Hampel a également résidé à la fin des années 1990 dans un immeuble

---

48. André Noël, «Sur les traces de Hampel», *La Presse*, Montréal, 27 décembre 2006.

d'une dizaine d'étages du boulevard Cavendish, à environ 1,5 kilomètre de son logement de la rue Saint-Jacques.

C'est donc dans un vaste quadrilatère situé à l'ouest de l'autoroute Décarie que Hampel persistait à vouloir habiter. Peut-être est-ce seulement un hasard, mais on note aussi la présence d'une gigantesque tour de transmission à moins de 500 mètres de son appartement de la rue Saint-Jacques.

Ceux qui l'ont fréquenté le décrivent comme un bon-homme assez grand, trapu, élégant, très courtois, éloquent et intelligent. Quand on leur demande quel était son métier, les réponses divergent. Certains répondent qu'il travaillait dans le domaine de l'informatique, toujours dans le même quartier. Monsieur A.V. mentionnait qu'à sa connaissance Hampel étu-diait à l'université Concordia. Sur ses demandes de passeport, il était sauveteur ou consultant en voyage. Enfin, dans son livre et sur son site internet, il se présentait comme spécialiste des marchés émergents. Difficile à suivre. Encore.

Hampel était un grand voyageur. « Il allait souvent à Toronto ; enfin, c'est ce qu'il disait », se souvient un Montréa-lais avec qui il lui arrivait d'échanger quelques mots.

En tout cas, sa stature imposante apparaît à plusieurs reprises sur les bandes vidéo des caméras de surveillance de l'aéroport Pierre-Elliott-Trudeau consultées par le SCRS dans les mois qui ont suivi son arrestation.

Si, comme on l'a écrit plus haut, Hampel négligeait tant les affaires de sa compagnie irlandaise, c'est peut-être parce qu'un artiste sommeillait dans l'espion… Dès le milieu des années 1990, Hampel effectue de longs séjours dans les Balkans. Il parcourt, appareil photo Canon flambant neuf en bandoulière, l'Albanie, la Croatie, la Bosnie, la Serbie, le Monténégro, la Macédoine (dont il possédait au moment de son arrestation un visa de résident temporaire), la Grèce et la Roumanie. Par un autre curieux hasard, ses déplacements coïncident souvent avec un épisode de troubles politiques ou même de guerre dans cette région surnommée à juste titre la « poudrière des Balkans ».

Le choix des Balkans n'aurait ainsi rien d'anodin. Long-temps région charnière entre le bloc de l'Est et l'Ouest, elle revêt depuis des lustres une importance géostratégique. Depuis la chute de l'Empire ottoman, les Balkans sont cycliquement le théâtre de luttes féroces, essentiellement nationalistes. Les évé-nements tragiques de la Bosnie et surtout du Kosovo ont depuis permis à l'OTAN de prendre pied dans cette zone à haut risque et d'y étendre son influence, au grand dam des Russes.

Hampel prend des centaines voire des milliers de clichés. Des paysages, des monuments, des églises, des statues, des scènes de la vie quotidienne. Nombre de ces images démontrent non seulement une parfaite maîtrise de la technique photogra-phique, mais surtout un sens de l'esthétisme surprenant pour un homme qui se dit photographe amateur. Hormis quelques clichés où l'auteur a abusé un peu trop des filtres colorés! Au début des années 2000, il séjourne quelques mois dans un hôtel de Belgrade pour mener à bien un projet qui lui tient à cœur, l'édition à compte d'auteur d'un livre de photos. Mais en est-il vraiment l'auteur? Et pourquoi donc le SVR aurait toléré qu'un de ses agents laisse s'exprimer sa fibre artistique?

My Beautiful Balkans, un ouvrage de quatre-vingts pages rassemblant une cinquantaine de ses prétendus clichés de voyage, débarque sur les tablettes des libraires locaux en 2003[49].

Dans son introduction, Paul Hampel, «analyste et admi-rateur des Balkans», exprime sa fascination pour la région et ses habitants. «Sans mon appareil photo, confesse cet artiste amateur, je peux prendre une éternité pour essayer de trouver les mots exacts qui reflètent ce que je pense et ce que je ressens au sujet du passé, du présent et du futur des Balkans.»

À le lire, cet ouvrage n'est pas seulement l'œuvre d'un artiste qui se découvre, c'est avant tout un plaidoyer, un acte de foi politique. «Pour ceux qui vivent dans les Balkans, la beauté

---

49. Paul Hampel, *My Beautiful Balkans*, Publikum, Belgrade, 2003. Tiré à 1 000 exemplaires.

de leur pays offre une raison supplémentaire de chercher la réconciliation et de profiter de la paix», écrit-il.

L'ouvrage se conclut sur un autre billet de l'auteur annonçant l'ouverture prochaine d'un site web. Au bas de ces quelques lignes, un autoportrait de l'espion en chemise à manches courtes dans un couloir de train, le visage illuminé par un sourire presque narquois et provocateur.

Hampel tient parole. Quelques mois plus tard, toujours depuis Belgrade, il met en ligne son site (mybeautifulbalkans.com[50]) où l'on retrouve d'autres photos de ses périples accompagnées de nombreux commentaires, plus engagés. La page d'ouverture est épurée, design. On y lit ceci : «Je crois que l'harmonie et le contraste sont les principales composantes de la beauté, et les Balkans sont le meilleur endroit pour la trouver[51].»

Hampel donne aussi des adresses où il est possible de commander son livre. Essentiellement des librairies situées dans les Balkans, en Autriche. Il y a aussi le nom d'une Montréalaise, A.-M. F., et son adresse de courriel. Adresse qu'elle a changée récemment. Son nom a été remplacé par le pseudo «ciaopicasso2004@...». Un message d'adieu en forme de clin d'œil à l'espion artiste?

La chute

La saga de Paul Hampel prend fin à Montréal le 14 novembre 2006 en fin d'après-midi. Paul Hampel entre dans le hall des départs de l'aéroport Pierre-Elliott-Trudeau suivi discrètement par des agents de l'équipe intégrée du SCRS, de la GRC et de l'Agence des services frontaliers. Le piège se referme tranquillement.

---

50. L'adresse qu'il donne lors de l'enregistrement du nom de domaine est celle d'un semi-détaché cossu de la rue Sommerfeld, dans l'ouest de Montréal.
51. Cet intérêt obsessionnel pour les Balkans est étrange. Il n'y a pas d'explication logique ou artistique. Les espions russes ne seraient pas autorisés à consacrer autant de temps à ce genre de loisirs. On peut donc supposer que cela faisait partie d'un plan, interrompu prématurément par son arrestation.

Mallette à la main, le Russe transporte l'attirail du parfait agent secret : son faux certificat de naissance ontarien caché sous sa chemise dans une pochette de voyage, l'équivalent de 7 800 dollars en plusieurs devises, une quinzaine de cartes bancaires, son vrai-faux passeport canadien, trois cellulaires, cinq cartes SIM protégées par des mots de passe, deux appareils photo numériques, des cartes mémoire contenant près de 2 000 photos ainsi qu'une radio à ondes courtes.

Sept jours plus tôt, les ministres de la Sécurité publique, Stockwell Day, et de la Citoyenneté et de l'Immigration, Monte Solberg, ont apposé leur paraphe sur un certificat de sécurité émis à son encontre en vertu de l'article 77 de la *Loi sur l'immigration et la protection des réfugiés* (LIPR). L'homme est frappé d'une interdiction de territoire et doit être incarcéré en attendant son expulsion car il représente une menace pour la sécurité du pays, estiment les autorités canadiennes à la suite d'une vaste enquête menée par le SCRS.

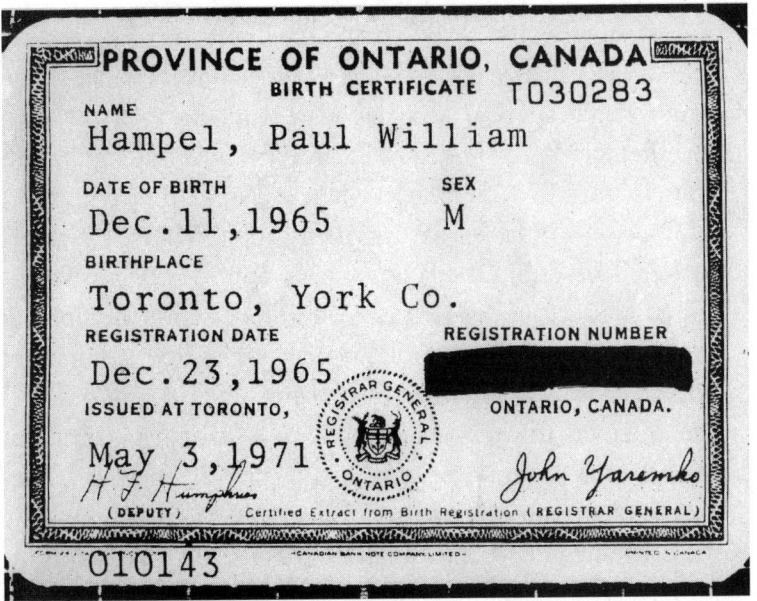

► Lors de son arrestation, l'espion Paul William Hampel portait sous sa chemise une pochette de voyage dans laquelle les policiers canadiens ont notamment trouvé cet acte de naissance à son nom fictif. (Archives des auteurs)

Paul Hampel se présente au comptoir de sa compagnie aérienne. Il dépose deux valises qui doivent être placées dans la soute de l'avion. Puis, il se dirige d'un pas tranquille vers le point de fouille situé dans la zone de préembarquement. L'espion russe y est attendu de pied ferme. L'opération a été préparée avec minutie dès lors que les autorités ont eu connaissance de son voyage. Des agents de la GRC en civil, mais armés, sont postés à côté de chaque équipe de l'Agence canadienne de sûreté du transport aérien (ACSTA).

Les a-t-il remarqués? Nul ne le sait. Ceux qui le traquent attendent simplement qu'il ait vidé le contenu de ses poches, placé son sac dans l'appareil à rayons X et soit passé sous le portique de détection pour intervenir. Ainsi ils ont la certitude que leur cible n'est pas armée. Avant même qu'il ait eu le temps de réagir, et devant des passagers stupéfaits, Hampel est arrêté, puis transféré dans une des cellules situées dans le sous-sol de l'aéroport. Celles-ci sont habituellement occupées par des clandestins. L'espion semble stupéfait d'avoir été démasqué, penaud même lorsqu'on entreprend de le fouiller.

Il est emprisonné sur-le-champ dans l'aile de protection du centre de détention de Rivières-des-Prairies. Il sera ensuite transféré dans l'unité spéciale de détention de Saint-Anne-des-Plaines, un pénitencier fédéral où sont incarcérés une cinquantaine de criminels considérés comme les plus dangereux du pays.

Un de ses «illustres» voisins a pour nom Maurice «Mom» Boucher. Lorsqu'il en a l'occasion, le chef des Hells Angels «Nomads» du Québec ne rate pas une occasion d'informer Hampel de ce que l'on dit de lui dans les bulletins télévisés. L'arrivée aussi soudaine qu'imprévisible de ce «James Bond» russe entre les murs est certainement une distraction bienvenue, et pour le moins originale, aux yeux du chef déchu des Nomads condamné à la prison à vie.

Le 16 novembre, Paul Hampel contacte l'aide juridique pour obtenir l'assistance d'un avocat. Me Claude Whalen est chargé du dossier. Mais il éprouve des difficultés à entrer en contact avec ce client spécial.

Par un drôle de hasard, le même jour à Moscou, Ralph James Lysyshyn, le nouvel ambassadeur du Canada, se trouve sous les lambris du Kremlin pour présenter ce que l'on appelle dans le jargon diplomatique ses lettres de créance au président Poutine, en compagnie de sept autres ambassadeurs. Évidemment, il n'est fait nulle mention en public de ce dossier embarrassant. L'heure est plutôt aux salutations polies, au champagne et aux petits fours. Dans son discours de bienvenue aux diplomates fraîchement nommés, le président russe vante la qualité des liens tissés entre les deux pays :

> *We give great value to deepening our close cooperation with Canada. Canada is our arctic neighbour and we have successful contacts in international affairs and with respect to ensuring global security. We also have sound prospects for strengthening our partnership relations.*

Ce dossier empoisonné va rattraper à nouveau l'ambassadeur, un peu plus tard, lors d'une réception célébrant la coopération Canada-Russie dans le domaine du hockey, à laquelle assiste Vladislav Tretiak. Une journaliste s'approche de l'ambassadeur pour tenter d'obtenir ses commentaires sur cette affaire. Ce dernier décline poliment l'invitation. Le deuxième secrétaire de l'ambassade envoie alors un courriel à la « division de l'Europe de l'Est et des Balkans » du ministère des Affaires étrangères à Ottawa afin de rapporter l'incident et surtout de demander qu'on lui fournisse dans les plus brefs délais des « lignes médiatiques » au cas où cette situation se reproduirait. Ce n'est pas tous les jours en effet que l'on démasque un espion russe au Canada.

La réponse lapidaire est expédiée à Moscou tard dans la nuit : « Pas de commentaires. »

Il se passe encore deux jours avant qu'un premier lien soit établi. Me Claude Whalen appelle à la rescousse son confrère Me Stéphane Handfield, plus habitué aux dossiers médiatiques. Me Handfield a un autre atout dans sa manche : il connaît bien le monde du renseignement pour avoir été commissaire à l'immigration. Dans les années 1990, il a vu défiler les dossiers des principaux acteurs de ce que l'on nommera plus tard la filière islamique de Montréal, dont Ahmed Ressam.

Lorsqu'il rencontre Hampel pour la première fois en prison, le 19 novembre 2006, Mᵉ Handfield est séduit par ce colosse menotté «très courtois», qui semble parfaitement maître de lui-même, très calme, bien qu'affirmant être dépassé par les événements. Bien sûr, il nie être un espion, soutient s'appeler Paul William Hampel, être citoyen canadien et être né le 11 décembre 1965 à Toronto.

Mais Hampel est indisposé par l'imposant déploiement de sécurité autour de lui et ne s'en cache pas. Surtout lors de ses comparutions à la Cour fédérale.

«Il y avait une dizaine d'agents de la GRC vêtus de gilets pare-balles et lourdement armés dans la salle; c'était ridicule. Mon client trouvait tout cela un peu gros», se souvient l'avocat.

Dans sa cellule de Sainte-Anne-des-Plaines, entre deux comparutions à Montréal, Hampel est soumis à un régime strict. Comme tous ses camarades, il est maintenu en isolement total vingt-trois heures sur vingt-quatre. Il se plaint à son avocat, avec qui il partage une même passion pour la photo.

Rien n'est laissé au hasard. Impossible même pour lui de tirer la chasse d'eau de ses toilettes. C'est un gardien qui s'en charge après avoir vérifié au préalable si l'espion ne cherche pas à se débarrasser d'un élément compromettant. Lorsqu'il veut appeler ses avocats, une requête écrite doit d'abord être envoyée à Ottawa.

Le 28 novembre, Hampel, qui avait exprimé quelques jours auparavant au juge Blais le souhait de «régler cette affaire aussi rapidement que possible», est conduit une nouvelle fois au tribunal.

Deux témoins viendront à la barre ce jour-là. Le premier est un agent du SCRS qui se fait appeler Antony. En public, l'espion canadien est peu loquace lorsqu'il s'agit de préciser la nature exacte des activités supposées de Hampel. Il se contente de dire des généralités sur le SVR, les illégaux. En fait, tout est dans le petit livre rouge que le juge Noël a devant lui et qui contient la preuve secrète. Un document confidentiel dont la teneur est farouchement cachée à l'accusé et à son avocat, comme le veut la procédure en matière de certificat de sécurité. En revanche, ce qui peut être rendu public est résumé dans un autre document, de couleur verte bien sûr...

L'autre témoin est un enquêteur du Bureau du registraire général de l'Ontario. Le fonctionnaire relate avoir cherché en vain la trace d'un Paul William Hampel dans ses fichiers. Ce témoin est catégorique : le certificat de naissance que Hampel a en sa possession est un faux. Quant au numéro d'enregistrement, il existe bien mais est attribué à un Canadien dont l'identité est gardée confidentielle.

« Hampel n'existe pas », conclut-il.

L'espion russe demeure imperturbable. Mais il ne pourra s'empêcher de rire lorsque le juge Blais suggère de faire témoigner ses parents afin de l'aider à prouver qu'il est bien ce citoyen canadien qu'il prétend être !

Sept jours plus tard, Hampel est dos au mur. Il cède. Il avoue être russe, dévoile son vrai nom et sa date de naissance (21 octobre 1961) à Me Handfield lors d'une suspension d'audience, mais nie toujours être un espion. Un coup de théâtre. Me Handfield prend son téléphone cellulaire et appelle ses collègues du ministère de la Justice, qui sont tranquillement attablés devant une bière dans une célèbre brasserie du centre-ville. Ceux-ci rappliquent à toute vitesse à la Cour fédérale.

Le sort du Russe est scellé. Habillé de façon décontractée en jeans et chemise bleus, des petites lunettes sur le bout du nez, n'hésitant pas à adresser quelques sourires aux journalistes, Hampel renonce à son procès et insiste pour rentrer chez lui au plus vite. Le juge Pierre Blais, qui n'en demande pas tant, ordonne alors son expulsion immédiate vers la Russie.

Hampel est renvoyé dans sa cellule en attendant que les autorités consulaires russes lui délivrent un document de voyage provisoire. Mais contre toute attente, le dossier s'enlise. Ce n'est que le 15 décembre qu'il reçoit la visite de deux diplomates russes, dont le vice-consul Evgeny Kaktkin, accompagnés de son avocat. Ses deux compatriotes semblent ne pas le connaître. L'idée même de se retrouver livré à lui-même stresse Hampel au plus haut point. Trois jours plus tard, les diplomates russes se disent enfin prêts à procéder à son rapatriement. Mais ils s'étonnent de n'avoir toujours pas été contactés par le gouvernement canadien afin d'organiser le renvoi de leur ressortissant, comme le veut pourtant la règle en pareil cas[52]. «Le Canada ne s'occupait plus de lui, pendant ce temps-là il poireautait en prison», accuse Me Handfield.

Le SCRS profite plutôt de ce délai pour tenter de l'interroger. Lors d'une de ses visites à son client, un des responsables de la prison prévient Me Handfield que deux hommes l'attendent dans une petite salle. Ils souhaitent lui parler.

«Nous voudrions rencontrer votre client, lui dit en substance l'un d'eux.

— Qui êtes-vous?» réplique Handfield.

Les deux individus se présentent sous deux prénoms, comme à leur habitude.

Handfield insiste.

«Avez-vous une carte professionnelle?»

C'est alors que l'un des deux exhibe sa carte aux couleurs du SCRS tout en prenant soin de cacher son identité avec son doigt.

Handfield refuse. Les deux hommes quittent les lieux sans demander leur reste.

Arrangements entre amis

Le départ semble proche. Me Handfield veut connaître la date du départ de Hampel pour l'assister jusqu'à son embarquement. Hampel, lui, insiste pour récupérer ses cartes mémoire, dans lesquelles est archivé ce qu'il affirme être ses photos de voyage.

---

52. André Noël, «Le dossier traîne en longueur», *La Presse*, Montréal, 19 décembre 2006.

Le 25 décembre 2006 dans la soirée, Me Tobby Hoffman, l'avocat du gouvernement, appelle son confrère pour lui indiquer que son client, Hampel, vient de quitter le pays, billet d'avion payé par le consulat russe en poche. Me Handfield est furieux de s'être fait ainsi berner.

Effectivement, l'espion à la solde du SVR a été escorté à bord d'un avion de la compagnie Transaero Airlines en partance pour Moscou, peu avant, par une équipe de fonctionnaires canadiens chargée des renvois. Une fois dans l'avion, ceux-ci lui ont détaché ses menottes puis ont attendu que la porte se ferme pour tourner les talons. Y avait-il d'autres agents à bord parmi la foule de touristes ? Probablement. Avant de le laisser monter, les fonctionnaires de l'Agence des services frontaliers du Canada ont pris soin de saisir les cartes bancaires que Hampel venait pourtant de récupérer ! Motif invoqué : ce sont des fausses puisque émises à son nom d'emprunt.

Un départ en toute discrétion, sans déploiement de force apparent. Voilà qui contraste avec la façon dont cette affaire avait été gérée depuis son arrestation six semaines plus tôt. Aucune protestation officielle en provenance de Moscou, aucune mesure de représailles comme c'est habituellement le cas chaque fois qu'un espion est démasqué. Il est clair que l'on vient d'assister à un petit arrangement entre «amis» où l'on cherche à calmer les choses.

Hampel laisse derrière lui à son domicile un carton contenant divers objets, dont son kit de rasage, et des documents. Qui ont été jetés aux poubelles. Mais lors de leurs perquisitions, les agents du SCRS ont oublié de récupérer au moins deux exemplaires de *My Beautiful Balkans* abandonnés sur une étagère. Une omission surprenante. Un de ces ouvrages pourrait fort bien cacher des informations privilégiées, dans un microfilm par exemple, estime un expert en la matière. Au même titre que ces fameuses fiches historiques.

On se demande d'ailleurs quelle pouvait bien être encore l'utilité de ces aide-mémoire amplement annotés pour un type comme Hampel, quinze ans après son parachutage au Canada. Il n'allait tout de même pas passer un examen de citoyenneté!

Sur la première, il recense tous les événements marquants de l'arrivée de Jacques Cartier en 1534 jusqu'à la démission en 1936 du premier ministre québécois Louis-Alexandre Taschereau. Sur la suivante, plus sommaire, Hampel a griffonné les dates de règne des premiers ministres fédéraux, de Mackenzie King en 1926 à Stephen Harper en 2006, ainsi que leur allégeance politique. Tous ces noms sont encadrés à l'exception de ceux de Martin, pour lequel il a omis de mentionner les dates de son gouvernement et de celui de Harper (il écrit que son élection a eu lieu en janvier 2006 alors qu'il s'agit plutôt de février). Hampel a aussi griffonné la date de l'accord du lac Meech.

Sur la troisième fiche, beaucoup plus détaillée que les précédentes, Hampel récapitule les événements marquants au Québec de 1899 à l'arrivée au pouvoir de Jacques Parizeau en 1994. Indice indiscutable que le Québec était sa cible prioritaire.

Il y a dessiné le drapeau du Québec, évoque le baby-boom de l'après-guerre, note le déclin de la religion, consacre quelques lignes à la crise d'octobre 1970, avec l'assassinat de Pierre Laporte et les mesures de guerre, récapitule les résultats du premier référendum sur la souveraineté. Dans un même souci de précision, à la limite de l'obsession du détail, Hampel va jusqu'à écrire la phrase historique de Jean Lesage pendant la campagne électorale de 1962, « Maîtres chez nous », la date d'ouverture de l'aéroport de Mirabel, la création de la CSN (?) ainsi que le changement de devise sur les plaques d'immatriculation du Québec (« La belle province » remplacée par « Je me souviens »).

Qu'est devenu l'espion Hampel? Aux dernières nouvelles, il est toujours vivant.

Il a aussi échangé quelques courriers avec son avocat depuis son renvoi. Pour donner de ses nouvelles, envoyer ses vœux

► Soucieux de rendre sa «légende» la plus crédible possible, Paul William Hampel ne se séparait jamais de ces notes, dans lesquelles il avait récapitulé les dates importantes de l'histoire du Canada et du Québec. (Archives des auteurs) pour la nouvelle année, et surtout tenter de récupérer ses cartes mémoire de photos (pour éditer un second livre), ainsi que ses appareils photographiques, ses cartes de crédit et ses valises. À l'automne 2008, l'homme se disait prêt à poursuivre le Canada en justice pour obtenir satisfaction.

Reste une question qui trotte encore dans la tête de son avocat : Hampel, qui était au Canada dans les années 1995 et 1996, avait-il un lien avec les époux Ian Mackenzie et Laurie Catherine Mary Lambert, alias Dmitriy Olshevski et Yelena Borisovna Olshevskaya ?

Ces deux autres illégaux du SVR, qui avaient usurpé les identités de deux bébés morts en 1965 et 1966, ont été expulsés du Canada le 10 juin 1996 après avoir été arrêtés en vertu d'un certificat de sécurité quelques jours plus tôt. L'opération qui devait mener à leur neutralisation avait pour nom de code : « Opération coupe Stanley[53] » !

Les Lambert vivaient à Toronto, où Hampel se rendait lui aussi de temps à autre, depuis environ six ans. De plus, Ian Lambert avait séjourné temporairement à Vancouver et rue de la Gauchetière à Montréal à son arrivée de Russie à la fin des années 1980. Ian travaillait dans un laboratoire photographique, Laurie était employée d'une compagnie d'assurances.

En théorie, donc, Hampel ne devait pas les fréquenter, ni même les connaître. Les illégaux ignorent tout de l'existence de leurs confrères parachutés dans le même pays qu'eux. Sage précaution au cas où l'un d'eux viendrait à changer de camp et à brûler tous ses ex-camarades.

Hampel et les Lambert étaient-ils au moins issus de la même promotion ? Me Handfield a posé la question lors d'une audience en Cour fédérale. La partie adverse s'y est opposée, pour des raisons de sécurité nationale. L'avocat n'a jamais pu savoir non plus quelle était la nature des activités illicites de Hampel au Canada.

Espionnait-il ? Recrutait-il ? Se servait-il du Canada comme d'un refuge pour rendre sa légende la plus crédible possible

---

53.   Andrew Mitrovika, *Entrée clandestine*, Trait d'union, Montréal, 2002.

lors de ses missions dans les Balkans? Probablement, compte tenu des méthodes de son service.

Autre coïncidence troublante, nous avons appris que le 9 novembre 2006, soit six jours avant son arrestation, Hampel a débarqué à Montréal d'un avion en provenance de Londres. Rappelons que c'est exactement à cette époque, le 1er novembre, qu'Alexandre Litvinenko a été empoisonné au polonium 210 dans le bar de l'hôtel Millennium, par des individus que l'on soupçonne être des agents russes. On sait aussi que Londres grouillait à l'époque d'espions russes. Et plusieurs ont fui dans les jours qui ont suivi l'assassinat de Litvinenko.

En tout cas, le sommaire rédigé par le SCRS ne contient aucune piste qui permettrait d'en savoir plus. Mais le SCRS le savait-il vraiment? Non, si l'on en croit le témoignage d'«Antony», l'agent du contre-espionnage canadien qui a témoigné en cour.

Vraiment?

Pour un ex-agent de la CIA, en poste au Canada dans les mois qui ont précédé l'arrestation et interrogé par le quotidien russe *Kommersant*, Hampel n'était probablement pas un petit joueur. « *Very tolerant guys work in the Canadian intelligence. If they arrested him, it means that they spotted something serious. They don't take anybody into custody until they have enough charges.* » Notons au passage la réputation de nos services de renseignement au-delà des frontières!

L'ex (?) - espionne veut revenir

Par le plus grand hasard, le dossier Lambert est remonté à la surface au moment même où Hampel faisait lui aussi les manchettes. Le 30 novembre 2006, Laurie Lambert, 43 ans, devenue officiellement Elena Miller après son mariage en décembre 1996 à Moscou avec Peter Miller, un dentiste canadien d'origine britannique exerçant à Toronto, perd en Cour fédérale la dernière manche de la bataille judiciaire et administrative qui l'oppose au gouvernement canadien.

C'est que cette espionne démasquée, qui ne manque pas de culot, s'obstine à vouloir s'établir au Canada alors qu'elle y est interdite de séjour pour des raisons évidentes. Un projet singulier. Même si Elena Miller a quitté le Canada il y a plus de dix ans, les services de renseignement russes ne sont pas sans savoir qu'elle présente un grand intérêt pour les services alliés (qui à l'époque ont tenté en vain de recruter les Lambert) et en particulier américains. Et canadiens au premier chef, à condition, fait remarquer avec ironie un ex-agent du SCRS, qu'ils aient « de l'argent et un enquêteur compétent pour l'interviewer ». Tenter de connaître ses méthodes d'entraînement et de travail, les noms de ses contacts et – cerise sur le gâteau – l'identité de taupes infiltrées au sein de l'appareil gouvernemental canadien, ça ne se refuse pas. Même si ces informations sont certainement quelque peu périmées.

Elena « Laurie » avait fait la connaissance de son dentiste de mari alors qu'elle était encore espionne du SVR. Elle venait de rompre avec Ian « Dmitriy » après avoir découvert à l'automne 1994 sa liaison avec Anita K., une collègue de travail[54]. Avant cette séparation, des semaines durant, grâce à leurs systèmes d'écoute électronique, les espions canadiens du SCRS n'ont pas perdu une miette des violentes disputes du couple Lambert. Illégaux jusqu'au bout des ongles, parfaitement habités par leurs personnages fictifs, Ian et Laurie s'engueulaient en anglais même sous le coup de la colère.

Si l'on en croit son témoignage, Elena a démissionné du SVR peu après son retour forcé en Russie. Dans une lettre transmise en août 2004 à Anne McLellan, ministre de la Sécurité publique du Canada, elle affirme ceci :

Le 11 juin 1996, j'ai informé le SVR de ma démission et j'ai été soumise ensuite à plusieurs semaines de comptes rendus de

---

54. Dans son livre, Andrew Mitrovika raconte que Dmitriy et Anita se sont mariés le 16 janvier 1999 à Pskov, en Russie, sous les yeux attendris d'Elena et de Peter Miller.

fin de mission. J'ai remis à CIC [Citoyenneté et Immigration Canada] toutes les pièces en ma possession qui attestent que j'ai bel et bien quitté le SVR le 21 octobre 1996, de ma propre initiative.

Je n'ai aucun lien quel qu'il soit avec mon ancien employeur, le SVR. J'ai juré de ce fait devant un consul canadien en Russie. Et j'ai une idée très précise de ce que signifie une déclaration faite sous serment[55].

En décembre 1998, les époux Miller entament leurs procédures afin qu'Elena puisse immigrer au Canada. Le 11 décembre, Peter Miller dépose une demande de parrainage en vertu du regroupement familial pour son épouse. C'est le début d'un affrontement à n'en plus finir entre les fonctionnaires canadiens, qui s'opposent farouchement à un retour de la belle espionne au Canada, et le couple Miller.

Dans un mémoire adressé le 16 août 2004 par la direction de la sécurité de l'Agence des services frontaliers (ASFC) à la ministre McLellan, les fonctionnaires n'y vont pas par quatre chemins pour tailler en pièces l'ex-agente du SVR :

> Mme Miller a, semble-t-il, démissionné du SVR, mais elle s'est néanmoins fait passer pour une citoyenne canadienne durant une période de six ans alors qu'elle travaillait en tant que clandestine pour le SVR, afin de mener des activités d'espionnage. Elle refuse de parler des activités qu'elle menait au Canada, ce qui est troublant.
>
> Mme Miller n'a montré aucune réelle contribution à la société canadienne ni n'a prouvé que sa présence au Canada ne serait pas préjudiciable à l'intérêt national.

Le 8 mars 2005, se rangeant sans surprise aux arguments de l'ASFC, la ministre de la Sécurité publique et de la Protection civile du Canada refuse de lever l'interdiction de territoire

---

55. Miller c. Canada, 2006 CF 1446, 30 novembre 2006.

dont est frappée Elena Miller en vertu de l'article 34 (1) de la *Loi sur l'immigration et la protection des réfugiés*.

Un mois plus tard, l'ambassade du Canada à Moscou fait savoir aux époux Miller que leur demande est rejetée. Furieux, s'estimant lésés et injustement traités par les fonctionnaires de l'immigration, qui ont fait preuve d'une «lenteur excessive» dans l'examen de leur dossier, ceux-ci s'adressent une nouvelle fois aux tribunaux dans le but d'obtenir des dommages et intérêts...

Dans un affidavit déposé à l'appui de leur requête, Peter Miller tente maladroitement d'exposer ses états d'âme:

[...] 8. J'estime que, dès le départ, les fonctionnaires de l'immigration qui ont participé à l'administration de la demande d'établissement d'Elena et de sa demande de dispense ministérielle n'avaient pas l'intention de la laisser entrer au Canada pour y vivre avec moi. La première conclusion de Mme Coulter comme quoi notre mariage n'était pas authentique m'a semblé être un moyen pour elle de rejeter la demande et d'éviter d'avoir à transmettre au ministre la demande de dispense de ma femme. Nous lui avions communiqué quantité d'éléments touchant notre relation, notamment nos efforts pour rester en contact l'un avec l'autre – notes de téléphone, cachets sur mon passeport attestant mes voyages en Russie, photographies –, ainsi que des déclarations de membres de nos familles respectives témoignant de la solidité de nos liens.

[...] 10. Les fonctionnaires qui ont participé à l'administration de la demande de ma femme ne se sont pas montrés honnêtes envers nous. Ils nous ont amenés, Elena et moi, à croire qu'une décision serait rendue dans des délais déterminés, qui n'ont jamais été respectés. Ils nous ont donné à espérer, sans avoir l'intention de répondre à nos espoirs.

[...] Pas une seule fois avant qu'on ne lui communique la recommandation défavorable en mai 2004 et ne lui donne la possibilité d'y répondre, nous n'avons été informés par les fonctionnaires de l'immigration qu'ils avaient irrévocablement adopté la position que le ministre ne devrait pas accorder de dispense à ma femme. Les choses sont pires lorsqu'on suit une procédure qui semble promettre un traitement équitable, mais qu'elle se révèle être une imposture. Il aurait mieux valu que les fonctionnaires nous informent honnêtement que ma femme n'avait aucune chance d'obtenir une dispense ministérielle. Alors, au moins, nous aurions pu décider en connaissance de cause comment gérer notre mariage et où habiter, au lieu d'attendre encore et encore, d'espérer et d'espérer encore, une issue favorable à sa demande.

Ces arguments n'ont pas convaincu le juge James K. Hugessen, qui dans sa décision du 30 novembre 2006 écrit ceci :

La preuve produite dans la présente espèce n'établit pas que les fonctionnaires en cause aient jamais eu d'autre obligation qu'envers le peuple canadien, soit l'obligation d'examiner aussi impartialement que possible la demande de dispense et de traitement spécial présentée par une espionne russe démasquée aux autorités d'un pays de l'hospitalité duquel elle avait si scandaleusement abusé.

Depuis ce énième revers, les Miller, qui résideraient en Suisse, semblent avoir abandonné la partie. Contactée lors de la rédaction de cet ouvrage, leur avocate torontoise, Barbara Jackman, a mentionné que ses clients ne désiraient pas répondre aux questions des journalistes.

CHAPITRE 003

Même les amis nous espionnent

Les nations n'ont pas d'amis ou d'alliés permanents, ils ont seulement des intérêts permanents[56].

Lord Palmerston,
homme d'État britannique, 1848

Le Canada a un très riche passé dans le domaine du renseignement. Ainsi, durant les deux grandes guerres, plusieurs espions canadiens se sont distingués. L'un des plus célèbres maîtres-espions a été Sir William Samuel Stephenson. Petit gars originaire de Winnipeg, il a opéré en Europe durant les deux guerres mondiales sous le nom de code d'«Intrépide». En 1940, dépêché aux États-Unis à titre de représentant personnel du premier ministre britannique, Sir Winston Churchill, auprès du président américain, Franklin D. Roosevelt, il a permis d'aider à réorganiser tous les services de renseignement américains. C'est sur les recommandations d'Intrépide que son ami personnel, William J. «Wild Bill» Donovan, a créé l'Office of Strategic Services (OSS), l'ancêtre de la CIA.

Non seulement Intrépide a dirigé à partir de New York toutes les opérations clandestines des services britanniques

---

56. *«Nations have no permanent friends or allies, they only have permanent interests.»*

au Canada, aux États-Unis et dans la plupart des pays sud-américains et africains, mais il a aussi envoyé des agents qui agissaient partout en Europe. Il a été à l'origine de la construction et de la mise en service à Whitby, en Ontario, d'un camp d'entraînement secret des Alliés. Ce centre de formation, appelé «Camp X», a formé plus de 2 000 agents canadiens, américains, britanniques et autres qui ont été actifs en Amérique, en Europe et en Asie. Il y a beaucoup d'Intrépide dans James Bond. Ian Fleming, son auteur, a d'ailleurs confirmé dans une entrevue en 1962 que, pour le personnage de son fameux espion, il s'était inspiré de Stephenson[57].

Autre fait important, certains historiens estiment que c'est ici au Canada, plus précisément à Ottawa, que la guerre froide a commencé. Par un soir de septembre 1945, Igor Gouzenko, membre du KGB et responsable des communications clandestines à l'ambassade soviétique, décide de quitter son travail avec une serviette contenant 109 documents ayant trait à l'espionnage russe. C'est lui qui a révélé au monde entier pour la première fois l'existence d'«agents dormants». Il avait préparé son coup et avait même prévenu son épouse de ses intentions. Le couple avait décidé de ne plus retourner dans l'Union soviétique de Staline, pays ravagé par les séquelles d'une guerre terrible et objet d'intrigues et de purges constantes. Les documents qu'il emporta avec lui allaient révéler l'ampleur des activités d'espionnage et mettre au jour les sources et le réseau utilisés à l'époque par le KGB. Ses renseignements dépassaient les frontières canadiennes et démontraient jusqu'à quel point l'empire communiste avait déjà installé ses taupes en Amérique du Nord. Avant Gouzenko, jamais les services de renseignement occidentaux n'avaient imaginé l'ampleur des opérations des services secrets soviétiques en Occident, ni perçu jusqu'à quel point ils avaient réussi à infiltrer un nombre impressionnant de

---

57. Ian Fleming, «James Bond is a highly romanticized version of a true spy. The real thing is… William Stephenson», *The Times*, Londres, 21 octobre 1962.

gouvernements, d'armées et de centres de recherche militaire ou industrielle. Ottawa, la capitale d'une colonie britannique assez tranquille, venait de devenir du jour au lendemain l'épicentre d'une onde de choc politique et militaire qui allait se répercuter partout dans le monde pendant les cinquante années suivantes.

Jusqu'à la fin du règne soviétique, le Canada a été un terrain de prédilection où allaient s'affronter deux grands blocs. En effet, par sa position géographique, il a toujours revêtu une très grande importance stratégique. En cas de conflit nucléaire, les missiles américains et soviétiques survoleraient l'Arctique canadien pour aller frapper l'adversaire.

Lors de la crise des missiles à Cuba, en octobre 1962, le monde est passé très près d'un conflit nucléaire à grande échelle. Les États-Unis avaient découvert, grâce à l'un de leurs avions espions, que l'URSS était en train d'installer à Cuba des rampes de missiles à courte et moyenne portée. Ces missiles étaient une menace directe pour les États-Unis, qui pouvaient être frappés à n'importe quel moment. La tension a grimpé rapidement en quelques jours, et les États-Unis ont affiné leurs plans en vue d'une attaque contre Cuba. L'Union soviétique ne pouvait pas ne pas intervenir. Mais avant de s'engager sur une voie de non-retour, le président Kennedy a imposé un blocus naval autour de l'île de Cuba. Les Soviétiques n'ont pas semblé vouloir s'en laisser imposer et ont ordonné à plusieurs navires marchands de forcer le blocus. La confrontation était imminente et des deux côtés les armées de terre et les aviations se sont préparées pour une attaque rapide. Pour ce faire, les États-Unis ont alors eu besoin de franchir rapidement l'espace aérien canadien pour gagner les points stratégiques soviétiques.

Selon le témoignage d'une ancienne hôtesse de l'air d'Air Canada, au plus fort de la crise, alors que son avion effectuait un trajet entre Montréal et Vancouver, le commandement américain avait ordonné à tous les avions civils survolant le territoire canadien de se diriger franc nord tant que leur réserve de carburant le leur permettait afin de laisser le passage libre pour les bombardiers et les missiles nucléaires américains. Fort heureusement, la crise s'est résorbée et les avions ont pu reprendre leur itinéraire initial sans que les passagers se soient rendu compte de ce qu'ils venaient d'éviter.

Si cet épisode peu connu démontre l'importance du territoire canadien pour la défense continentale des Américains (concept qui refera d'ailleurs surface avec la menace terroriste de l'après-11-Septembre), ce même territoire revêtait une importance tout aussi capitale pour l'Armée rouge. C'est pourquoi le Canada a toujours abrité un certain nombre d'espions du KGB et du GRU.

Avec la montée de la nouvelle Russie sous le règne du président Vladimir Poutine, lui-même ex-cadre du KGB, plusieurs experts soutiennent qu'il y a actuellement une résurgence des anciennes tensions de la guerre froide (certains croient même que, sur le plan de l'espionnage, la guerre froide n'a jamais cessé). D'ores et déjà, un accroissement substantiel des activités d'espionnage de la Russie au Canada a été observé par le SCRS, et quelques « diplomates » russes ont été contraints de rentrer à la maison pour activités non compatibles avec leur poste.

Les *peaceniks* ou fervents de la paix

Aux débuts des années 1990, avec la dissolution du bloc soviétique, bon nombre de politiciens canadiens se sont empressés de demander de sabrer dans les budgets alloués aux services de renseignement. Le SCRS a donc vu fondre presque de moitié aussi bien ses budgets que ses effectifs alors que, partout ailleurs, l'espionnage reprenait de la vigueur. Pour les élus canadiens en faveur des « dividendes de la paix », il fallait même penser à abolir les services de renseignement. Cette pensée non seulement démontre l'immaturité des élus canadiens en matière de sécurité, elle reflète aussi l'incompréhension et l'ignorance du problème.

Mais si «l'empire du Mal» cher au président Reagan a disparu, pourquoi assistons-nous alors à un accroissement des activités d'espionnage au Canada? Que pouvons-nous détenir qui intéresse tant les autres pays au point d'en devenir une des destinations favorites de légions d'espions en provenance de Chine, d'Israël, de pays d'Europe, du Pakistan et de bien d'autres pays?

«Plus qu'hier, moins que demain»

Pour bien répondre à ces questions, il faut dans un premier temps comprendre les différents types d'espionnage qui existent au Canada. Les principales activités d'espionnage se regroupent ainsi:
- espionnage économique et industriel;
- surveillance et élimination de la dissidence;
- espionnage politique, influence et ingérence étrangère;
- espionnage militaire;
- recherche d'informations sur la prolifération des armes de destruction massive[58].

Dans le tango incessant de l'espionnage international, il n'y a pas de territoire, de juridiction, de restrictions, d'émotion, d'éthique ni de limite à respecter. Tout moyen permettant de parvenir à ses fins peut être envisagé. Puisque l'espionnage international opère en dehors des lois et de tout cadre juridique, la planète devient un grand échiquier sur lequel les confrontations se déroulent au gré des besoins tactiques ou stratégiques des pays, et sur lequel les individus et les lieux ne sont que des éléments factuels du hasard et des besoins. C'est sur cette toile de fond que le Canada devient un territoire

---

58. Les enquêtes dans le domaine des dossiers d'acquisition d'armes ou de technologie afin de construire des armes de destruction massive relèvent du contre-espionnage.

de prédilection tantôt comme victime, tantôt comme témoin amorphe d'une joute hautement sophistiquée où s'affrontent des puissances étrangères.

L'espionnage économique et industriel

Bien que les deux formes d'espionnage aient le même objectif, soit l'obtention illégale de secrets économiques et industriels, les acteurs, eux, sont différents. L'équation est simple et il n'est pas nécessaire de compliquer la définition.

- Espionnage économique : État contre État (mais cela inclut aussi de cibler des entreprises).
- Espionnage industriel : compagnie contre compagnie.

L'ESPIONNAGE ÉCONOMIQUE

L'espionnage économique est commandé par un État qui utilise ses services de renseignement afin d'obtenir clandestinement des informations à caractère économique ou industriel. À cet égard, certains soutiennent que, depuis la fin de la guerre froide, le monde est passé d'une confrontation militaire à une confrontation économique. La domination des marchés et des zones d'influence est toujours la même, mais les moyens pour tirer son épingle du jeu ont transformé des rivalités guerrières en stratégies de marketing nationales et de conquête des marchés internationaux. Puisque les lois ordinaires du marché économique ne suffisent plus pour se donner l'avantage nécessaire, plusieurs pays se sont rapidement résolus à utiliser leurs services de renseignement nationaux afin d'obtenir des informations stratégiques, voire de voler ou de neutraliser les avancements techniques de la compétition à l'étranger. Tous les moyens sont bons : espionnage, corruption, vol de technologie, voire élimination physique de personnes clés comme les chercheurs ou les scientifiques. En d'autres mots, plusieurs pays sont activement engagés dans le jeu de l'espionnage économique afin de «défendre» leur économie nationale (le prétexte de la défense est souvent invoqué afin de justifier les actes d'agression contre les assauts des espions étrangers). Lorsque cette logique est acceptée, l'usage de la «défense napoléonienne[59]» est facile à justifier.

Immédiatement après la chute du bloc soviétique, tous les dirigeants des pays du G8, sauf le Canada, ont ordonné à leurs services de renseignement de faire la collecte agressive de renseignement économique. Ils l'ont d'ailleurs même annoncé publiquement. Pour eux, il était maintenant évident que la donne avait substantiellement changé et qu'il fallait être davantage proactif.

En 1993, dans une note officielle au directeur de la CIA, le président Bill Clinton identifiait clairement ses priorités : la sécurité environnementale, l'espionnage économique et la démocratisation. Il a poursuivi en 1994 dans un discours destiné à la communauté du renseignement américain, déclarant que les maîtres-espions devaient assister les leaders politiques dans l'élaboration des politiques nationales en traquant les avancées économiques étrangères là où les États-Unis ont des intérêts stratégiques. Pour lui, l'analyse des sources ouvertes n'était pas suffisante et il fallait étendre la collecte d'information par des opérations clandestines afin d'avantager les négociations commerciales avec les autres pays. De plus, la communauté du renseignement devait aider à la protection des entreprises américaines en identifiant les menaces posées par les services de renseignement étrangers et les compagnies étrangères. Dans ce but, les États-Unis ont adopté en 1996 l'*Economic Espionnage Act*. On compte maintenant plus de 200 cas qui ont depuis été traduits devant les tribunaux en lien direct avec cette loi.

Les grands pays ont rapidement compris qu'il leur fallait se «défendre» et se doter d'un arsenal législatif pour intercepter les agents qui viendraient attaquer leur économie nationale.

---

59. «La meilleure défense, c'est l'attaque» est une phrase célèbre attribuée à Napoléon.

Ainsi, les États ont commencé à se doter d'un cadre juridique légalisant leurs actions aussi bien à l'étranger que sur leur propre territoire.

1992 : en Russie, le président Boris Eltsine ratifie la *Loi sur la collecte de renseignements à l'étranger.*

1992 : en France, le Code pénal est modifié en vue d'y inclure la *Loi sur l'espionnage*, qui cherche à protéger non seulement les « intérêts de la défense nationale », mais les « intérêts fondamentaux de la nation ».

1994 : la Grande-Bretagne adopte l'*Intelligence Services Act*, qui révèle pour la première fois les fonctions des services secrets britanniques et l'existence du Government Communication Headquaters, l'équivalent du NSA américain.

1996 : les États-Unis adoptent l'*Economic Espionnage Act.*

Et pendant ce temps au Canada ? Rien ne bougea avant 2002 ! Il a donc fallu attendre plus de dix ans avant de rattraper les autres pays du G8. Et encore, la loi adoptée n'a même pas comme intention première de s'attaquer à la question de l'espionnage au Canada. En réponse aux événements du 11 septembre 2001, le gouvernement Chrétien a décidé, par l'entremise du projet de loi C-36 (*Loi antiterroriste*), de concocter une loi qui en regroupe plusieurs : il s'agit d'une remise à jour de la désuète *Loi sur les secrets officiels* et d'une partie de la *Loi sur la protection de l'information.* C'est ainsi que, dans cette « bouillabaisse législative », les scribes gouvernementaux ont inséré deux petits articles de loi faisant référence à l'espionnage et à l'espionnage économique, dont personne ne s'est jamais servi. Plutôt timorée comme volonté d'attaquer un problème mondialement reconnu, non ?

Le bon, la brute et le truand

Quand vient le temps d'identifier les acteurs dans ce domaine, il y a bien sûr les vilains traditionnels, ceux qui ont continué à faire ce qu'ils faisaient depuis des décennies. La Russie, la

Chine, l'Iran, la Syrie, l'Iraq (qui sous Sadam Hussein était très actif, afin surtout d'obtenir de l'équipement pour les armes de destruction massive) sont des pays qui nourrissent depuis longtemps leurs opérations d'espionnage au Canada. Toutefois, à cette liste sont venus rapidement s'ajouter certains pays historiquement considérés comme « amis ». En effet, la dissolution du bloc de l'Est a eu pour effet de faire circuler moins librement les informations entre les pays de l'ancien bloc et de les rendre plus suspicieux les uns envers les autres.

Le SCRS a sous la main une liste assez exhaustive des pays opérant dans le domaine de l'espionnage économique au Canada. Dans le milieu des années 1990, la liste comprenait les pays suivants.

ESPIONNAGE ÉCONOMIQUE

Argentine	Espagne	Japon
Brésil	États-Unis	Philippines
Chine	France	Russie
Cuba	Iran	Taïwan
Corée du Nord	Iraq	Vietnam
Corée du Sud	Israël	

Alors que le KGB et d'autres organes du même genre avaient toujours travaillé à voler la technologie occidentale, militaire ou autre, certains pays ont à leur tour compris que le vol de technologie et de propriété intellectuelle des entreprises occidentales offrait des bénéfices sur plusieurs plans.

Dans un premier temps, le vol d'une nouvelle technologie permet de rattraper des retards dans certains domaines. Si la technologie est à caractère militaire, l'enjeu est évidemment stratégique et contribue à maintenir l'équilibre des forces en neutralisant l'avantage technologique qui avait été développé.

▶ Grille de cryptage/décryptage fournie à Ana Belen Montes, analyste au sein de la Défense Intelligence Agency (DIA) américaine par son contrôleur (*handler*) des services de renseignement cubains. Montes a été arrêtée en septembre 2001 par le FBI à Washington, D.C. (Photo FBI)

Si la technologie est à caractère commercial, le vol non seulement permet d'économiser les dépenses nécessaires à la recherche déployées par le pays ou la compagnie détentrice, mais donne l'occasion de développer rapidement un nouveau produit et de l'offrir à un prix tellement compétitif que souvent le pays ou la compagnie ayant créé le produit ne peut pas rivaliser.

Dans les années 1980, la DGSE* française avait réussi à infiltrer la compagnie IBM et Texas Instrument. Le réseau fut finalement démantelé grâce aux efforts du FBI et de la CIA. Conséquence de cette guéguerre qui fit rage à l'époque entre services secrets français et américains, les Américains rendirent public en 1993 une brochure d'une vingtaine de pages élaborée d'après des documents secrets rédigés notamment en 1988 par les ministères français du Commerce extérieur, des Sciences et de la Technologie et obtenus dans des conditions mystérieuses, faut-il le préciser. Les Français avaient bâti une « liste d'épicerie » comprenant quarante-neuf compagnies et vingt-quatre institutions financières considérées comme des cibles spécifiques aux États-Unis, au Canada et en Grande-Bretagne. Les fonctionnaires français devaient tenter d'obtenir des informations sur les plans des achats des Américains en matière d'armement, les nouveaux systèmes de satellite, la position des États-Unis en matière de négociations commerciales ainsi que de l'information professionnelle sur des hauts dirigeants gouvernementaux.

Pierre Marion, alors grand patron de la DGSE, avait indiqué que les objectifs des services secrets français étaient d'assister les compagnies françaises contre leurs concurrents internationaux et non de s'intéresser aux secrets militaires et politiques des pays alliés. Il faut comprendre toutefois que les limites imposées étaient assez larges car le document secret donnait la liste des technologies visées, dont le développement par la British Aerospace d'instruments de combat pour l'avion Tornado, le système Advance Short Range Air to Air Missile (ASRAAM) et le plan de marketing de l'Advanced Medium Range Air to Air Missile (ADRAAM). D'autres priorités concernaient les liens de la Marine britannique avec l'Allemagne et l'Italie dans leur programme des frégates pour l'OTAN et le programme de défense aérienne Rapier.

En 1991, six Français avaient été expulsés des États-Unis par le FBI pour avoir tenté d'obtenir la technologie Stealth (une technologie de camouflage des avions ou navires). Mais le jeu entre les Américains et les Français ne s'est jamais arrêté. Par mesure de rétorsion, le gouvernement français a expulsé cinq Américains accusés d'être des agents de la CIA – le chef de station à Paris et quatre pseudo-diplomates – ayant réussi à infiltrer le gouvernement Balladur du temps du président François Mitterrand. Il y a eu aussi les fameux et rocambolesques micros planqués dans les fauteuils de la classe affaires des avions d'Air France. En effet, lorsque certains hommes d'affaires voyageaient avec cette compagnie nationale, les services secrets français, qui avaient au préalable intercepté les informations confirmant leur voyage, convenaient avec des préposés d'Air France de les asseoir ensemble à des sièges prédéterminés afin d'enregistrer leurs conversations lors de la traversée.

L'ESPIONNAGE INDUSTRIEL

Tout le monde a en mémoire les attaques récentes entre WestJet et Air Canada, l'un accusant l'autre d'avoir volé des secrets commerciaux confidentiels. WestJet avait accusé Air Canada d'avoir engagé des enquêteurs privés qui avaient volé et fouillé les déchets domestiques d'un des propriétaires de WestJet et, de son côté, Air Canada accusait sa rivale d'avoir engagé un ancien employé de la compagnie pour infiltrer des banques de données confidentielles à l'aide de son ancien code d'accès.

Même si l'on n'entend pas souvent parler de cas semblables dans les journaux, il serait hâtif de croire que ce type d'espionnage est peu répandu. Il est toutefois difficile de livrer des statistiques compte tenu du fait que le gouvernement canadien se refuse à reconnaître le problème. Il faut donc se rabattre sur les statistiques américaines et françaises afin de réussir à extrapoler ce qui se passe ici.

Ainsi, à titre d'exemple, une étude réalisée à l'automne 2002 par l'American Society for Industrial Security (ASIS) et Pricewaterhouse Cooper estimait que, rien que pour l'année 2001, l'espionnage industriel et économique avait coûté aux mille plus grandes sociétés américaines (Fortune 1 000) plus de 59 milliards de dollars. En France, pour la même période, la DST estimait que les entreprises françaises avaient perdu au bas mot 1,5 milliard d'euros, toujours à cause de ce type d'activité.

Pour le Canada, à notre connaissance, une seule étude a été réalisée, et ce fut en 1995. Cette étude du SCRS démontrait que le Canada perdait en moyenne de 10 à 12 milliards de dollars par an à cause de l'espionnage industriel et économique. C'est l'équivalent de 1 milliard de dollars par mois ! Il faut préciser que ce n'est pas 1 milliard seulement en équipement mais aussi en propriété intellectuelle et en contrats. Cette situation entraîne une perte directe de compétitivité, d'emplois, de positionnement et d'influence à l'international, ainsi que de crédibilité. Il est estimé que mille emplois sont perdus pour chaque centaine de millions volée!

Les espions ne proviennent pas toujours de l'extérieur. En effet, 80 à 85 % des cas d'espionnage industriel sont réalisés «à l'interne», par des employés. C'est ce qui est arrivé en 1998 à la compagnie canadienne Mitel. Il s'agit d'un cas presque unique où la victime a eu le courage de parler publiquement d'un incident qui lui était arrivé. Peut-être aussi parce que cette affaire s'est retrouvée devant les tribunaux…

Un matin, une jeune femme asiatique s'est présentée à la porte de Mitel, a donné une enveloppe brune à l'agent de sécurité puis est immédiatement repartie. Dans l'enveloppe se trouvaient divers documents concernant un dénommé To Van Tran, employé dans la compagnie depuis seize ans. Selon les documents, Tran aurait dérobé un nouveau produit créé récemment dans le domaine de la téléphonie et baptisé PBX[60]. D'origine vietnamienne, Tran entretenait depuis plus de trois ans des relations d'«affaires» avec son pays d'origine. Un jour, il a pris le PBX de Mitel sous son bras et s'est rendu au Vietnam pour vendre l'invention canadienne à une branche industrielle de l'armée vietnamienne. Moins d'un mois plus tard, le Vietnam commercialisait le produit contrefait à un prix défiant toute concurrence.

Lors d'une rencontre avec les autorités, Darell Booth, alors chef de la sécurité de Mitel, estimait que sa compagnie venait de perdre d'un coup dix années de recherches, environ 45 millions de dollars américains en recherche et développement et entre 200 millions et 1 milliard de dollars américains en parts de marché. Les agents de renseignement canadiens, auprès de qui Mitel s'est plaint, n'ont rien pu faire pour l'entreprise. Tran fut arrêté par la Police provinciale de l'Ontario (OPP) et poursuivi en cour criminelle pour fraude et possession d'objet

---

60.   Autocommutateur privé (*Private Branch Exchange*).

volé. Il a écopé d'une amende de 25 000 dollars et d'une peine de six mois avec sursis.

Une sanction judiciaire dérisoire si on la compare aux effets dévastateurs de ce vol pour la compagnie Mitel. Et c'est à ce bien piètre résultat que sont confrontés quotidiennement les enquêteurs canadiens responsables de dossiers similaires. Même lorsque les preuves présentées en cour sont accablantes et donnent lieu par miracle à une condamnation, la peine infligée n'a en rien l'effet de dissuasion escompté. C'est donc dire que les lois canadiennes ne sont pas faites pour protéger nos compagnies et que les enquêteurs sont pieds et poings liés.

Alors, si les services secrets et la police sont impuissants, le combat n'est-il pas perdu d'avance ? Pour l'instant, le fardeau repose entièrement sur les chefs d'entreprise. Mais comment peut-on parler de prévention lorsqu'on ignore l'étendue du problème ou, pire, lorsqu'on refuse d'en parler ?

Il est encore plus difficile de mesurer et de détecter le travail souterrain accompli par les agents implantés au sein des compagnies « paravents » ou « écrans[61] ». En apparence, ces compagnies semblent être privées mais, en réalité, elles sont totalement contrôlées par un État étranger. Ce subterfuge permet à des espions gouvernementaux d'opérer sous la couverture d'une entreprise privée sans attirer l'attention des agents du contre-espionnage. Cette tactique a réussi à dérouter le SCRS plus d'une fois car, selon les instructions du gouvernement fédéral, les agents fédéraux n'enquêtent que sur les cas d'espionnage économique et non sur l'espionnage industriel. Selon les responsables du SCRS, l'espionnage industriel relevant du privé, seuls la police ou les agents de sécurité de la compagnie peuvent enquêter dessus. Cette distinction « bureaucratique » a des effets graves sur l'économie nationale et sur les enquêtes du SCRS. Entre-temps, les agents étrangers espionnent ici sans être le moins du monde embêtés.

---

61. Terme anglais : *front company*.

La surveillance de la dissidence et l'ingérence étrangère

Après les ravages de l'espionnage à caractère économique, l'ingérence étrangère, la surveillance et l'intimidation des communautés culturelles ou de la dissidence sont probablement les activités les plus préoccupantes pour la sécurité du Canada et de ses citoyens. Le Canada est la terre d'asile de bien des groupes culturels persécutés dans leur pays d'origine, et plusieurs dissidents profitent de façon tout à fait légale de la liberté d'expression en vigueur au Canada pour dénoncer des régimes politiques violents et même illégitimes. Toutefois, nombreux sont les gouvernements qui n'apprécient pas les critiques et qui utilisent leurs espions afin de surveiller et même de faire taire les insoumis vivant ici. Les activités de ces espions ne se limitent pas simplement à observer et à rapporter. Dans certains cas, les actions passent par le recrutement de sources clandestines, l'infiltration d'agents doubles, l'intimidation, le harcèlement, voire des agressions physiques et même des assassinats.

INGÉRENCE ÉTRANGÈRE CLANDESTINE

Algérie	Inde	Russie
Arabie Saoudite	Iran	Taïwan
Arménie	Israël	Tunisie
Chine	Malaisie	Ukraine
Cuba	Maroc	Vietnam
Corée du Nord	Mexique	

Le Canada a la responsabilité de protéger les personnes résidant sur son sol contre ces actions répréhensibles. Le SCRS a le mandat, selon la loi qui le régit, de rapporter au gouvernement canadien les activités des pays qui pratiquent ce type d'espionnage. Mais il s'agit le plus souvent d'enquêtes de longue haleine. Il se passe en effet parfois des décennies avant qu'une action soit lancée par le gouvernement canadien pour mettre un terme à certaines pratiques.

Cette forme d'espionnage et d'activité sera traitée plus en détail dans le chapitre 006, mais mentionnons à titre d'exemple le rôle joué par les autorités indiennes dans l'affaire d'Air India, où des faits troublants tendent à démontrer que les agents indiens qui opéraient clandestinement au Canada à partir de leur ambassade à Ottawa non seulement auraient infiltré la communauté sikhe mais étaient en contact avec les principaux suspects dans l'affaire. Il en va de même pour les agents iraniens en poste au Canada, qui exercent des pressions et intimident régulièrement la communauté iranienne.

L'analyse de ce type d'activités d'intimidation dévoile un aspect très difficile de la vie de plusieurs communautés immigrantes prises en otage depuis des années et vivant dans un climat de peur instillé par des gouvernements étrangers sans scrupules. Le manque de volonté ou, à tout le moins, d'action de la part du gouvernement canadien les laisse dans un état de désespoir. Vers qui peuvent-ils bien se tourner si le gouvernement de leur pays de résidence n'en fait pas assez pour les protéger ?

Lorsqu'ils ont à enquêter ou à intervenir dans ce genre de dossier, les services de renseignement ou la police s'aperçoivent très rapidement à quel point la population canadienne et ses élus sont naïfs – quand ils ne font pas la sourde oreille – face aux avertissements des autorités en ce domaine.

Il faut admettre que les autorités canadiennes ont toutefois leur part de responsabilité en raison d'une quasi-absence de sensibilisation et de partage de l'information auprès des élus et du public. Il suffit de demander à n'importe quel journaliste qui a tenté d'obtenir des informations auprès du SCRS, l'organisme principal chargé par la loi de surveiller et d'informer dans le domaine de l'espionnage, la réponse est toujours la même : la langue de bois ou un lapidaire «Aucun commentaire !».

Cette approche visant à maintenir une «stratégie média-tique» qui se résume au silence est dénoncée au sein même de ses rangs. Depuis des années, les enquêteurs du SCRS souhaitent davantage de transparence afin que le public soit à même de mieux se défendre contre l'espionnage, l'ingérence étrangère ou même le terrorisme. Cette stratégie de communication, qui respecterait la confidentialité des activités du SCRS, aurait aussi le mérite de mieux faire connaître le rôle et le travail de ses agents. Mais la haute direction du SCRS – et le gouvernement – fait la sourde oreille à ces requêtes. Avec comme conséquence d'entretenir le discours anti-SCRS savamment distillé dans les médias et l'opinion publique par ses opposants.

En outre, même quand on a accumulé des preuves suffisantes d'activités illicites justifiant une action, souvent contre des agents occupant officiellement un poste diplomatique, les fonctionnaires du ministère des Affaires étrangères et du Commerce s'opposent à des gestes de représailles concrets (plaintes officielles contre le gouvernement concerné, expulsion des diplomates, intervention auprès de l'ambassadeur en poste, etc.), de peur de nuire aux relations ou de tuer dans l'œuf un hypothétique contrat. En d'autres mots, la sécurité des citoyens canadiens passe au deuxième rang des priorités dans le domaine du commerce international.

Espionnage politique et ingérence étrangère : les élus canadiens demeurent des cibles faciles

Il est légitime que des diplomates rencontrent des représentants politiques canadiens, discutent avec eux et même les invitent à se rendre dans leur pays, puisque ces relations favorisent les échanges internationaux de toutes sortes et servent les intérêts du Canada. Malheureusement, les activités d'un certain nombre de ces diplomates dissimulent des intentions moins nobles. Leur objectif premier : arriver à influencer le processus de décision de la société canadienne, non pas par la simple discussion, mais bien en utilisant des moyens beaucoup plus « expéditifs ». Pour ce faire, les élus sont une cible facile car ils ont soit des intérêts connus, soit, du fait de leur position publique, beaucoup à perdre s'ils devaient être compromis dans une affaire.

Ainsi, plusieurs politiciens et représentants gouvernementaux ont été victimes de ce genre de tactique, qu'il s'agisse d'aventures sexuelles illicites ou de relations d'affaires inappropriées ou encore de cadeaux illégaux acceptés. À titre d'exemple, pendant des années, certains diplomates canadiens en poste en Chine ont régulièrement reçu des « enveloppes rouges » de la part de riches entrepreneurs ou même de membres du crime organisé chinois. Ces enveloppes contenaient des centaines de dollars destinés à leurs « divertissements » (courses de chevaux et autres activités mondaines à Hong Kong). Évidemment, ces petits cadeaux avaient pour but de faciliter certaines faveurs, dont l'obtention de visas pour des proches ou des associés de ces personnes. Les enquêtes de la GRC et du SCRS ont démontré que plusieurs Chinois ayant bénéficié de ces largesses étaient des criminels ou des agents chinois envoyés au Canada en mission secrète.

Occasionnellement, et souvent même en raison d'une bonne volonté candide, certains diplomates canadiens ont été amenés à prendre de mauvaises décisions ou à promouvoir la mauvaise cause. Parfois ils ont été attirés par l'appât du gain, et ce, au détriment des intérêts du Canada. D'autres fois, ils se sont fait prendre dans des situations embarrassantes et même en conflit d'intérêts. À partir de ce moment-là, ils ont connu une descente aux enfers dans le monde du chantage et de la corruption.

Malgré les tentatives du SCRS de sensibiliser les élus aux risques auxquels ils pourraient être exposés, à savoir la criminalité et les tentatives de recrutement par la séduction ou le chantage, trop souvent les conseils et les mises en garde ont été purement et simplement ignorés.

Lorsqu'un tel événement arrive aux oreilles des services de renseignement, il est immédiatement rapporté au bureau du premier ministre en poste, qui aura ce réflexe : ignorer l'affaire ou l'étouffer en transférant la personne impliquée à un autre poste. D'ailleurs, jamais personne n'a été poursuivi au Canada pour avoir collaboré de façon illicite avec un pays étranger. Et pourtant, cela est arrivé à plusieurs reprises, comme on le découvrira dans les pages qui suivent.

Espionnage militaire et prolifération d'armes de destruction massive

Sur le plan militaire et dans le domaine de la prolifération des armes de destruction massive, le Canada à beaucoup plus à offrir que le croient la plupart des Canadiens. Militairement parlant, malgré une tendance constante à l'automédisance et à l'autoflagellation, le pays est un acteur important sur la scène internationale. Nous siégeons à la table de toutes les grandes organisations, qu'il s'agisse de l'OTAN ou du NORAD[62]. Nos centres universitaires mènent des recherches sur les armes de destruction massive, qu'elles soient bactériologiques, nucléaires ou chimiques. Plusieurs services secrets étrangers font des pieds et des mains afin d'obtenir des informations confidentielles sur notre armée, notre armement ou nos plans opérationnels ainsi que sur l'information stratégique que nous avons reçue en vertu d'ententes de coopération et de réciprocité avec nos alliés. Quant aux milliers de militaires étrangers qui sont en poste au Canada, ils sont aussi la cible de ces mêmes espions. En conséquence, il revient au Canada de les protéger.

Le trafic et la vente d'armes en provenance du Canada sont un autre aspect méconnu de la question. Nul n'ignore que le Canada est un pays très ouvert et son nom, du moins pour l'instant, est généralement synonyme d'intégrité dans

---

62. NORAD : North American Aerospace Defence Command (Commandement de la défense aérospatiale de l'Amérique du Nord).

le monde. Plusieurs trafiquants d'armes internationaux profitent de la situation pour obtenir ou faire transiter par ici des cargaisons importantes. Des espions étrangers en provenance de pays comme l'Iran ou la Chine, ou même de pays alliés tels Israël et la France, débarquent au Canada afin de recruter des sources au sein du gouvernement ou des entrepreneurs privés qui, en échange d'une récompense, seront prêts à servir d'intermédiaires dans la vente de technologie dite « à double usage[63] ».

À titre d'exemple, il y a quelques années, un important chargement de tuyaux de céramique hautement sophistiquée a été intercepté dans le port de Vancouver. Un diplomate iranien en poste à Ottawa avait pris les contacts et les arrangements nécessaires avec une entreprise canadienne, qui s'était prêtée à cette « bonne affaire ». Ces tuyaux, conçus pour résister à de très hautes pressions et pouvant transporter des produits chimiques toxiques et corrosifs, étaient officiellement destinés à un pays d'Asie et devaient être prétendument utilisés comme équipement agricole. Mais leur destination finale était en fait l'Iran. Bien entendu, le bordereau d'expédition ne faisait aucunement mention de cette destination, ni du contenu réel de la cargaison. Cette technologie était interdite d'exportation vers l'Iran, qui désirait l'utiliser dans le cadre de son programme nucléaire controversé. De fait, cette technologie compte aujourd'hui au nombre des acquisitions importantes de la république islamique. Et le dossier demeure encore à ce jour confidentiel. Des cas similaires se sont produits aux États-Unis et en Grande-Bretagne ces dernières années.

L'Iran est reconnu pour son implication dans de tels complots dans plusieurs pays avec différentes compagnies. Les services secrets allemands ont récemment vu disparaître dans la nature un informateur important qui pendant

---

63. Une technologie à « double usage » est une technologie qui a été conçue pour des fins civiles mais qui peut être convertie pour le militaire.

plus de dix ans a travaillé comme agent double pour eux. Cette source d'origine canado-iranienne est reconnue pour avoir fourni les renseignements les plus sensibles et les plus importants sur le programme nucléaire iranien. Une mauvaise communication entre les services douaniers et les services secrets allemands a brûlé la source, qui est maintenant grandement menacée.

Les méthodes utilisées

La grande majorité des espions qui opèrent au Canada le font sous couvert de la protection diplomatique. Cette approche est très utile car elle permet aux « diplomates » de rencontrer de manière tout à fait légitime des citoyens canadiens qui œuvrent dans tous les secteurs de la société, des politiciens aux industriels en passant par les journalistes et les gens des arts. Mais la raison principale est que, en cas de pépin, l'espion étranger pourra toujours se servir de l'immunité diplomatique dont il jouit en vertu de la Convention de Genève. S'il commet un crime, d'espionnage ou autre, il ne sera pas traduit devant la justice canadienne mais purement et simplement expulsé du pays où il était délégué[64].

Cependant, les espions ne se limitent pas aux postes diplomatiques. Toutes les couvertures pouvant donner accès à l'information privilégiée sont utilisées. On trouve des espions dans les universités comme professeurs, chercheurs ou étudiants, on les voit comme ingénieurs stagiaires ou invités, artistes de tout acabit et journalistes. Bref, l'habit ne fait pas le moine.

---

64. On se souviendra des cas de Catherine MacLean, qui est décédée, et de Catherine Doré, qui fut grièvement blessée après qu'elles eurent été happées par la voiture du diplomate russe Andrei Knyazev le 27 janvier 2001. Après une journée de pêche sur la glace bien arrosée d'alcool, le diplomate russe a pris le volant en état d'ébriété. Il n'a subi aucune forme de procès au Canada, le gouvernement russe refusant de lui retirer sa protection diplomatique. Il a simplement été renvoyé dans son pays où, plus tard, sous les pressions diplomatiques, il a été reconnu coupable d'homicide involontaire par une cour de justice pénale russe.

En matière d'espionnage à caractère commercial ou industriel, le loup est presque toujours dans la bergerie. Si l'on revient à la statistique voulant que 75 à 85 % des actes d'espionnage économique ou industriel aient été commis par un employé au service de la compagnie abusée, cette donnée est des plus importantes lorsqu'on tente d'implanter un programme de sécurité dans son entreprise.

L'art de la collecte d'information

Dans le domaine du renseignement, il y a principalement trois grandes sources de collecte d'information. On les résume par des acronymes.

HUMINT : *Human Intelligence*, ou renseignement par sources humaines (en français, ROHUM).

. SIGINT : *Signal Intelligence*, ou renseignement par multiples formes d'interception technique (en français, ROSO).

OSINT : *Open Source Intelligence*, ou source d'information dite « ouverte », comme les journaux (en français, ROEM).

Toutes ces formes de collecte d'information sont utilisées par les espions en poste au Canada, mais le contact et le recrutement de sources humaines est de loin leur but premier. Par des rencontres qui peuvent parfois ressembler au hasard (peu de choses sont laissées au hasard dans le domaine de l'espionnage), un diplomate peut entamer une série d'entretiens avec l'objectif bien précis d'amener la personne ciblée à collaborer avec l'agent-espion. Pour savoir quelle stratégie de recrutement sera la plus efficace, les espions utilisent souvent un acronyme qui regroupe toutes les formes de la motivation humaine : MISE (Money, Ideology, Sex, Ego[65]). En usant de l'une ou l'autre de ces « faiblesses », une cible peut être recrutée et conduite à livrer des informations sensibles et cruciales.

---

65. En français, AISE : argent, idéologie, sexe, ego.

Et que faisons-nous ?

Malheureusement, et malgré les preuves et les efforts continus du SCRS à rapporter les incidents aux dirigeants gouvernementaux, ces problèmes graves n'apparaissent pas sur les radars des leaders canadiens. Et ce n'est pas par ignorance totale du problème. Même si, de temps à autre, un ministre ou un haut fonctionnaire hausse la voix contre certains pays, personne n'est en mesure de bien cerner le problème et d'en évaluer les dommages. Alors, si l'on ignore l'ampleur du problème, comment peut-on prétendre trouver des solutions ? Les contribuables canadiens sont en droit de se demander quelle est la raison de cette situation.

CHAPITRE 004

L'espionnage chinois : de loin la plus grande menace

Ainsi, le bon stratège manipule l'ennemi tout en cachant ses propres intentions.

Sun Tzu, *L'Art de la guerre*

Les cadres de la compagnie canadienne n'en revenaient tout simplement pas. Durant leurs trois semaines de négociations en Chine, sur invitation d'une compagnie chinoise œuvrant dans la construction d'équipement de transport civil et militaire et cherchant à établir un partenariat avec eux, ils avaient fait l'objet d'une surveillance intensive de la part de leurs hôtes. Où la délégation canadienne avait séjourné ou travaillé, que ce soit dans leurs chambres d'hôtel ou dans les salles de réunion, elle avait débusqué des dispositifs d'écoute électronique. Le pire, c'est que ceux-ci n'étaient même pas très bien dissimulés. À croire que soit le travail avait été fait à la dernière minute, soit ceux qui en étaient les auteurs s'étaient arrangés pour être découverts.

Sur le chemin du retour, le chef de la délégation canadienne a immédiatement téléphoné à son chef de la sécurité, lui demandant d'organiser d'urgence une réunion. Tout ce beau monde semblait être encore en état de choc.

Avant leur départ, les cadres canadiens qui faisaient partie de la délégation avaient pourtant été avertis par leur chef de la sécurité de certains dangers qu'ils courraient en Chine : « La Chine et, surtout, les services de renseignement chinois (SRC) pratiquent l'espionnage économique, les avait-on prévenus, tenez donc pour acquis que vous serez surveillés et sur écoute. »

Ils avaient même eu droit à la visite d'un employé du SCRS venu les sensibiliser à cette menace potentielle et ô combien sérieuse. Mais ces avertissements étaient tombés à plat... Pour les cadres de la compagnie canadienne, ces responsables de la sécurité, malgré leur grande expérience, étaient perçus comme vraiment trop « paranos ». « Ils voient des espions partout », disaient-ils avec un brin de sarcasme. Air connu. Ces avertissements avaient été une fois encore balayés avec une indifférence condescendante. Au royaume des aveugles, les borgnes ne sont-ils pas rois ? « S'il n'en tenait qu'à eux, nous ne ferions pas affaire avec qui que ce soit », déploraient-ils. Jusqu'au moment où la réalité les a rattrapés.

En Chine, toutes les compagnies importantes appartiennent à l'État. Que les services de renseignement chinois se servent de ces entreprises n'a donc rien de surprenant. Sun Tzu l'a bien enseigné : « Celui qui pousse l'ennemi à se déplacer en lui faisant miroiter une opportunité s'assure la supériorité. »

Un des travers communs à de nombreuses entreprises canadiennes, c'est le peu de curiosité dont elles font preuve à l'égard de leurs correspondants. Entreprendre des recherches afin de découvrir avec qui elles auront à traiter devrait être un réflexe intégré aux pratiques de base. Comment peut-on faire affaire avec quelqu'un qu'on ne connaît pas ?

Cette compagnie canadienne, l'un de nos joyaux dans son domaine, a donc mené des négociations avec l'une des plus grandes entreprises appartenant à l'État chinois. Or, en faisant une recherche tout ce qu'il y a de plus élémentaire sur internet, on s'aperçoit que cette même entreprise a été impliquée dans des dossiers d'espionnage économique et est suspectée de vol ou de copie de technologies étrangères. En 2002, cette compagnie chinoise a lancé le Zhanshen ou « dieu de la Guerre », une réplique quasi conforme du véhicule tout-terrain américain Hummer utilisé par l'armée américaine. La différence entre le Hummer et le Zhanshen ? Le véhicule chinois est vendu à un tiers du prix du Hummer.

Alors pourquoi vouloir faire affaire avec cette entreprise controversée ?

Cependant, la compagnie canadienne n'est pas la seule en Occident à traiter avec cette entreprise chinoise. On pourrait même argumenter que, pour rester compétitive, elle se doit d'être en Chine. Les géants américains et européens vendent aussi leurs composantes à cette entreprise chinoise controversée et ont même ouvert des usines dans la même province afin de mieux servir leurs « partenaires » chinois. Toutefois, serait-il possible que cette compagnie chinoise, qui a reçu le mandat de construire la prochaine génération de chasseurs fantômes de l'armée de l'air chinoise, soit intéressée par une des technologies de pointe que possède son partenaire canadien ? L'avenir le montrera.

Cette affaire rappelle le cas de Xiaodong Sheldon Meng. Cet homme de 44 ans, qui a grandi en Chine mais qui possède la citoyenneté canadienne, a été condamné en juin 2008 en Californie à vingt-quatre mois de prison pour avoir tenté de vendre à la marine militaire chinoise un programme informatique d'entraînement pour les pilotes de chasse de l'armée américaine[66]. Et il n'est pas seul. Rien qu'en 2008, trois autres dossiers impliquant des Chinois ont été jugés aux États-Unis.

Fei Ye, citoyen américain émigré de Chine, et Ming Zhong, résident permanent aux États-Unis ayant émigré de Chine, ont plaidé coupable pour avoir volé les plans d'un microprocesseur.

Lan Lee et Yuefei Ge ont été inculpés pour avoir volé les dessins d'un microprocesseur et pour avoir voulu ouvrir une manufacture avec du capital de risque reçu de Chine.

---

66.   Meng a été inculpé en vertu de l'*Economic Espionnage Act* (1996).

Un ingénieur sino-américain, Dongfan « Greg » Chung, employé chez Boeing Co. et le constructeur de la navette spatiale Rockwell International, a été inculpé pour avoir tenté de vendre à la Chine des secrets sur la navette, les transports militaires et le programme de la fusée spatiale.

De tous les pays qui viennent espionner allègrement au Canada, la République populaire de Chine (RPC) est de loin la plus agressive et la plus active. Bénéficiant depuis les années 1960 d'une certaine sympathie à l'égard de leur pays, les agents chinois opèrent sans grande retenue au Canada à partir de leur ambassade à Ottawa et de leurs trois consulats situés à Vancouver, à Calgary et à Toronto. Malheureusement, le gouvernement canadien et même le SCRS ont de la difficulté à saisir la profondeur et l'étendue du problème.

Alors qu'aux États-Unis, en Grande-Bretagne et en Australie on compte en moyenne un cas par mois d'espionnage économique ou industriel chinois déposé devant des tribunaux, *jamais* au Canada une seule personne n'a été accusée pour cette activité illicite. Si les SRC sont si actifs dans des pays très similaires au nôtre, alors comment expliquer ce manque de résultats ici au Canada ? Y aurait-il moins d'espions ici ou aurions-nous moins de choses à nous faire voler ? Ou peut-être sommes-nous totalement amorphes ?

Pour comprendre l'incompréhensible, il faut envisager quelques pistes intéressantes. Dans un premier temps, tant au SCRS qu'au Conseil privé ou au ministère des Affaires étrangères canadiennes, on constate la persistance d'une grande ignorance culturelle sur la façon dont pensent et opèrent les SRC. À cela s'ajoute l'incapacité à saisir l'ampleur des opérations des SRC, qui s'étendent souvent sur plusieurs années, voire des décennies. Ainsi que la capacité de la Chine à développer et à utiliser ses « relations » tant politiques qu'industrielles. Le charme, pour ne pas dire le leurre, neutralise les actions du gouvernement canadien, que ce soit les fonctionnaires canadiens du ministère des Affaires étrangères et du Commerce qui veulent encourager les affaires avec la Chine au détriment de la sécurité nationale du pays, les députés et les ministres chargés de gagner l'électorat sino-canadien ou même les chefs de grandes entreprises ou d'associations commerciales qui, pour des motifs strictement financiers, cumulent les pressions sur le SCRS et s'opposent aux demandes régulières de renvoi des agents chinois pris en défaut. Les agents du gouvernement chinois maîtrisent la situation... et ce, malgré les petits grognements occasionnels du gouvernement canadien. Au bout du compte, la triste réalité, c'est donc moins les actions des SRC ici que l'ignorance des fonctionnaires canadiens et leur manque de volonté à combler ce vide.

La stratégie globale du gouvernement chinois

Il est estimé que la Chine dépense approximativement plus de 25 milliards de dollars par année pour la sécurité intérieure et le renseignement. Cela ne comprend pas les 65 à 90 milliards de dollars de dépenses militaires. Pour bien comprendre les actions du gouvernement chinois et des SRC, il faut avant tout saisir les quatre points centraux de la stratégie et de la pensée chinoise :
- conquérir le plus de territoire possible ;
- acquérir le plus d'influence possible ;
- planifier à très long terme, voire sur plusieurs générations ;
- utiliser deux approches combinées, la «collecte de masse[67]» et le ciblage spécifique.

LA CONQUÊTE DES TERRITOIRES

La Chine a des besoins extraordinaires en matière de richesses naturelles et d'énergie. Loger, nourrir et fournir du travail à plus de 1,2 milliard d'habitants n'est pas une mince tâche. Pour se donner une échelle de grandeur, la population des États-

---

67. *Mass collection process*, ou «collecte de masse», est le terme précis désignant la méthode utilisée par les SRC afin de faire la collecte d'information à l'étranger.

Unis est dix fois plus grande que celle du Canada. Imaginez maintenant une population qui est quarante fois plus grande. Donc, en matière de relations internationales et d'espionnage, toute l'attention sera portée sur le fait de gagner des alliés sur l'ensemble de la planète et surtout de sécuriser l'accès aux richesses naturelles.

Bien que la Chine soit capable de grandes innovations, ses fondements culturels et sociaux sont basés sur la tradition. Une façon de comprendre les actions de la Chine est d'analyser l'ancestral jeu de go et le fameux livre *L'Art de la guerre*, de Sun Tzu. Cette démonstration n'a rien de loufoque. Jeu de haute stratégie animé de profonds préceptes philosophiques, le jeu de go a été enseigné à tous les empereurs, ministres d'État, shoguns et généraux asiatiques depuis le IVe siècle avant notre ère. Le jeu de go est basé sur l'équilibre des forces entre le contrôle et l'influence. Il consiste à conquérir sur l'échiquier (*go-ban*) le plus de territoire possible en encerclant les pions (*go-ishi*) de l'adversaire tout en exerçant une influence sur le reste.

Sun Tzu, un ancien général chinois, a écrit 600 ans avant notre ère un petit livre de treize chapitres sur la stratégie militaire, la conduite des campagnes militaires et des opérations clandestines en territoire ennemi. *L'Art de la guerre* est connu et lu par tous les officiers de l'armée chinoise et des SRC. Le treizième chapitre traite d'ailleurs exclusivement de l'art d'utiliser les espions pour gagner un avantage sur l'ennemi avant même que les troupes ne soient mobilisées. Encore une fois, les préceptes philosophiques de sa pensée sont appliqués à la stratégie opérationnelle des SRC.

Notre but n'est évidemment pas d'enseigner l'art du jeu de go ni de faire une longue dissertation sur Sun Tzu. Mais si l'on comprend les fondements stratégiques et philosophiques de ces deux bases culturelles chinoises, on saisira l'essentiel de la stratégie de la Chine en matière d'opérations clandestines et d'actions à l'étranger.

L'INFLUENCE EST LA CLÉ QUI DONNE LE CONTRÔLE

Toujours en se référant au jeu de go, l'habile joueur tentera de gagner le plus d'influence possible en plaçant ses pions à divers endroits stratégiques sur l'échiquier. Pour ce faire, il tisse une toile de relations et de tensions qu'il utilisera en temps opportun.

Ce que les stratèges chinois ont compris depuis longtemps, c'est que l'influence est beaucoup plus efficace que le contrôle. Ultimement, le contrôle est l'aboutissement de l'influence stratégiquement utilisée. Ainsi, plutôt que de se lancer dans une attaque de front pour prendre le contrôle sur un opposant, il vaut mieux user de patience et de stratégie en gagnant avant tout de l'influence sur lui.

Pour mieux imager cette approche, on peut se référer au scénario d'une armée qui désire prendre possession d'un territoire. L'option militaire implique de conquérir le territoire par la force, ce qui demande de grandes ressources. Comme ce contrôle a été imposé par la force, il faut ensuite y maintenir en permanence des soldats ainsi qu'un réseau de surveillance. Tout cela nécessite évidemment beaucoup de personnel, d'équipement, d'armes et une logistique sophistiquée. En plus, il faut demeurer sur ses gardes car il s'agit d'un territoire ennemi.

À l'inverse, gagner de l'influence sur un pays (ou une entreprise) est non seulement plus efficace mais aussi plus avantageux, tant sur les plans politique et économique que militaire. Pour ce faire, des émissaires à la langue de miel vanteront dans un premier temps les avantages à maintenir de bonnes relations, feront miroiter des marchés lucratifs, des ententes de partenariat privilégiés, etc. Simultanément, vous «recrutez» sur place des gens qui se rallieront à vous, que ce soit par amour de la Chine, par intérêt personnel ou financier, par la corruption ou le chantage : tout fonctionne dans cette «guerre». Lorsque vous obtenez enfin, grâce à vos efforts, une «masse critique» de gens qui peuvent servir vos intérêts, vous pouvez commencer à dicter la marche à suivre dans certains dossiers.

PATIENCE, PERSÉVÉRANCE ET DU MONDE...
BEAUCOUP DE MONDE

Placer ses pions (agents) afin d'exercer le plus d'influence possible puis de conquérir le territoire convoité nécessite de la patience et de la persévérance. Dans cet exercice, encore une fois, les agents chinois sont des maîtres stratèges. La patience et l'utilisation de millions d'agents sont leurs armes les plus redoutables.

Les services de renseignement chinois (SRC) planifient leurs opérations non pas à l'échelle d'années mais bien à l'échelle de générations. Cette capacité à travailler sur une longue période déroute considérablement les services de contre-espionnage occidentaux. Alors que, pour l'Occident, c'est le précepte «Le temps c'est de l'argent» qui sert de guide, les SRC, eux, planifient et attendent que la surveillance occidentale se fatigue. Lorsque la garde est relâchée, c'est à ce moment qu'ils activent leurs sources.

Une de leurs techniques est connue sous le joli nom de «poissons des grands fonds». On dénombre plusieurs cas de jeunes agents chinois ayant été recrutés à l'université et entraînés par les SRC, puis envoyés en Occident alors qu'ils étaient encore dans la vingtaine. Dix, quinze, vingt années passent. L'agent n'a jamais été en contact avec un autre agent chinois et, un jour, il reçoit une communication qui le met en activité. Depuis toutes ces années, l'agent aura gravi les échelons d'une entreprise ou d'un gouvernement, aura reçu éventuellement une habilitation de sécurité de haut niveau (secret ou très secret) et aura accès à des informations confidentielles, avec en retour la confiance de ses patrons. Bref, la légende parfaite. La détection de ces agents est quasi impossible. Ce n'est qu'en cas d'erreur dans leurs actions à la solde des SRC qu'ils pourront – et cela demeure un souhait plus qu'une certitude – être détectés puis peut-être interceptés. Et quand on songe qu'il y a des milliers de jeunes gens désireux de se porter volontaire pour la tâche...

DEUX APPROCHES COMBINÉES : LA « COLLECTE DE MASSE » ET LE CIBLAGE SPÉCIFIQUE

Ainsi, ce qui caractérise les SRC est l'utilisation de deux approches simultanées. Cette façon de faire s'est révélée des plus efficaces et a en grande partie permis à la Chine de rattraper le retard technologique et social qu'elle avait pris sous Mao.

Contrairement aux services de renseignement occidentaux qui favorisent l'utilisation d'agents de renseignement professionnels, les SRC utilisent toutes les personnes qui voyagent à l'étranger. Cette méthode, connue par les experts sous le nom de «collecte de masse», permet de ramasser des quantités impressionnantes d'information et d'identifier des gens susceptibles d'aider les SRC.

Elle se distingue de la méthode de l'agent individuel, qui a été grandement répandue en Occident, surtout durant la guerre froide, lorsque l'ex-Union soviétique enseignait aux agents de ses pays satellites l'art de l'espionnage. L'analogie suivante, bien connue dans le milieu, donne une bonne idée de la différence entre ces deux approches.

Imaginons que les grains de sable sur une plage sont de l'information confidentielle intéressante. Un agent russe débarque d'un sous-marin en pleine nuit avec une pelle et un seau et tente de rapporter le plus possible de sable avant la levée du jour. Les Chinois, eux, envoient mille baigneurs déguisés en touristes inoffensifs avec leur serviette de plage s'amuser pour la journée. De retour à leur hôtel, ils iront tous secouer leur serviette dans le même coin afin d'y récupérer les grains de sable.

Bien que cette petite parabole puisse paraître un peu simpliste, elle montre bien la spécificité des méthodes employées par les SRC, qui favorisent l'emploi de toutes formes de sources d'information. Comme la Chine demeure un pays totalitaire, l'utilisation forcée de ses citoyens n'est pas une tâche très difficile. Le refus de coopérer est impensable. Cela entraînerait immédiatement des pressions sur l'individu ou sur sa famille. Un refus vous classe immédiatement dans la catégorie «traître à la nation».

Maintenant, imaginons que ces «baigneurs» soient des étudiants en maîtrise ou au doctorat, des ingénieurs envoyés en stage de formation, des techniciens participant à un échange, des professeurs invités dans un centre de recherche, des artistes en voyage qui seront reçus dans les soirées mondaines, voire des individus, chinois ou pas, qui aiment la Chine ou désirent bien paraître envers ses dirigeants afin d'obtenir certaines faveurs. Le pouvoir de collecte devient alors exponentiel.

Les informations collectées par les visiteurs chinois seront de tout acabit. Si le voyage s'effectue dans le cadre d'une formation ou d'un échange avec une entreprise occidentale, les SRC s'attendront à recueillir toute information pertinente sur la compagnie, ce qu'elle produit, des détails spécifiques sur les produits fabriqués ou même les noms de personnes favorables ou sympathiques à la Chine. Ces noms seront consignés dans des banques de données. Car la collecte de masse a la faiblesse de ne pas toujours générer des informations spécifiques qui peuvent être utilisées immédiatement. À cela vient donc s'ajouter le ciblage spécifique d'informations ou d'individus. Il existe des agents chargés de repérer les personnes[68] susceptibles de se prêter au recrutement pour servir les SRC.

Hydro-Ontario a goûté il y a quelques années à la combine du stagiaire. Lors d'une vérification des transmissions faites par télécopieur depuis la centrale nucléaire de Pickering, la sécurité interne d'Hydro-Ontario s'est aperçue qu'un fax de plus de 90 minutes avait été envoyé en Chine. Il était impossible de découvrir la nature du document envoyé, mais le numéro du destinataire se révéla être le numéro d'un hôtel situé juste à côté des quartiers généraux des SRC et souvent utilisé par ces derniers. Tout ce que la sécurité a pu confirmer, c'est que le fax avait été envoyé au moment même où la centrale recevait des stagiaires chinois. Les stagiaires, eux, étaient déjà repartis depuis trois mois.

---

68. *Talent spotting*, terme couramment utilisé dans le milieu.

À noter que cette activité de « collecte de masse » est très importante car elle permet souvent de trouver des gens qui, en toute bonne foi, désirent aider leur « nouvel ami » et qui fournissent des informations ou rendent des services. Éventuellement, selon les besoins et la réceptivité de la personne visée, celle-ci sera amenée de plus en plus à fournir des informations confidentielles et parfois secrètes. Diverses techniques seront utilisées, allant de la séduction aux relations sexuelles ou à l'achat pur et simple de l'information. Rappelons que plus de 80 % des activités d'espionnage sont réalisées par des employés d'une entreprise ou d'un gouvernement. On est loin des infiltrations clandestines dignes des films d'espionnage. Régulièrement, et parfois de manière tout à fait naïve, des Canadiens fournissent des informations et des documents confidentiels à des « amis » chinois. Ces « amis » sont souvent des diplomates en poste au Canada qui sollicitent l'aide de leurs amis canadiens pour les aider à mieux faire leur travail ou pour « mieux comprendre le Canada ». Il est toujours étonnant de constater avec quel enthousiasme les Canadiens coopèrent.

L'ampleur des activités au Canada

Au Canada comme dans le reste du monde, l'étendue des activités des espions chinois est flagrante. Ceux-ci ne se limitent pas à l'espionnage économique, ils s'attaquent aussi à la supervision et au contrôle de la dissidence (abordé au chapitre 006), ainsi qu'à la recherche permanente d'information d'ordre politique et militaire.

Lorsqu'on examine l'ampleur de la représentation diplomatique chinoise au Canada, on s'aperçoit très vite que celle-ci dépasse les besoins habituels des ambassades. La Chine, avec le consentement du gouvernement canadien, faut-il le rappeler, garde en moyenne plus de cent vingt diplomates en poste. C'est deux fois plus que les États-Unis, qui sont tout de même notre principal partenaire économique. Comment arrive-t-on à justifier ce nombre exagéré ? Eh bien, tournons nos regards vers les fonctionnaires des Affaires étrangères et du Commerce international, qui persistent à croire que c'est ainsi que les portes du marché chinois vont s'ouvrir en grand.

Confucius à la rescousse du Parti communiste

De son vivant, Confucius, le célèbre philosophe et penseur de la Chine antique, n'avait certainement pas imaginé que deux siècles après sa mort son nom serait associé à une vaste offensive du Parti communiste chinois pour étendre son influence et polir son image dans le monde entier. Ce que d'aucuns décrivent comme le *soft power*, ou puissance douce[69]. Ce même Confucius fut banni par Mao parce que sa philosophie, qui inclut le respect de la hiérarchie, était jugée réactionnaire, donc incompatible avec les préceptes communistes. Ironie de l'histoire, par un curieux retour de balancier, l'humaniste honni est perçu aujourd'hui comme le sauveur du système, le fédérateur que l'on appelle au secours pour redonner aux Chinois leur fierté et ressusciter leur fibre nationaliste.

Créés et financés par le ministère chinois de l'Éducation et l'Office of Chinese Language Council International (HANBAN), les instituts Confucius se veulent officiellement l'équivalent des instituts Goethe allemands ou bien de l'Alliance française, pour ne citer que les centres culturels les plus connus. On peut par exemple y apprendre la calligraphie et le mandarin grâce à des professeurs envoyés spécialement de Pékin. Ceux qui veulent brasser des affaires en Chine peuvent aussi y trouver de judicieux conseils.

« Les instituts Confucius sont une fenêtre permettant de montrer la culture chinoise au monde entier et sont un pont qui renforce la compréhension mutuelle entre les peuples », a expliqué le ministre chinois de l'Éducation Zhou Ji à Pékin en

---

69. Concept décrit par Joseph S. Nye, professeur à Harvard.

décembre 2007, lors de la deuxième conférence des instituts Confucius.

Le premier institut Confucius a ouvert ses portes à Séoul en novembre 2004. Depuis, ces instituts se sont multipliés à la vitesse de l'éclair dans le monde entier, de l'Afrique – continent particulièrement chouchouté par la RPC, faut-il le préciser – à l'Amérique du Nord et du Sud, en passant par l'Europe et bien sûr par l'Asie. Ainsi, en février 2009, on dénombrait pas moins de 314 instituts Confucius répartis dans 81 pays ou régions. Et ce n'est pas fini. Les autorités chinoises prévoient d'en ouvrir au total 1 000 d'ici à 2020.

Cette hyperactivité a rapidement attiré l'attention de plusieurs services de renseignement occidentaux. Se pourrait-il en effet que cette vaste entreprise de charme destinée à propager une image positive de la Chine, à créer une vraie « sinomanie », cache d'autres intentions inavouées et malicieuses ? C'est en tout cas la question que se sont posée les analystes du SCRS dans les bureaux de leur rutilant quartier général, à Ottawa. Dans un rapport classé « secret[70] » et rédigé en 2006, soit juste après l'ouverture d'un premier institut Confucius au sein de l'Institut de technologie de la Colombie-Britannique (BCIT), les agents canadiens notent en préambule :

> Le gouvernement de la République populaire de Chine (RPC) est déterminé à accroître sa puissance militaire et son pouvoir économique et à augmenter sa puissance douce en même temps. Autrement dit, la Chine veut que tout le monde s'éprenne d'elle et de tout ce qui est chinois.

Fidèle à son habitude, le gouvernement canadien a largement censuré ce rapport avant de nous en faire parvenir une version déclassifiée. Ce qui peut très bien signifier que les passages censurés auraient pu poser un problème diplomatique

---

70. SCRS, « Ouverture d'instituts Confucius », réf. BR 2006-7/27, collection de Fabrice de Pierrebourg. Voir reproduction page suivante.

- 1 -

SECRET

RÉSUMÉ

Le gouvernement de la République populaire de Chine (RPC) est déterminé à accroître sa puissance militaire et son pouvoir économique et à augmenter sa puissance douce en même temps. Autrement dit, la Chine veut que le monde s'éprenne d'elle et de tout ce qui est chinois. Dans le cadre de cette campagne, elle a implanté plus d'une centaine d'INSTITUTS CONFUCIUS (IC) un peu partout dans le monde. Elle en a inauguré un au BRITISH COLUMBIA INSTITUTE OF TECHNOLOGY (BCIT) de Vancouver

place plus importante dans la panoplie des efforts déployés par la Chine pour améliorer sa réputation dans le monde lorsque les Jeux Olympiques 2008 de Beijing seront terminés; ces derniers font l'objet d'une poussée chinoise en matière de puissance douce. les IC occupent une

La campagne de la Chine pour accroître sa puissance douce

1. Joseph NYE, professeur à Harvard, a défini la puissance douce de la façon suivante : « la capacité d'atteindre ses objectifs par la séduction et la persuasion, plutôt que par la coercition ou l'argent. Elle découle de l'attrait qu'exercent la culture, les idéaux stratégiques et les politiques d'un pays. » [Traduction]

SECRET   2007 02 28

Service canadien du renseignement de sécurité

Bulletin de renseignement du SCRS

BR 2006-7/27

OUVERTURE D'INSTITUTS CONFUCIUS

► Rapport du SCRS traitant de l'ouverture d'instituts Confucius au Canada. (Archives des auteurs) ou révéler des secrets liés à l'enquête s'ils avaient été divulgués au public. Mais le simple fait que le SCRS ait consacré un rapport aux instituts Confucius est déjà un indice en soi. Il suffit pour s'en convaincre de se remémorer la sortie virulente du directeur du service à propos des activités d'espionnage chinoises en sol canadien quelques semaines plus tard devant un comité sénatorial.

Les agents canadiens en étaient venus à se poser la même question que certains de leurs confrères occidentaux. À savoir : est-ce que les partenariats signés entre chacun de ces instituts avec une université chinoise et locale, et dans nombre de cas des entreprises de haute technologie chinoises, ne seraient pas en fait le prétexte à une vaste opération de siphonage, de drainage, d'informations scientifiques et technologiques ? La puissance douce au service de l'espionnage doux !

Cela ne serait pas étonnant surtout lorsqu'on apprend que plusieurs officiers de renseignement ont été placés au sein de la direction du réseau Confucius. D'ailleurs, le groupe de renseignement responsable de la gestion de l'opération est le fameux ministère du Front du travail uni (United Front Work Department), chargé de plusieurs tâches d'envergure à l'étranger : la propagande, le contrôle des groupes d'étudiants chinois, le recrutement de sources dans la diaspora chinoise et d'étrangers sympathiques à la Chine, et les opérations clandestines à long terme. D'ailleurs, en mars 2007, le Comité central du Parti communiste a alloué à ce ministère un budget additionnel de 3 milliards de dollars afin d'accroître le « pouvoir doux » et l'image de la Chine à l'étranger.

Parmi les exemples troublants, citons celui de l'institut Confucius de Poitiers, en France, qui a travaillé main dans la main avec la compagnie chinoise de télécommunication ZTE Technologies et l'université de Nanchang. Il y a aussi l'université du Texas, à Dallas, qui se plaît à souligner qu'elle se situe au cœur du « corridor des télécoms » où se trouvent plusieurs multinationales. L'institut Confucius qui y a ouvert ses portes à l'automne 2007, grâce à un don de 100 000 dollars américains du gouvernement chinois, compte parmi ses administrateurs le vice-président de Huawei Technology Industries, une compagnie concurrente de géants comme Cisco, Lucent ou Alcatel, qui est présentée comme un chef de file dans la fourniture de réseaux de télécommunications de nouvelle génération. Ancien officier de l'Armée populaire de libération, le vice-président clame qu'il n'a aucun lien avec le pouvoir en place et encore moins avec les militaires de son pays. Mais l'équipementier chinois, qui a par ailleurs établi une *joint-venture* avec Nortel au Canada, a été au cœur de plusieurs polémiques en Inde et en Grande-Bretagne après ses tentatives avortées pour empocher des contrats de fourniture d'équipement dans des domaines sensibles, ou bien pour avoir voulu racheter une compagnie britannique œuvrant dans le secteur de la défense (Marconi). La compagnie a aussi été reconnue coupable d'avoir copié illégalement un microprocesseur de Cisco. Tellement bien copié d'ailleurs que même les *bugs* y étaient présents. La chaîne de montage était située dans l'usine même où étaient fabriqués les microprocesseurs de Cisco en Chine. La firme a été reconnue coupable et interdite d'affaires aux États-Unis pendant cinq ans. Chaque fois, les services secrets locaux avaient envoyé des messages d'alerte à leurs gouvernements respectifs.

Aujourd'hui, le Canada abrite au moins quatre autres instituts Confucius :
- Edmonton (Alberta School for the Deaf) ;
- Waterloo (Université de Waterloo), jumelée avec l'université de Nanjing ;
- Moncton (Atlantic Education International) ;
- Montréal associé à Sherbrooke (Collège Dawson et Université de Sherbrooke), liés avec l'Université normale de Pékin.

Tous se sont vu allouer par HANBAN un budget conséquent ainsi que des milliers de livres, DVD et autres documents sur la Chine afin de garnir leurs bibliothèques. Les gouvernements provinciaux ont aussi ouvert leur porte-monnaie. C'est ainsi que le ministère de l'Éducation québécois a octroyé pour l'année 2007-2008 une subvention non récurrente de 65 000 dollars pour le démarrage de l'institut Confucius au Québec. Au printemps 2009, les fonctionnaires du ministère québécois étaient incapables de mentionner le montant de la participation financière chinoise. Quant au CA, auquel siègent des représentants officiels chinois, il était toujours en cours de constitution. Dans son discours prononcé lors de l'inauguration de l'institut le 4 octobre 2007, le recteur de l'Université de Sherbrooke s'était réjoui de constater que son « université dispose d'une expertise reconnue sur le plan national et international dans tous les domaines identifiés par l'entente en matière d'éducation et de formation conclue entre le gouvernement du Québec et le ministère de l'Éducation de la République populaire de Chine en septembre 2005 : l'aéronautique, la biopharmaceutique, la biotechnologie, le génie, les sciences environnementales, l'optique et le laser, de même que les télécommunications et les technologies de l'information ».

Manque d'attention du SCRS et absence totale de la GRC

Bien que le SCRS ait un bon nombre d'enquêteurs dont la fonction principale est d'investiguer sur les activités des SRC au Canada, ceux-ci demeurent handicapés par une certaine méconnaissance de la culture chinoise, des méthodes de travail des SRC sur le plan opérationnel, par une incapacité à planifier des opérations qui peuvent s'échelonner sur des dizaines d'années, mais surtout par un manque d'intérêt flagrant et chronique de la haute gestion des services secrets canadiens. Qui fera part de ces graves préoccupations aux dirigeants canadiens ? Si personne ne sonne l'alarme en haut lieu, comme ce fut le cas à de rares occasions ces derniers temps, il y a de quoi s'inquiéter.

La surveillance des actions de la Chine au Canada ne figure même pas à l'ordre du jour de la GRC. Au premier chef parce que les activités d'espionnage sont mal couvertes par la loi au Canada. Pour que la GRC enquête, il faut d'abord avoir une ou des lois qui permettent des poursuites et des chances d'obtenir une condamnation. Malgré les modifications apportées en 2002 au projet de loi C-36 (*Loi sur l'antiterrorisme*), celle-ci demeure caduque. Les enquêtes sur l'espionnage sont généralement de longue haleine et, pour cette raison, laissées au SCRS, qui, rappelons-le, n'est pas un organisme d'application de la loi. Le serpent se mord la queue. Et s'il n'y a jamais eu aucune enquête criminelle menée dans le domaine, il n'y a certainement pas d'expertise pour monter des dossiers pouvant mener à des accusations criminelles.

Malgré tout, voici un extrait d'un échange entre le directeur du SCRS, M. Jim Judd, et le sénateur Zimmer lors de la comparution du premier devant le Comité sénatorial permanent de la sécurité nationale et de la défense, à Ottawa, le 30 avril 2007. Un échange qui a fait des vagues, comme on peut s'en douter, et semé la consternation dans les milieux diplomatiques.

SÉNATEUR ZIMMER – J'aimerais vous interroger au sujet de votre réponse relativement aux personnes qui se font envoyer en pays étranger pour y mener des activités clandestines. D'autres pays font-ils la même chose? Je présume que oui. Les gens disent que la guerre froide est terminée, mais je n'en suis pas toujours entièrement convaincu. Est-ce que d'autres pays envoient des gens chez nous? Je présume que oui. Si c'est le cas, le savons-nous, lorsque ces personnes viennent chez nous, et savons-nous où elles se trouvent à tout moment lorsqu'elles sont sur notre territoire? De quelle partie du globe viennent-elles?

M. JUDD – Oui, il y en a qui viennent ici. Nous espérons savoir, lorsque ces personnes arrivent ici, où elles vont et qui elles sont, et c'est souvent le cas. L'un de mes homologues étrangers a dit un jour que, dans ce domaine, nous passons le gros de notre temps à nous inquiéter de ce que nous ne savons pas, et ce constat s'appliquerait certainement en l'espèce.

Il est parfois étonnant de constater le nombre de touristes hyperactifs qui viennent ici et leur pays d'origine. Je ne voudrais pas être politiquement incorrect, alors je ne vais pas nommer de pays en particulier, mais il y a peut-être à tout moment une quinzaine de pays qui nous intéresseraient à cet égard. Cela va et vient, selon les dossiers du jour.

SÉNATEUR ZIMMER – Cela est-il assez équilibré, ou bien y a-t-il un plus grand nombre de personnes émanant de certains pays bien particuliers ?

M. JUDD – Il semble en effet qu'il y ait une certaine concentration, oui.

LE PRÉSIDENT – Il ne serait assurément pas politiquement incorrect de faire état des rapports publics que nous avons vus au sujet des Chinois et de ce qui est réputé être un programme agressif qu'ils mènent dans notre pays. Le gouvernement s'est prononcé publiquement là-dessus.

M. JUDD – Ce pays compterait parmi les quinze.

LE PRÉSIDENT – Est-il en haut de la liste ?

M. JUDD – Plutôt.

LE PRÉSIDENT – Ce pays accapare-t-il 50 % de votre temps ?

M. JUDD – À peu près[71].

À la lumière des propos on ne peut plus clairs tenus par le grand patron des agents de renseignement canadiens, on est en droit de se demander comment il se fait que le gouvernement

---

71. Comité sénatorial permanent de la sécurité nationale et de la défense, Ottawa, 30 avril 2007.

canadien n'ait pas agi. Comment se fait-il qu'il n'y ait pas plus de commentaires, d'études ou de conférences organisées afin de sensibiliser la population et surtout les entreprises canadiennes à ce type de problème? Allô, y a-t-il quelqu'un de responsable quelque part?

CHAPITRE 005

Espionnage cybernétique : espion virtuel, menace réelle

Ce n'est rien de personnel, c'est juste les affaires[72].
Don Corleone (joué par Marlon Brando
dans le film *The Godfather*, 1962)

L'affaire révélée en août 2007 a fait grand bruit : les ordinateurs du gouvernement allemand, en particulier celui de la chancelière Angela Merkel, des ministères de la Recherche, de l'Économie et des Affaires étrangères, ont été attaqués et pillés par des chevaux de Troie bien cachés dans des fichiers PowerPoint. Au moins 160 Go de données sensibles ont ainsi été subtilisés.

Les instigateurs de cette attaque informatique en règle étaient, affirment alors certains spécialistes, les militaires chinois du 4e département de l'APL (Armée populaire de libération), division chargée de la guerre électronique. Dans les semaines qui ont suivi, on a appris grâce à des fuites que l'Angleterre et la France auraient elles aussi été victimes du même stratagème. Mais sur le moment, ces pays auraient choisi de ne pas accuser la Chine sur la place publique. Les officiels français se sont contentés de mentionner que les traces laissées par les

---

72. *« It's nothing personal, just business. »*

assaillants démontraient un «passage par la Chine». Nuance. Et là encore, on marche sur des œufs: «Quand je dis Chine, cela ne veut pas dire gouvernement chinois. Nous n'avons pas non plus d'indication qu'il s'agit de l'Armée populaire chinoise», déclare alors le Secrétaire général de la défense nationale.

Même discrétion aux États-Unis, où des espions ont réussi en juin de la même année à perturber le système informatique du Pentagone et à visiter les ordinateurs du cabinet du secrétaire à la Défense, Robert Gates, pour y subtiliser des documents non classifiés, ont certifié les Américains. Pour protéger leurs réseaux, les informaticiens du Pentagone n'ont eu d'autre choix que de mettre hors service des centaines de leurs ordinateurs. S'exprimant dans certains médias sous le sceau de la confidentialité, les enquêteurs américains ont pointé du doigt l'APL[73]. Accusation mensongère digne d'une «mentalité de guerre froide», avait alors rétorqué Pékin.

À la décharge du gouvernement chinois, il serait injuste et erroné de croire que seul l'empire du Milieu s'adonne au cyberespionnage étatique. Dans le monde du renseignement, une des règles est qu'il faut savoir se méfier de ses amis! Selon une de nos sources au sein du contre-espionnage français, même si la Chine est effectivement considérée comme une menace agressive et destructrice, ce sont plutôt les «amis» traditionnels qui sont les plus actifs dans ce domaine. Et de citer les noms de l'Angleterre, des États-Unis et de l'Allemagne.

Au début de l'année 2009, le BND* allemand s'est retrouvé dans l'embarras après la divulgation dans les médias d'allégations selon lesquelles ce service de renseignement extérieur se serait infiltré dans près de 2 500 systèmes informatiques tant dans ce pays qu'à l'étranger. Le grand patron de ce même BND, Ernst Uhrlau, avait pourtant dû s'excuser quelques mois plus tôt pour avoir espionné «électroniquement» les courriels échangés entre

---

73. Ce qui ne manque pas de piquant, c'est que les Américains ont avoué qu'ils se livraient eux aussi à l'espionnage informatique des Chinois, tout en faisant une différence entre espionnage et perturbation à grande échelle telle qu'elle est pratiquée par les militaires chinois…

une journaliste du *Spiegel* en poste à Kaboul et un ministre afghan dont l'ordinateur avait été piégé au moyen d'un cheval de Troie.

Les autorités américaines avaient découvert depuis 2002 qu'ils étaient la cible d'une vaste offensive d'espionnage cyberné- tique chinoise, baptisée Titan Rain. Celle-ci était dirigée contre différentes agences américaines et le secrétariat à la Défense. L'opération continue de vol d'information visait notamment l'Information Systems Engineering Command, la Defense Information Systems Agency et le Missile Defense Acquisition Center[74]. Une fois dérobées, les données confidentielles, d'un volume estimé entre 10 000 et 20 000 Go (soit une à trois fois l'équivalent de toutes les archives imprimées de la bibliothèque du Congrès américain), ont transité par la Corée du Sud avant d'atterrir en Chine, où elles ont été certainement épluchées dans les moindres détails par les services secrets nationaux.

Mais en novembre 2008, la U.S.-China Economic and Security Review Commission a rompu avec les usages diplo- matiques. Dans son rapport déposé au Congrès, elle accuse la Chine d'avoir pris pour cible les ordinateurs gouvernementaux ainsi que ceux de compagnies qui œuvrent plus particulière- ment dans le domaine de la défense. À noter que certaines d'entre elles possèdent des divisions au Canada. Un des points soulevés est la vulnérabilité de nos systèmes, qui sont en grande partie bâtis avec des composants fabriqués en Chine. Il serait techniquement possible pour les services de renseignements chinois d'y dissimuler des codes malicieux qui seraient activés à distance. Il ne s'agit pas d'une vue de l'esprit.

Ce genre de magouille rappelle le cas mystérieux du logiciel Promis, dont une version trafiquée par le Mossad et la CIA aurait été vendue dans les années 1990 à plusieurs corps poli- ciers et services de renseignement, y compris au Canada[75]. Le service de renseignement israélien y avait caché une « trappe »,

---

74. « La Chine et l'internet », document publié en septembre 2006 sur le site internet du SCRS-CSIS.
75. Gordon Thomas, *Histoire secrète du Mossad – De 1951 à nos jours*, Nouveau Monde Éditions, Paris, 2006.

CONFIDENTIAL

- 3 -

Next Steps

- CCIRC will continue to brief the remaining critical infrastructure sectors.

- CCIRC will continue to work with the federal government and international partners to monitor the current threat and provide a coordinated response.

Lynda Clairmont
Associate ADM

J. Scott Broughton
Senior ADM

information to the rest of the Government of Canada as well as provincial and territorial governments and critical infrastructure sectors at the Unclassified level.

- The media has reported that the Director General of the UK Security Service has attributed these cyber attacks as originating from China.

Current Status

- To date, two critical infrastructure sectors have been briefed by CCIRC: the Canadian Telecommunications Cyber Protection working group on November 29 and the Canadian Bankers Association on December 4.

- The energy sector will be briefed beginning the second week of

▌◆▌ Public Safety   Sécurité publique
Canada   Canada

Ottawa, Canada
K1A 0P8

s.15(1)
s.16(1)(a)
s.16(2)(c)
s.21(1)(b)

CONFIDENTIAL

DATE: DEC 1 0 2007

File No.6900-3/TD No. 350496

MEMORANDUM FOR THE DEPUTY MINISTER

TARGETED CYBER THREAT AGAINST
GOVERNMENT OF CANADA COMPUTER NETWORKS

Issue

- Response and outreach activities by Public Safety Canada's (PS) Canadian Cyber Incident Response Centre (CCIRC) in response to recent targeted cyber attacks against multiple Government of Canada departments, and recent media reporting concerning similar attacks in other countries

Background

► Dans ce mémorandum adressé en décembre 2007 au sous-ministre de la Sécurité publique du Canada à la suite d'une vaste cyberattaque menée contre le gouvernement, deux responsables de la «Gestion des urgences et de la sécurité nationale» évoquent du bout des lèvres la piste chinoise. (Archives des auteurs) ou « porte arrière ». Ce stratagème fumant visait à l'origine à lutter plus efficacement contre l'OLP de Yasser Arafat après que les ordinateurs du mouvement palestiniens eurent été connectés en cachette à Promis. Par la suite, le Mossad a compris que Promis lui permettrait aussi d'espionner les agences « concurrentes » et de leur soutirer des informations de la plus grande importance. Parmi les personnes impliquées dans ce coup de génie figuraient le défunt magnat de la presse Robert Maxwell et un personnage haut en couleur, Ari ben Menashe, ancien maître-espion israélien, marchand d'armes, reconverti dans les affaires et œuvrant depuis Montréal.

Presque vingt ans plus tard, Ben Menashe s'extasie encore lorsqu'on évoque avec lui le mystérieux logiciel Promis « version améliorée ». Le sourire fendu jusqu'aux oreilles, il explique comment Promis, dont la version originale développée par la firme Inslaw Inc. (fondée par un ex de la NSA) comportait 570 000 lignes de code, pouvait aller pêcher des informations partout, y compris dans des endroits improbables telles les bases de données de compagnies d'électricité, d'eau ou de téléphone, pour y comparer certaines informations personnelles dans le cadre d'enquêtes antiterroristes, par exemple. Pendant des années, le dossier Promis a été au centre de rumeurs, supputations et enquêtes en tout genre, y compris au Canada de la part de la GRC, organisme fédéral qui, selon les allégations de Ben Menashe, a pourtant acheté aux services de renseignement américains, de même que le SCRS, une version « infestée » du logiciel Big Brother.

La U.S.-China Economic and Security Review Commission mentionne aussi dans son rapport l'existence en Chine de 250 groupes de pirates dont les actions sont « tolérées » et éventuellement « encouragées » par les autorités. Des statistiques toutefois difficiles à prouver.

Le constat dressé par les sénateurs est plutôt sombre. Selon eux, les programmes de cyberespionnage et de cyberattaques menés par la Chine sont si avancés, si sophistiqués que les États-Unis auraient à l'heure actuelle de la difficulté à les détecter et à les contrecarrer.

Attaque sur la colline

Et le Canada ? On aurait pu le croire épargné jusqu'à ce que le ministère fédéral de la Sécurité publique relâche, en juin 2008, des documents demandés en vertu de la *Loi d'accès à l'information*. On y apprend que, l'été précédent, une vingtaine de ministères, dont celui de la Sécurité publique, dirigé à l'époque par Stockwell Day, ont été victimes eux aussi de cette vaste attaque cybernétique mondiale de l'été 2007. Cette intrusion a d'abord été détectée par le Centre canadien de réponse aux incidents cybernétiques (CCRIC). Très vite, le SCRS et la GRC ont lancé une vaste enquête qui leur a permis d'en conclure qu'il s'agissait d'une «menace internationale globale».

Frileux, le Canada s'est néanmoins abstenu de montrer la Chine du doigt. Tout juste se contente-t-on de mentionner dans certains documents confidentiels que d'autres alliés (États-Unis, Grande-Bretagne, Australie et Nouvelle-Zélande) suspectaient fortement les pirates à la solde de l'APL, ou les militaires chinois eux-mêmes, d'être à l'origine de ces intrusions. Dans un mémorandum confidentiel adressé le 10 décembre 2007 par deux responsables de la gestion des urgences et de la sécurité nationale du ministère fédéral de la Sécurité publique à leur sous-ministre, il est mentionné que les «médias ont rapporté que le DG des services de sécurité britanniques avait attribué à la Chine la responsabilité des attaques». Il est tout de même étonnant que le ministère chargé de la sécurité des Canadiens rédige des rapports classés «confidentiels» à partir d'articles de journaux et non d'informations reçues de partenaires étrangers alliés. Plus surprenant encore, les rédacteurs de ce mémorandum écrivent ceci : «En tout cas, c'est une considération secondaire, l'objectif principal étant de protéger les infrastructures essentielles de l'information au Canada[76].»

---

76. *« In any case, it is a secondary consideration, with the primary focus being on protecting Canada's critical information infrastructure. »*

Le dragon fouineur

Pendant que, dans les salons feutrés de la colline du Parlement à Ottawa, beaucoup tremblaient simplement à l'idée de prononcer le mot « Chine », en mars 2009 un groupe de chercheurs du *Information Warfare Monitor* de l'Université de Toronto ne s'est pas gêné pour jeter un petit pavé dans la mare. Après plusieurs mois de travaux, des chercheurs canadiens ont annoncé avoir débusqué un gigantesque réseau de cyberespionnage opérant depuis l'empire du Milieu. Certes, en préambule, les auteurs du rapport insistent pour dire que rien ne leur permet de prouver que le gouvernement chinois serait l'instigateur de ce réseau. Ils suggèrent plutôt le rôle joué par des « *hackers* patriotiques » chinois (China Eagle Union figure parmi les plus connus) ou bien des réseaux du crime organisé. Soit.

Cette pieuvre, qu'ils ont baptisée GhostNet, aurait étendu ses tentacules dans près de 103 pays, infestant 1 295 ordinateurs avec des logiciels malveillants (*malwares*). Tout cela pourrait demeurer au rang de l'anecdote si un tiers des machines infectées ne contenaient pas des données sensibles et classifiées. Parmi les victimes, l'organisation du dalaï-lama (qui est à l'origine de cette étude), des ONG, des dizaines de ministères des Affaires étrangères (dont ceux d'Iran, de la Lettonie, des Philippines, de la Barbade), des ambassades (Inde, Allemagne, Pakistan, Corée du Sud, Indonésie, Roumanie, Taïwan, etc.), l'OTAN, des banques, des entreprises médiatiques, pour ne citer que les principales.

GhostNet, expliquent les chercheurs dans leur rapport, commence d'abord par infester l'ordinateur ciblé avec un cheval de Troie (Trojan) baptisé « ghOst RAT », caché dans un courriel semblant provenir d'une personne de l'entourage du destinataire, avec pièce jointe, ou bien à travers un site web empoisonné vers lequel le destinataire est incité à se diriger.

Presque tous ces messages piégés ont pour origine des serveurs dont les adresses IP étaient situées dans les mêmes régions en Chine, la plupart du temps sur l'île du Hainan où, soit dit en passant, l'APL chinoise dirige l'une de ses principales stations SIGINT. Une fois la prise de contrôle réalisée, les chefs d'orchestre du GhostNet peuvent par la suite aisément fouiller dans l'ordinateur infesté, accéder au serveur des courriels, télécharger des documents, faire des captures d'écran, mais aussi contrôler des accessoires tels les micros et caméras intégrés, afin par exemple d'espionner ce qui se passe dans la pièce où est situé l'ordinateur en question. Un coup double !

Deux chercheurs de l'université de Cambridge, qui eux ont enquêté spécifiquement sur les attaques visant l'organisation du dalaï-lama et du gouvernement tibétain en exil, vont plus loin dans leur rapport, dévoilé lui aussi au printemps 2009 et baptisé non sans humour *Le Dragon fouineur*[77]. Ils désignent le gouvernement chinois et ses « agents » comme responsables et commanditaires de ces attaques.

Ce qu'il faut retenir de ces deux études du groupe de l'Université de Toronto et de celui de Cambridge, c'est qu'ils ont su révéler le *modus operandi* dans les moindres détails, preuves technologiques à l'appui. Information particulièrement troublante, plusieurs des messages piégés adressés personnellement à un individu ciblé semblent provenir du réseau dont il est membre ou au sein duquel il gravite. C'est donc dire qu'il y a eu opération préalable de collecte de certaines informations relatives aux destinataires visés et à leurs activités professionnelles. Il faut souligner aussi que certaines de ces attaques relèvent du domaine de l'espionnage économique puisqu'elles visent des individus travaillant pour des entreprises privées.

Comme on s'en doute, la publication de ces études a déclenché l'ire des officiels chinois.

---

77. « The Snooping Dragon : Social-Malware Surveillance of the Tibetan Movement », mars 2009.

Les illégaux de la toile

Le cyberespionnage vise non seulement à s'emparer de données confidentielles dans le domaine militaire, industriel et économique, mais aussi à saboter les infrastructures de communications, énergétiques, financières ainsi que les systèmes gouvernementaux. Un rôle traditionnellement dévolu aux illégaux.

Il faudrait pourtant vraiment être naïf pour croire que dans ce pays totalitaire qu'est la Chine, où le pouvoir contrôle et espionne avec une perfection quasi parfaite la moindre communication qui transite sur l'internet – entre autres grâce à la collaboration de compagnies occidentales –, des petits génies pourraient lancer des attaques d'une ampleur aussi remarquable sans être repérés.

Il faut se rappeler aussi qu'en 1999 deux officiers de l'APL, Qiao Liang et Wang Xiangsui, avaient déjà très bien compris que l'internet serait le quatrième champ de bataille après la terre, la mer et l'air. Dans un ouvrage intitulé *Unrestricted Warfare*, ils écrivaient les grandes lignes d'un scénario catastrophe dont les auteurs ne seraient plus des illégaux spécialisés dans les actes de sabotage (voir le chapitre 001 sur la Russie), mais des pirates confortablement installés devant leurs ordinateurs à des milliers de kilomètres du «champ de bataille»:

> Si l'attaquant parvient à rassembler secrètement de grandes quantités de capitaux sans que la nation ennemie en soit le moindrement consciente, lance une attaque furtive contre ses marchés financiers, puis, après avoir causé une crise financière, active un virus et un détachement de pirates enterrés à l'avance dans le système informatique de l'adversaire, tout en attaquant ses réseaux afin de paralyser complètement le réseau de distribution d'électricité civil, le réseau de répartition du trafic, le réseau des opérations financières, le réseau des communications téléphoniques et le réseau des médias de masse,

il provoquera chez l'ennemi une panique sociale, des émeutes dans les rues et une crise politique[78].

L'ex-ambassadeur de la République populaire de Chine au Canada ne se démonte pas lorsque nous évoquons, lors d'une rencontre fortuite à l'automne 2008, ces cyberattaques dirigées contre plusieurs pays, dont le Canada. La Chine, assure Mei Ping, n'a rien à voir dans ces attaques et n'est impliquée dans aucune opération d'espionnage ici. Pas plus qu'elle n'intimide ses opposants. « Il n'y a pas d'espions chinois au Canada, nous dit-il. Tout cela n'est que mensonge, propagande et invention ; [...] un complot de la CIA pour démoniser la Chine. On a toujours besoin d'un ennemi. Avant, c'étaient les Soviétiques. »

Kayum Masimov, coordinateur de l'Association ouïghoure du Canada, un groupe ciblé par les agents de Pékin partout dans le monde, croit avoir été victime lui aussi d'un cheval de Troie. Ce jeune activiste a subi plusieurs attaques informatiques étranges. Les méthodes employées par les attaquants ressemblent à s'y méprendre à celles décrites par les chercheurs du *Information Warfare Monitor*. Une fois en particulier lorsqu'il a reçu, peu avant une grande conférence de son mouvement en Allemagne, un courriel provenant d'un ami, rédigé dans leur langue, lui demandant de traduire en anglais un texte en ouïghour placé en pièce jointe. Kayum, qui a déjà perdu tout le contenu de son ordinateur portable pour les mêmes raisons, a hésité. Sage décision.

Je me suis méfié parce que son adresse électronique n'était pas la même que celle qu'il utilisait habituellement, nous raconte-t-il. Je suis alors allé dans un café internet pour en avoir le cœur net. Mes craintes étaient fondées. Il s'agissait d'un virus.

Un grand classique pour Lucy Zhou, porte-parole au Canada pour le mouvement Falun Gong. « Je suis aussi une cible

---

78. Citation extraite du rapport « La Chine et l'internet », site internet du SCRS.

de ces *hackers* qui usurpent des identités de destinataires de ma liste de contacts pour m'envoyer des virus. Nos sites internet [www.falundafa.ca et www.minghui.ca] ont aussi été attaqués pendant l'été 1999 [après que le mouvement a été banni]. Depuis, pour les contrecarrer, nous avons mis en place des sites internet miroirs. Tout cela est très choquant. Nous nous sommes plaints au ministère des Affaires étrangères canadien. » À l'époque, le fil d'Ariane de l'attaque remontait jusqu'à l'adresse IP d'un organisme du nom de Centre de services d'information de XinAn Beijing, qui avait ses bureaux au sein même du ministère de la Sécurité publique à Pékin. Les Chinois avaient aussi fait d'une pierre deux coups en faisant en sorte que les sites du Falun Gong deviennent les acteurs involontaires d'attaques éclairs contre des sites gouvernementaux américains, en particulier celui du département des Transports.

Mais il arrive que le chasseur devienne à son tour la proie. C'est ainsi qu'un groupe de dissidents exilés, les Blondes de Hong Kong, a entrepris – après le massacre de la place Tian'anmen en 1989 – de rendre la monnaie de sa pièce à l'APL en attaquant son système informatique. Blondie Wong, un de ces petits génies, que la rumeur disait réfugié au Canada sous haute protection, a failli être éliminé en 1999 par une équipe de tueurs du Guoanbu, la sûreté de l'État chinoise. Ceux-ci se sont d'abord rendus en France, puis à Vancouver et enfin à Toronto. Trop tard. Leur cible avait déjà filé pour un autre pays[79].

On l'a compris, le but ultime de ces cyberattaques n'est pas seulement de voler à distance des secrets militaires ou politiques, de lancer des campagnes de désinformation, de perturber les activités des opposants mais, plus inquiétant, il s'agit plutôt d'une répétition grandeur nature d'un scénario d'anéantissement « électromagnétique » des réseaux stratégiques et des infrastructures énergétiques. Est-il besoin de rappeler que notre économie et même toute notre vie quotidienne dépendent entièrement des réseaux internet ?

---

79. Roger Faligot, *Les Services secrets chinois, de Mao aux JO, op. cit.*

La technique la plus employée lors de ces attaques est le déni de service (DOS) simple ou par saturation (DDoS). Le principe consiste à inonder un serveur avec des millions de requêtes, expédiées par autant d'ordinateurs rebonds, aussi appelés «zombies», pour le faire craquer. Sous ce langage coloré se cache un ordinateur contrôlé par un pirate à l'insu de son propriétaire, que ce soit Monsieur ou Madame Tout-le-monde ou bien une compagnie. Un groupe de *hackers* efficace peut contrôler aisément un réseau de centaines de milliers, voire des millions, d'ordinateurs zombies (*botnet*).

C'est cette méthode qu'ont utilisée des *hackers* russes au printemps 2007 contre l'Estonie pour la punir d'avoir osé déplacer une statue érigée dans la capitale, Tallin, qui rendait hommage aux soldats soviétiques. Pendant des semaines, les serveurs de sites gouvernementaux de la petite république balte, mais aussi de banques et de compagnies, ont été bombardés par des *botnets* au point d'en être paralysés temporairement. Comme une des pistes suivies par les *hackers* remontait jusqu'aux serveurs de la présidence de Vladimir Poutine, les Estoniens ont immédiatement accusé la Russie d'être derrière cette attaque électronique. La Russie a vigoureusement nié ces accusations.

Il est vrai qu'il est extrêmement difficile de remonter la piste jusqu'au donneur d'ordre. Ces intrusions sont menées à travers un dédale de plusieurs milliers de serveurs qui sautent d'un pays à l'autre en toute impunité. Selon une étude publiée en septembre 2008 par la firme américaine SecureWorks[80], pas moins de 20,6 millions de cyberattaques ont été lancées en utilisant des ordinateurs situés aux États-Unis. La Chine suit avec 7,7 millions d'attaques. Le Canada figure au 10e rang avec environ 100 000 événements. Le directeur de cette compagnie explique aussi qu'il est illusoire de penser contrecarrer une attaque en bloquant les messages venant d'ordinateurs situés

---

80. Ces statistiques sont à prendre avec des pincettes, car elles ne concernent que les clients de SecureWorks.

dans le pays suspecté. Il cite en cela l'exemple de la Géorgie, dont les principaux systèmes gouvernementaux ont été mis à terre en juillet et en août 2008, au moment précis où les troupes russes lançaient leur offensive en Ossétie du Sud[81]. Pour protéger leurs réseaux, les Géorgiens ont bloqué tout ce qui provenait d'adresses IP russes. En vain. Les assaillants se sont servis d'ordinateurs situés notamment en Turquie et aux États-Unis.

Le Canada à la traîne

Le Canada traîne la patte pour se doter d'une vraie structure de prévention et de lutte contre la menace cybernétique. Il y a bien sûr le Centre canadien de réponse aux incidents cybernétiques (CCRIC), mais à la fin de 2008 celui-ci ne comptait qu'une poignée d'employés. Sept pour être précis. Pourtant, cela fait des années que cette menace est étudiée par nos services de renseignement. Plusieurs rapports internes rédigés dans le passé sonnent l'alarme sur les risques que présentent les *hackers* « étatiques » et les logiciels malveillants. On parle beaucoup de la Chine en ce moment, mais d'autres pays, parfois plus petits, se sont déjà attaqués à des cibles canadiennes. C'est le cas, par exemple, des services secrets philippins, qui ont pénétré les systèmes de deux compagnies canadiennes de communication dans le cadre de leurs recherches pour mettre la main sur les fonds détournés par l'ex-président Ferdinand Marcos lors de sa fuite en 1989 à Hawaii.

Indice révélateur du peu d'empressement du Canada à prendre cette menace avec tout le sérieux qu'elle impose, le CCRIC n'avait même pas, au moment d'écrire ces lignes, son propre site internet. Pour découvrir son existence, il faut se rendre sur le site du ministère de la Sécurité publique. Encore

---

81. Des *hackers* avaient même réussi à afficher une photo du président géorgien en nazi sur la page d'accueil du site du ministère des Affaires étrangères et aux côtés d'Adolf Hitler sur celui de la présidence.

une fois, on ne peut que déplorer ce laxisme jovialiste des autorités lorsque vient le temps d'informer au plus vite la population et les acteurs économiques qu'une telle attaque survient ici ou ailleurs sur la planète.

Quand on se penche sur la chronologie postérieure aux événements de l'été 2007, on s'aperçoit qu'il a fallu attendre au moins trois mois, soit le 21 novembre, avant que vingt ministères et agences du gouvernement fédéral soient informés par le CCRIC de la situation et obtiennent des stratégies visant à atténuer les conséquences de telles attaques. Les autres structures gouvernementales fédérales, les gouvernements provinciaux et territoriaux ainsi que les acteurs du monde des télécommunications (Canadian Telecommunications Cyber Protection Working Group[82]) ont attendu jusqu'au 29 novembre avant d'obtenir leur briefing. Quant aux banques, elles n'ont été avisées que le 4 décembre. Enfin, les compagnies du secteur de l'énergie, autre domaine pourtant concerné au premier chef, ont attendu leur tour jusqu'à la fin décembre 2007.

De son côté, ces deux dernières années, le SCRS s'est penché à deux reprises sur les risques engendrés par les cyberattaques. Un premier rapport, publié en juin 2007, soit au moment même où les ordinateurs gouvernementaux canadiens étaient la cible de la vaste campagne d'intrusion, avait pour titre *Volet électronique des conflits nationaux : sommes-nous prêts ?* Poser la question, c'est déjà y répondre, hélas ! Dans un second rapport, le SCRS s'est intéressé à la vulnérabilité de nos infrastructures énergétiques en cas de cyberattaque, mais il se souciait plus du rôle que pourraient jouer des pirates informatiques à la solde d'Al-Qaïda que des espions virtuels.

Donc, pendant que le Canada ronronne, d'autres pays vont de l'avant. Par exemple, en décembre 2007, le directeur général du MI5 anglais a contacté par écrit des centaines de chefs d'entreprise

---

82. Organisme mixte rassemblant à la fois des représentants du gouvernement fédéral et des acteurs de l'industrie.

et de banque pour les sensibiliser à la problématique grandissante de l'espionnage économique conduit par des pirates relevant d'«organisations de l'État chinois». Dans le document, le chef du MI5 avertit les entreprises qui font affaires en Chine que l'APL a recours à internet à des fins d'espionnage. Enfin, à titre préventif, les services secrets britanniques révèlent certaines adresses internet fréquemment utilisées par les pirates.

De son côté, la France a mis sur pied dès 2002 une Direction centrale de la sécurité des systèmes d'information (DCSSI), qui relève du secrétariat général de la Défense nationale. Celle-ci va bientôt donner naissance à une agence dédiée à la sécurité des systèmes d'information dotée d'un budget annuel d'environ 1,1 million de dollars. L'une de ses missions consistera à protéger les secrets gouvernementaux et économiques. L'aspect conseil, prévention et information n'a pas été négligé, avec la création d'un portail internet destiné aux particuliers et aux différents acteurs économiques.

Dans l'Hexagone, on considère désormais que les attaques informatiques – qu'elles soient d'origine étatique ou l'œuvre d'activistes et de groupes criminels – et les opérations d'influence étrangère dans le cyberespace sont la deuxième menace après le terrorisme et qu'il est urgent de passer à l'action. «Le passage d'une stratégie de défense passive à une stratégie de défense active en profondeur, combinant protection intrinsèque des systèmes, surveillance permanente, réaction rapide et action offensive, impose une forte impulsion gouvernementale et un changement des mentalités», peut-on d'ailleurs lire dans le livre blanc *Défense et sécurité nationale* présenté en juin 2008 par le président Nicolas Sarkozy.

Aux États-Unis, on a mis sur pied dès 2007 une véritable unité militaire dédiée à la guerre cybernétique qui a non seulement un rôle défensif, mais aussi pour but moins avoué d'accroître ses capacités d'interception. Elle a pour nom US Cyber Command, ou AFCYBER, et a à sa tête le major-général William T. Lord, de l'US Air Force. Lors de sa création, elle était divisée en quatre unités :

– 688e information operations wing ;
– 450e electronic warfare wing ;
– 689e cyber wing ;
– 67e network warfare wing.

Pour ces militaires, le cyberespace est considéré comme un véritable terrain de combat, au même titre que les autres terrains plus conventionnels, qui doit être non seulement défendu, mais contrôlé[83], ce qui sous-entend d'être capable de jouer un rôle offensif en cas de conflit afin de détruire les systèmes ennemis.

Le loup est aussi dans la bergerie

Un autre aspect de la menace trop souvent escamoté est celui qui se dissimule au sein même de l'entreprise, car les espions ne proviennent pas toujours de l'extérieur. On estime que 80 % à 85 % des infractions et des crimes commis grâce à un système informatique l'ont été par des employés (ou avec leur complicité). Cela inclut les employés qui désirent se venger ou simplement voler des secrets industriels afin de les revendre. Très souvent, ces derniers obtiennent l'accès à des banques de données ou reproduisent des documents illégalement. Ces pratiques couvrent l'ensemble de la culture organisationnelle de la compagnie, ce qui va des pratiques d'embauche à l'identification des points stratégiques et cruciaux pour la compagnie, en passant par la gestion de l'information.

À titre d'exemple, on continue de dépenser des fortunes pour assurer la protection sur le plan technique, mais on ne fait pas grand-chose sur le plan de la vérification sécuritaire en amont. Le moment le plus propice pour détecter et empêcher un élément dangereux d'entrer en contact avec des secrets importants est évidemment lors du processus d'embauche. Lors

---

83. Sophie Clairet, «L'US Cyberspace Command s'organise», *Diplomatie*, n° 32, mai-juin 2008.

de la demande d'emploi, le nouveau candidat devra se soumettre aux exigences de l'entreprise. Une simple vérification visant à déterminer si un candidat a un dossier criminel peut être exigée. On ne parle pas de faire une enquête de sécurité aussi approfondie qu'au SCRS, mais il est nécessaire – voire obligatoire – de faire le minimum en demandant aux candidats de soumettre une certification obtenue à leurs frais auprès d'un corps de police confirmant qu'ils n'ont pas de casier judiciaire. Certains argumenterons que cela ne donne pas grand-chose, qu'en réalité on obtient seulement la confirmation que la personne n'a pas encore été attrapée… Soit, mais le simple fait de l'exiger aura déjà découragé ceux qui en ont un !

Lorsqu'on regarde le travail effectué pour sensibiliser les entreprises en France, aux États-Unis et en Grande-Bretagne, on se demande quelle est la situation au Canada… Eh bien, on continue d'en parler entre experts et bureaucrates, mais certainement pas assez avec le secteur privé. Le gouvernement ne connaît même pas l'étendue réelle du problème puisque personne ne s'y attarde. Il y a bien sûr les conférences qui traitent des questions de la sécurité informatique. Mais comme le gouvernement ne tire pas la sonnette d'alarme ou, pire encore, enveloppe la menace sous une couverture frappée du sceau du secret, ces conférences demeurent très techniques et somme toute hermétiques aux décideurs des grandes entreprises.

CHAPITRE 006

L'ingérence étrangère : de la manipulation à l'assassinat

Dépasser les limites n'est pas un moindre défaut que de rester en deçà.

Confucius

La scène se passe dans un des salons d'un grand hôtel du centre-ville de Montréal. Nous sommes le 21 octobre 2008, soit une semaine jour pour jour après la réélection du parti conservateur de Stephen Harper. Debout derrière son pupitre, un petit bonhomme asiatique à lunettes, assez trapu, les cheveux plaqués pour dissimuler une calvitie bien avancée, mène une charge virulente contre le Canada, et plus particulièrement contre son gouvernement.

Très en verve, son implacable réquisitoire ne doit pas être interprété comme une critique, précise-t-il, mais comme la « vérité » sur les raisons du « refroidissement », du « bris de confiance » entre le Canada et son pays.

L'ambassadeur Mei Ping, puisque c'est de lui qu'il s'agit, n'est pas n'importe qui. C'est un diplomate de carrière qui a étudié les sciences politiques au Canada dans les années 1970 et a représenté son pays à Malte, à San Francisco, à New York et à Ottawa. Aujourd'hui, il est *chairman* du China National Committee for Pacific Cooperation (CNCPEC). Ce jour-là, il

est l'hôte, tout comme l'ambassadeur Jiang Chengzong, secrétaire général du CNCPEC, du Conseil international du Canada
(CIC), un «organisme canadien privé et non partisan qui a pour
but de favoriser le dialogue et la recherche sur les questions
internationales», lit-on sur son site internet.

L'assistance est composée d'hommes d'affaires canadiens,
d'étudiants, de représentants de la communauté chinoise et
d'un célèbre «sinologue» universitaire montréalais toujours
prompt à défendre dans les médias la réputation de la République populaire et à dénoncer la «théocratie» tibétaine, qu'il a
déjà comparée au régime déchu des talibans. Au premier rang,
l'ex-premier ministre Pierre-Marc Johnson, qui siège au conseil
d'administration du CIC.

Invoquant les règles de Chatam House, le célèbre *think
tank* londonien, les médias n'ont pas été conviés pour éviter que
les orateurs ne se sentent obligés de se museler, de se censurer
et pour encourager une certaine liberté de ton.

Se sentant en terrain conquis, Mei Ping ne mâche pas ses
mots. L'autocritique, pourtant un des fondements de la doctrine de Mao et plus généralement de tous les régimes communistes totalitaires – avec la rééducation forcée –, n'est pas
de mise. Pas du point de vue de la Chine en tout cas.

Pendant une heure, Mei Ping, qui a beau indiquer lors de
la période des questions qu'il intervient à titre privé, fait la
leçon au Canada, dont le premier ministre a eu le tort de ne pas
assister à la cérémonie d'ouverture des JO et n'a jamais visité
son pays. Un Canada qui a une vision erronée de la Chine.
Un Canada qui est devenu un «paradis pour des criminels»
réclamés par la Chine. Un Canada qui non seulement a reçu le
dalaï-lama – «figure politique séparatiste» – avec tous les honneurs en 2007, mais l'a intronisé comme citoyen honoraire. Un
Canada qui a accueilli nombre de délégations en provenance
de Taïwan.

Mei Ping n'épargnera pas non plus les adeptes du Falun
Gong, mouvement spirituel bien implanté au Canada mais
ostracisé en Chine.

À sa gauche, penché de travers sur la table et scrutant la salle avec un œil de lynx, son acolyte et ancien ambassadeur lui aussi, Jiang Chengzong, acquiesce. Il ne sortira de son mutisme que pour nier avec énergie les accusations «totalement fausses» et «ridicules» de violation des droits de l'homme au Tibet. Les Tibétains se portent au contraire tellement bien depuis qu'ils sont passés sous la protection des Chinois, qui les ont libérés du joug esclavagiste du dalaï-lama, que leur population a doublé, assure-t-il sans sourciller. Évidemment, il ne mentionne pas que les Chinois Han sont désormais majoritaires au Tibet (7 millions contre 5 millions de Tibétains environ). Des Han qui se ruent vers Lhassa, présenté comme un nouvel eldorado, comme les Canadiens vers les sables bitumineux de l'Alberta, à bord du nouveau «train du toit du monde», surnommé par ses détracteurs «train de la colonisation». Un projet colossal, auquel ont participé notamment Bombardier, Nortel et GE, et dans lequel le gouvernement chinois a investi 4,2 milliards de dollars. Pas pour les beaux yeux et le bien-être du peuple tibétain, quoi qu'en dise son excellence Jiang Chengzong, mais pour des raisons politiques, économiques et stratégiques. Comment peut-il en être autrement alors que le Tibet, dit-on, renfermerait les plus grandes réserves mondiales de chrome et d'aluminium ? Sans même parler du lithium et de l'uranium.

L'ambassadeur Mei Ping, qui a mis de côté la langue de bois diplomatique, reprend son plaidoyer où la propagande se mêle à un chantage habile. Il prévient son auditoire que la Chine sait se montrer patiente, attendre le réveil du Canada. Mais que les échanges commerciaux pourraient souffrir de cette politique de confrontation.

Le message adressé à ses hôtes canadiens influents est clair : si vous voulez continuer à brasser des affaires avec la Chine, faites en sorte que votre gouvernement change d'attitude.

Ce discours, à la limite de l'ingérence, et à certains égards à la limite du langage haineux envers certains groupes, où l'on fait pression sur des Canadiens influents, est reçu par une salve d'applaudissements et quelques mots de remerciements polis adressés par Pierre-Marc Johnson. Le CIC, cet organisme respectable, vient pourtant de tomber dans le piège de Mei Ping. Abusant de son hospitalité, l'ambassadeur profite de son statut pour livrer un numéro d'ingérence et d'influence parfaitement rodé.

Il faut dire que Mei Ping est un orfèvre en la matière. Pendant tout le temps où il est demeuré en poste à Ottawa, soit entre 1998 et 2005, il a poursuivi avec un zèle remarquable le travail de sape orchestré par le Parti communiste chinois contre les «ennemis» du régime, en particulier le Falun Gong et les Tibétains.

Il est par exemple le signataire de plusieurs lettres envoyées à des personnalités politiques, dans lesquelles il les prévient que les pratiquants du Falun Gong sont des «hérétiques» «dérangés mentalement» dont les activités ont été déclarées illégales en Chine.

«J'espère sincèrement qu'en tant que législateur au Canada vous comprendrez et respecterez la position de notre gouvernement et que vous contribuerez à des relations amicales entre la Chine et le Canada», se permet-il d'ajouter dans une de ces missives adressée à un député de Colombie-Britannique, Rob Anders. Le politicien conservateur, connu pour ses virulentes prises de position contre la Chine, lui avait fait part de sa réprobation envers les persécutions subies par le Falun Gong.

C'est ce même Mei Ping qui a téléphoné à plusieurs députés fédéraux et sénateurs en 1999 pour les inciter fortement à boycotter un déjeuner organisé par le défunt parti réformiste pour attirer l'attention sur le dossier du Falun Gong.

Ce sont aussi les sbires de son ambassade et de ses consulats qui n'ont pas hésité à recourir à la force à plusieurs reprises lors de manifestations dénonçant la piètre situation des droits de l'homme en Chine.

«Des brèches sérieuses dans le protocole diplomatique», considérait le député Rob Anders dans une lettre adressée le 3 janvier 2002 à John Manley, alors ministre des Affaires étrangères, pour dénoncer les activités de l'ambassade de la RPC à Ottawa et lui demander d'enquêter à ce sujet.

À sa descente de l'estrade, Mei Ping est salué, photographié comme une star, congratulé. Dans les couloirs, entre deux petits fours et une gorgée de vin rouge, un Canadien parle du Falun Gong comme d'une probable créature de la CIA qui étendrait ses tentacules à la manière d'une pieuvre au Canada.

Mission accomplie et message reçu cinq sur cinq. Le fidèle serviteur du Parti communiste chinois peut poursuivre sa tournée canadienne afin de répandre la bonne parole.

Une semaine plus tard, Mei Ping a certainement été aux anges lorsqu'il a appris que Pierre-Marc Johnson, qui est un non-élu, était désigné par le premier ministre libéral Jean Charest, accaparé par sa campagne électorale provinciale, pour le remplacer au pied levé lors de la visite des premiers ministres provinciaux en Chine.

« Ingérence étrangère. » C'est sous ce terme poli, digne du langage feutré des salons diplomatiques, que se cache un aspect méconnu de l'espionnage. Les James Bond de ce monde ne se contentent pas de voler des secrets technologiques, commerciaux ou industriels. Ils ont aussi pour mandat de percer les secrets politiques des pays visés, de tenter d'influencer, voire de corrompre, l'appareil gouvernemental ainsi que les organismes publics ou privés pouvant présenter un intérêt pour leur cause.

Enfin, ce qui est encore plus inadmissible dans une démocratie comme le Canada, une vingtaine de services secrets repoussent sans scrupule les limites de l'ingérence. Ils excellent depuis des années dans la surveillance, la subversion, le harcèlement, l'intimidation, la coercition de leurs diasporas ainsi que des divers mouvements d'opposition politique en exil.

L'ingérence étrangère représente bel et bien la menace numéro 1 au Canada pour ce qui est du nombre d'acteurs.

Un cinquième de la population canadienne, soit un peu plus de six millions de personnes, est né à l'étranger. Les grandes métropoles canadiennes, de Vancouver à Montréal en passant par Toronto, abritent plusieurs communautés culturelles. Certains de ces immigrants sont venus ici pour fuir une dictature, une guerre civile ou simplement pour trouver un monde meilleur. Mais cette immigration, parfois forcée, à des milliers de kilomètres de leur pays natal n'est pas pour autant un gage de tranquillité. Cette diversité ethnique va de pair avec celle du renseignement!

Chinois du Falun Gong, opposants tibétains, minorité ouïghoure du Xinjiang chinois (ou Turkestan oriental), Kurdes, Iraniens, Indiens de la minorité sikhe, Tunisiens, Algériens, Marocains, Libanais, Cubains... pour ne citer que les communautés les plus importantes, sont en effet surveillés de près par leurs diplomaties respectives ou les services de renseignement d'autres États.

La liste noire

Certains pays n'hésitent pas à franchir la ligne jaune en ayant recours à l'intimidation, au harcèlement, voire à la violence, pour casser toute velléité de révolte. Encore une fois dans une indifférence totale de la population canadienne.

Par recoupements, n'en déplaise aux diplomates, il nous a été possible d'élaborer une liste (non exhaustive) des principaux pays impliqués, à des niveaux divers, au cours des vingt dernières années. Une liste noire que les gouvernements successifs se sont employés à éviter de rendre publique: Afrique du Sud, Algérie, Arabie Saoudite, Arménie, Chine, Corée du Nord, Corée du Sud, Cuba, Inde, Iran, Israël, Malaisie, Maroc, Mexique, Mozambique, Pakistan, Roumanie, Russie, Sri Lanka, Syrie, Taïwan, Tunisie, Turquie, Ukraine.

Certains de ces pays poussent l'audace jusqu'à présenter des «listes d'épicerie» nominatives au gouvernement canadien, dans lesquelles des opposants sont présentés comme de dangereux criminels ou terroristes à surveiller et éventuellement à arrêter.

Il faut dire que la lutte contre le terrorisme a fourni un alibi en or à des pays, souvent des dictatures et des autocraties, qui utilisent ce prétexte fallacieux pour outrepasser leurs droits et importer dans des pays comme le Canada des méthodes incompatibles avec nos valeurs.

Sans les médiatiques Jeux olympiques de Pékin de l'été 2008, et les efforts des groupes de pression pro-Tibet ou de puissantes associations telles que Reporters sans frontières, gageons que peu de monde se serait intéressé au sort des Tibétains à la suite des émeutes sanglantes du printemps précédent à Lhassa. Quant aux pratiquants du Falun Gong, leurs manifestations répétées de protestation sur la colline parlementaire à Ottawa, devant les consulats chinois de Vancouver, de Calgary, de Toronto, ou bien encore à Montréal, se déroulent dans l'indifférence. À la rigueur, seuls les touristes trouvent cela pittoresque. Et ne parlons même pas des autonomistes de la minorité musulmane ouïghoure, dont on a seulement évoqué le nom après des attentats commis pendant l'été 2008 en Chine et qui leur avaient été attribués.

Entre parenthèses, c'est cette même stratégie de la terreur, associée à l'indifférence de la population et à la peur des représailles chez les victimes, qui a permis à des groupuscules séparatistes armés, comme les Tigres de libération de l'Eelam Tamoul (TLET ou LTTE en anglais), d'extorquer allègrement des millions de dollars à la communauté tamoule canadienne[84].

Dans un rapport classé top-secret publié en 2006[85], le SCRS écrivait ceci :

> On se préoccupe de plus en plus au sujet de puissances étrangères, qui font de l'espionnage au Canada pour faire avancer

---

84. Fabrice de Pierrebourg, «Une façade pour les Tigres tamouls», *Le Journal de Montréal*, 6 mai 2008 ; Stewart Bell, «Tigers Sought $ 3M from Canada», *National Post*, 6 mai 2008.

85. SCRS, «L'espionnage au Canada», étude 2006-7/01 et 01 (a), 1er mai 2006. (Archives des auteurs)

leur programme politique ou une cause liée à un conflit qui les déchire. [Ces pays] ont recueilli des informations sans autorisation dans le but de faire avancer leurs propres intérêts dans ces conflits. [...] [*censuré*] Les conflits régionaux qui font rage [...] [*censuré*] ont donné lieu au Canada à d'audacieuses opérations de collecte de renseignement et à des activités musclées influencées par l'étranger.

L'œil de Pékin

La République populaire de Chine, à qui nous accordons une large place dans ce chapitre, ainsi que dans cet ouvrage d'ailleurs parce que proportionnelle à l'importance de ses activités clandestines actuelles, fait épisodiquement et timidement figure d'accusée numéro 1 par les autorités canadiennes depuis les années 1970. Il faut remonter à 1969, alors que Pierre Elliott Trudeau, malgré les protestations de Washington, s'apprêtait à reconnaître la Chine communiste de Mao Tsé-Toung, pour qu'un premier signal d'alarme soit tiré. Fraîchement nommé commissaire de la GRC, W. L. Higgit, qui sortait d'une longue carrière dans le renseignement et le contre-espionnage, a averti que l'ouverture d'une ambassade chinoise au pays entraînerait inévitablement un accroissement de l'activité d'espionnage de Pékin. Quant à l'ex-premier ministre John Diefenbaker, il anticipait un futur « déluge d'espions[86] ».

Trois ans plus tard, Pierre Elliott Trudeau et son épouse, Margaret, débarquent à Pékin accompagnés par des hommes d'affaires, pour un premier voyage officiel.

En octobre 1986, c'est au tour de l'ex-solliciteur général Robert Kaplan de lancer un pavé dans la mare diplomatique : le Canada, en tant que membre de l'OTAN, est devenu un

---

86. J. L. Granatstein et David Stafford, *Spy Wars, Espionage and Canada from Gouzenko to Glastnost*, Key Porter Books, Toronto, 1991.

terrain de prédilection pour les espions étrangers, en particulier les Chinois, dont les activités, prévenait-il toutefois, sont surveillées avec une grande attention par les agents canadiens.

Sporadiquement, les espions chinois font parler d'eux au Canada. Ce fut le cas en particulier lors des événements sanglants de la place Tian'anmen en juin 1989. Déjà à l'époque, on parlait de surveillance et d'intimidations d'étudiants considérés comme des ennemis du pouvoir. À Vancouver par exemple, des étudiants chinois de l'Université de Colombie-Britannique qui avaient participé à des manifestations de protestation se sont plaints publiquement d'avoir été filmés, photographiés, harcelés et victimes de chantage. Certains ont même reçu des appels téléphoniques menaçants. Pour d'autres, c'est leur famille, restée en Chine, qui a été l'objet de représailles.

Plus récemment, des manifestants tibétains se sont plaints de pratiques similaires menées par des sympathisants chinois, habillés de tee-shirts rouges très reconnaissables, qui ne se cachaient même pas pour prendre des photos. Dans un autre dossier, des manifestants du Falun Gong ont rapporté à la police des situations semblables.

À l'époque, c'est le consulat général de la République populaire de Chine à Vancouver ainsi que le consul responsable de l'éducation qui ont été accusés de tirer les ficelles. Par mesure de rétorsion, Joe Clark, alors ministre des Affaires étrangères, a gelé plusieurs ententes commerciales sino-canadiennes en plus de rappeler l'ambassadeur du Canada à Pékin.

Malheureusement, M. Clark a décliné nos multiples demandes d'entrevue. Mais il faut se rappeler qu'en janvier 2007, lors d'une allocution prononcée à l'université McGill où il enseigne, l'ex-premier ministre a regretté la détérioration des relations avec la Chine depuis l'arrivée au pouvoir des conservateurs de Stephen Harper à cause du dossier des droits humains. Une erreur, selon Joe Clark, qui a rappelé que dans le passé le Canada avait réussi à faire progresser cette question délicate, sans pour autant attaquer de front ce géant en passe de devenir l'équivalent des États-Unis sur le plan tant économique que politique.

Quelques semaines plus tard, le 30 avril 2007, le patron du SCRS, Jim Judd, d'habitude peu expansif, finit par avouer devant le comité sénatorial permanent de la sécurité nationale, après avoir été poussé dans ses retranchements, que la Chine – et ses « touristes hyperactifs » – figure en haut de la liste de la quinzaine de pays qui mènent des opérations clandestines (économiques et politiques) au Canada. Assez, ajoute-t-il, pour accaparer la moitié de ses ressources humaines du contre-espionnage (voir page 160).

C'était la deuxième fois en un an qu'Ottawa ciblait la Chine. En avril 2006, le ministre des Affaires étrangères d'alors, Peter McKay, et son premier ministre, Stephen Harper, avaient accusé la Chine de piller l'économie canadienne avec l'aide d'un millier d'espions patentés ou informels.

Nous avons bien sûr tenté de savoir combien d'agents du SCRS étaient sur le dos des Chinois. « Nous ne commentons jamais nos opérations et ne donnons jamais ce genre d'information », rétorque-t-on au quartier général du SCRS.

Mais si l'on en croit le journaliste français Roger Faligot, auteur d'un ouvrage aussi exhaustif qu'instructif sur les services secrets chinois[87], ils seraient quatre-vingts. Un chiffre significatif qui fait l'envie des autres services occidentaux, écrit-il. Mais somme toute négligeable par rapport aux effectifs totaux du SCRS, évalués à environ 2 500 employés. Et encore plus dérisoire si on le compare à la « collecte de masse », spécialité du ministère de la Sûreté de l'État chinois chargé à la fois du contre-espionnage et du renseignement extérieur, le Guojia Anquanbu ou Guoanbu.

« Il est utopique d'imaginer que l'on pourra les contrer pied à pied, estime Roger Faligot. Mais il y a quand même moyen de faire du bon travail. La stratégie du SCRS, comme certains autres services de renseignement occidentaux, est d'identifier

---

87. Roger Faligot, *Les Services secrets chinois, de Mao aux JO, op. cit.*

trois ou quatre réseaux, que ce soit à l'intérieur de l'ambassade ou à l'extérieur, de découvrir leur mode de fonctionnement. »

Un travail colossal si l'on place dans la balance, d'un côté, les maigres effectifs du renseignement canadien et, de l'autre, l'importance démesurée de la représentation diplomatique chinoise au Canada. Une disproportion récurrente qui suscite depuis des années bien des questionnements de la part du service de renseignement canadien. À titre d'exemple, en 2008, ils étaient environ cent vingt diplomates accrédités auprès du service du protocole du MAECI. Des consuls par dizaines, des conseillers en veux-tu en voilà, et des premiers, deuxièmes et troisièmes secrétaires à la tonne… Un chiffre extraordinaire qui, soit dit en passant, excède celui de la représentation américaine. Sans compter les journalistes et employés d'organismes officiels du Parti communiste chinois, tel le *People's Daily*, ou les professeurs de chinois des instituts Confucius.

Ces enquêtes, à défaut de mener à des expulsions massives et médiatiques comme du temps des Soviétiques, ont au moins une utilité pédagogique, estime le spécialiste. Les enseignements qu'on en tire peuvent ensuite être appliqués à la lutte contre l'espionnage économique et industriel au niveau des entreprises. À condition que ces dernières veuillent bien écouter les avertissements qu'on leur sert et cesser de faire preuve de naïveté ou de négligence. Ce qui est loin d'être le cas, comme nous le démontrons ailleurs dans cet ouvrage.

Reste à savoir si cette ligne dure prêchée par les conservateurs fera le poids à moyen et long terme face aux pressions politiques et commerciales et si l'on passera de la parole aux actes. Permettez-nous d'en douter. Surtout lorsque l'on constate avec quelle mollesse le gouvernement Harper a réagi à la suite de la répression au Tibet au printemps 2008.

Oubliées la morale et les grandes idées démocratiques ! La *realpolitik* venait de supplanter une nouvelle fois les bonnes intentions du jeune gouvernement conservateur de 2006.

Même s'il est difficile de prendre les fautifs la main dans le sac, à cause de la stratégie classique qui consiste à se servir d'intermédiaires, il est quand même surprenant de constater qu'aucun diplomate chinois au Canada, espion patenté ou non, à une exception près, n'a été expulsé avec perte et fracas ces dernières années. Et pourtant, en même temps, on compte des dizaines de cas flagrants et incontestables d'ingérence. Et on ne parle même pas de l'espionnage économique à grande échelle.

Au Canada, depuis des années, la Chine s'est fixé comme principal objectif de contrôler tout ce qui est assimilé à de la dissidence. Ses services de renseignement, de concert avec ses diplomates, consacrent temps, énergie et argent à discréditer ou à intimider ses opposants, à mener des opérations clandestines d'infiltration et de manipulation des groupes prodémocratie, communautaires et des associations étudiantes.

Une situation connue et maintes fois dénoncée par le SCRS mais ignorée par les politiciens et les fonctionnaires des Affaires étrangères, frileux à l'idée d'offusquer le géant rouge.

À croire que le plus grand danger qui plane sur le Canada n'est pas l'ingérence étrangère mais bien l'ingérence intérieure!

«Les Chinois ont un culot monstre», a-t-on entendu des dizaines de fois au cours de nos recherches. Aussi, nous croyons qu'une mesure de rétorsion telle qu'une expulsion médiatique d'une flopée de diplomates, bien que symbolique, aurait le mérite d'envoyer un message fort et clair aux dirigeants de l'empire du Milieu.

«Pendant ce temps-là, constate Roger Faligot, les Chinois placent la barre chaque jour de plus en plus haut pour tester notre tolérance[88].»

Les exemples sont nombreux, et pas seulement au Canada, où la petite politique, l'éternelle perspective d'alléchants contrats à coups de milliards de dollars et les liens d'affaires étroits, pour ne pas dire incestueux, finissent par avoir le dessus sur le travail des agents de renseignement sur le terrain. Il n'y

---

88. Selon ses informations, l'ambassade de la RPC au Canada serait même un des plus grands centres opérationnels de renseignement à l'étranger.

a qu'à se rappeler les concessions faites par les géants Yahoo!, Google, Cisco, Skype et Microsoft, au détriment des droits de l'homme et de l'élémentaire liberté de circulation de l'information, pour se voir ouvrir les portes de la Chine[89].

Comprenons-nous bien. Même s'il est inconcevable et suicidaire économiquement d'ignorer ce pays émergent dans le cadre de nos relations commerciales et politiques, le problème est que le marché que l'on nous présente a trop souvent les allures d'un marché de dupes. On pourrait le résumer ainsi : « Je te vole ton savoir et tes secrets, et en échange tu achètes nos biens et tu délocalises tes emplois chez nous. »

De plus, les chiffres démontrent qu'il y a encore du travail à faire pour équilibrer la balance commerciale entre les deux pays. En 2007, le montant des exportations canadiennes vers la Chine totalisait 9,2 milliards de dollars, tandis que les importations se chiffraient, elles, à environ 38 milliards de dollars[90]. Et dans ces importations, on ne parle pas vraiment de haute technologie, mais plus souvent de produits très bon marché destinés à remplir les rayons de magasins à 1 dollar et parfois même dangereux pour la santé, si l'on se souvient de l'épisode de la contamination à la mélamine. Mais cela est une autre histoire...

« Sidewinder », le rapport qui gênait trop

Au Canada, l'exemple le plus frappant et le plus troublant d'ingérence étrangère mêlée à des interférences politico-économiques demeure l'opération « Sidewinder », qui a pour la première fois exposé les efforts considérables déployés par la Chine pour infiltrer, et éventuellement piller, l'économie

---

89. Tom Zeller Jr, « House Member Criticizes Internet Companies for Practices in China », *The New York Times*, 15 février 2006.
90. Allocution de Pete Harder, du Conseil commercial Canada–Chine, le 29 avril 2008 devant le Comité sénatorial permanent des affaires étrangères et du commerce international. Consulté sur le site internet du CCCC.

canadienne. Plus préoccupant encore, les enquêteurs du SCRS et de la GRC mobilisés sur ce projet depuis mai 1996 ont démontré l'existence d'une alliance formée pour l'occasion par un trio infernal : services secrets chinois, triades mafieuses et hommes d'affaires chinois.

En haut lieu au Canada, certains ont immédiatement hurlé «foutaise» et dénoncé ce qui a été classé dans la catégorie «théorie du complot». Si bien que le premier rapport Sidewinder, dont le titre était *Chinese Intelligence Services and Triads Financial Links in Canada*, a été purement et simplement jeté à la poubelle en 1997 avant d'être remplacé, en 1999, par une version plus molle et consensuelle. Baptisée du nom de code «Écho», celle-ci demeure toujours classifiée à ce jour.

Le dernier clou a été enfoncé par le rapport annuel 1999-2000 ; le CSARS* (Comité de surveillance des activités de renseignement de sécurité) soutenait n'avoir «trouvé aucune preuve de la prétendue ingérence politique» :

> Aucun des documents et dossiers examinés, aucune des entrevues menées et des observations recueillies ne permet de croire en une telle ingérence, réelle ou présumée. Le projet Sidewinder n'a pas été abandonné : il a été retardé après qu'on eut jugé le rapport insatisfaisant.
>
> Quant à la première ébauche du rapport Sidewinder, nous l'avons trouvée très boiteuse à presque tous les égards. Elle dérogeait aux normes de rigueur professionnelle et analytique les plus élémentaires. Les mesures prises par le Service pour rehausser la qualité de ses futurs travaux de collaboration avec la GRC au projet Sidewinder étaient appropriées.

Ironiquement, au moment où les Canadiens piétinaient Sidewinder, les Américains publiaient le rapport de Christopher Cox.

Le rapport Cox est un pavé de plusieurs centaines de pages dans lequel sont détaillées et dénoncées les activités clandestines de la Chine aux États-Unis. Et comme par hasard, les observations sur les stratagèmes employés par les espions de l'empire du Milieu pour s'accaparer des technologies militaires américaines et les conclusions concordent en grande partie avec celles des enquêteurs du projet Sidewinder. Sociétés écrans, pseudo-instituts de recherche et de coopération, *joint-ventures* entre les entreprises nord-américaines et la Chine, utilisation de délégations, d'étudiants, de journalistes, etc., pour collecter des informations provenant souvent de sources ouvertes, autant de tactiques employées aussi au Canada, comme nous le démontrons par ailleurs.

Aujourd'hui encore, plusieurs personnes interrogées dans le cadre de notre enquête et très au fait du dossier Sidewinder demeurent convaincues qu'il y a eu ingérence politique au plus haut niveau pour torpiller le rapport et en discréditer les auteurs. Lorsqu'on leur demande de préciser leur pensée, de citer des noms, elles s'enferment dans le mutisme. Par peur des poursuites. Il faut dire que certaines ont payé cher leur franc-parler, en voyant leur carrière ruinée.

D'autres ont plutôt tendance à croire qu'il ne faut pas chercher les coupables au plus haut niveau politique. Selon elles, ce seraient plutôt des «petits boss» du SCRS effrayés par ce qu'ils lisaient, surtout des éventuelles répercussions néfastes pour leur carrière, qui sont responsables de la mise à mort du rapport Sidewinder.

Il faut se rappeler qu'à l'époque le gouvernement libéral de Jean Chrétien faisait du commerce avec la Chine sa priorité numéro 1. C'est également en 1997 qu'un Canadien, en l'occurrence André Desmarais, de Power Corporation, a eu le rare privilège pour un Occidental de devenir membre du conseil d'administration de CITIC Pacific (China International Trust Investment Company[91]). Depuis, il a été rejoint par deux autres Canadiens.

Basé à Hong Kong, CITIC est un puissant et tentaculaire conglomérat chinois fondé en octobre 1979 sous la houlette et

---

91. Une branche canadienne a été créée à Vancouver en septembre 1986.

avec la bénédiction du secrétaire général du Parti communiste chinois, Deng Xiaoping. Il brasse des affaires directement ou indirectement dans plusieurs domaines, de l'immobilier aux transports, en passant par les télécommunications et même l'armement via China Poly Group, elle-même compagnie satellite de l'Armée populaire de libération. CITIC, affirment plusieurs spécialistes[92], serait aussi un repaire extraordinaire d'officiers de renseignement.

Une loi plus musclée?

À lire le rapport de 2006 du SCRS évoqué plus haut, et reproduit dans cet ouvrage, le Canada semble désormais prendre très au sérieux ces menaces contre ses «communautés ethnoculturelles». Du moins sur le papier. Ces menaces, lit-on toujours dans le même document du SCRS, sont placées au même niveau que celles pouvant porter atteinte aux secrets industriels ainsi qu'aux infrastructures.

L'ingérence étrangère ne date pas d'hier et, soyons francs, comme c'est le cas pour l'espionnage économique, de nombreux pays qui sont les premiers à s'en offusquer y ont recours, à des niveaux plus ou moins préoccupants. Ce qui est étrange, en revanche, c'est qu'elle fait rarement les manchettes, bien qu'elle soit aussi répandue que l'espionnage «conventionnel». Et rares sont les diplomates qui sont pris la main dans le sac. Peut-être parce que ceux-ci utilisent certains de leurs ressortissants pour effectuer leurs sales besognes, comme nous le verrons plus loin.

Autre point à prendre en compte, les accords de coopération mis en place dans le plus grand secret entre plusieurs services de renseignement, dont certains traditionnellement «ennemis» *a priori*, pour lutter contre le terrorisme.

---

92. Agnès Andresy, *Princes rouges – Les nouveaux puissants de Chine*, L'Harmattan, Paris, 2004, citée par Roger Faligot dans son livre.

Ces alliances contre-nature se sont multipliées ces dernières années en particulier dans le cadre des préparatifs pour les Jeux olympiques de Pékin (2008).

C'est ainsi que, depuis 2003, des centaines de policiers chinois sont venus au Canada, mais aussi en Allemagne, en Australie et en Grande-Bretagne, pour y suivre un entraînement non spécifié[93]. Un partenariat antiterroriste a été mis sur pied entre la Russie et la Chine, deux puissances dont les services de renseignement n'ont pas pour habitude de se donner des tapes amicales dans le dos. Des rencontres ont eu lieu entre des responsables des services de renseignement canadiens et leurs homologues chinois. Tout comme le SCRS rencontre épisodiquement le SVR russe.

Les autorités chinoises s'essayent périodiquement à fournir des listes de personnes à cibler, des « criminels » à leurs yeux, aux services étrangers. Or, le plus souvent, il s'agit d'opposants et d'associations considérés comme des vilains ennemis du régime. Les Chinois auraient aussi demandé conseil aux Canadiens sur la façon de contrôler les journalistes, leurs bêtes noires, qui allaient déferler par milliers à l'occasion des JO et bien sûr mettre leur nez partout à la recherche d'histoires n'ayant vraiment rien à voir avec des exploits sportifs.

« Désolé, les amis, mais ce n'est pas dans nos habitudes », auraient rétorqué en substance les Canadiens stupéfaits.

Nous avons cherché à en savoir plus auprès du SCRS sur cette anecdote croustillante, et plus généralement sur la teneur et l'étendue des accords de coopération signés avec la Chine. S'agissait-il seulement de protéger la sécurité des ressortissants et athlètes canadiens qui seraient présents à Pékin pendant les Jeux ? Le Canada profitait-il aussi de ces réunions pour sermonner l'empire du Milieu à propos de ces ingérences répétées ?

---

93. Rapport secret du SCRS, « Manifestations contre les Jeux olympiques », BR2007-8/07a, 16 août 2007. (Archives des auteurs)

Fidèle à son habitude, le SCRS n'a «ni démenti ni confirmé» la tenue de cette réunion et la requête particulière des Chinois. Pour toute réponse, nous avons dû nous contenter de ces quelques lignes politiquement correctes :

Le Service a la responsabilité de protéger le Canada et les Canadiens, au pays et à l'étranger.

Pour remplir son mandat, le Service entretient des relations de coopération avec des services d'application de la loi et des services de renseignement au Canada et à l'échelle internationale.

Dans le cadre des Olympiques de Beijing 2008, le mandat du Service est d'épauler nos nombreux partenaires de l'application de la loi et du renseignement afin que les Jeux se déroulent sans incident.

Il faut préciser que le Service ne joue pas un rôle dans l'application de la loi ou de services de protection.

Le Service reconnaît l'importance de la liberté de presse et le droit de défense d'une cause et de protestation.

Le Service ne discute pas de ses relations avec d'autres services de renseignement.

Cet épisode n'étonne pas le Français Raymond Nart. Il se replonge dans les mois qui ont suivi Tian'anmen, alors que la France célébrait avec faste le bicentenaire de la Révolution et sa Déclaration des droits de l'homme. À l'époque, le commissaire Nart était responsable du dossier de la Chine au contre-espionnage français. Un officiel chinois lui avait demandé le plus sérieusement du monde que la France surveille et arrête les étudiants dissidents qui s'y étaient réfugiés.

«Il y en a beaucoup chez vous, avait insisté le Chinois.

— Mieux vaut qu'ils soient chez nous que chez vous, lui avait répondu du tac au tac le commissaire Nart. Mais nous allons nous en occuper.»

«Évidemment, nous n'avons rien fait», précise Raymond Nart.

La guerre contre le Falun Gong

Ottawa, automne 2006. Wang Pengfei, le deuxième secrétaire du Bureau de l'éducation à l'ambassade de Chine, rue Saint-Patrick à Ottawa, reçoit une bien mauvaise nouvelle. Le ministère canadien des Affaires étrangères refuse le renouvellement de son visa. Une manière polie de lui montrer la porte de sortie. En novembre 2006, son nom a disparu des fichiers du protocole canadien. Wang Pengfei a fait ses valises. Terminés le canal Rideau, le marché By et sa petite vie tranquille dans la capitale nationale.

Selon les indiscrétions publiées à l'époque[94], le diplomate avait en particulier pour tâche de ficher les pratiquants du Falun Gong au Canada et de leur mener la vie dure.

Évidemment, comme c'est toujours le cas dans les affaires d'espionnage, le gouvernement chinois a nié que son diplomate ait été expulsé et encore moins qu'il se soit adonné à des activités illicites d'espionnage. La version officielle évoque plutôt une rotation normale du personnel diplomatique.

Zhang Jiyan, 48 ans, épouse d'un commissaire aux comptes de cette même ambassade, sait trop bien qu'il n'en est rien. C'est à cause de son attachement au Falun Gong qu'elle a été suivie à la trace et qu'elle était obligée d'allumer la télévision et la hotte de la cuisinière pour couvrir le son de ses conversations avec son mari dans leur appartement de fonction équipé de micros.

Le Falun Gong[95], ou Falun Dafa, est un mouvement spirituel fondé par Li Hongzhi en 1992. Ses adeptes pratiquent un curieux mélange de non-violence bouddhiste et de mouvements de gymnastique taoïste.

D'abord autorisé, le Falun Gong a vu son destin basculer une nuit d'avril 1999 lorsque des milliers d'adeptes venus de toute la Chine ont réussi l'exploit de converger sans avertissement

---

94. « Harper reste ferme devant la Chine », *La Grande Époque*, 21 novembre 2006.
95. *Falun* se traduit par « roue de la loi » et *Gong* est l'abréviation de « qigong », mélange d'exercices et de méditation.

vers la place Tian'anmen et d'encercler pendant quelques heures les bâtiments du gouvernement et du parti avant de quitter les lieux tout aussi calmement. Bien que totalement pacifiste et silencieuse, cette démonstration de force organisée dix ans après les événements tragiques de la place Tian'anmen a fait paniquer les autorités chinoises. Celles-ci, furieuses et peut-être vexées d'avoir été prises au dépourvu, ce qui semble *a priori* inimaginable dans ce pays totalitaire, eurent tôt fait d'interdire le Falun Gong, décrété «organisation hérétique», et de lancer leurs sbires dans une véritable chasse aux sorcières. Une répression féroce et hystérique qui s'est propagée depuis par-delà les frontières. Fenzghi Li, un ex-espion chinois membre du Guoanbu ayant fait défection aux États-Unis en 2004, a relaté cette chasse aux sorcières mondiale lorsqu'il a révélé publiquement son passé et sa démission du Parti communiste chinois au printemps 2009.

Depuis, les adeptes vivent dans la crainte. Et, soyons honnêtes, la paranoïa! Anecdote qui ne trompe pas, une grande affiche indiquant les coordonnées du poste de police le plus proche est placardée sur le mur de l'entrée de la section montréalaise du Falun Gong, rue Clark, au cœur du Chinatown québécois.

Nous avons choisi de mettre l'emphase sur cette guerre sans fin entre le Falun Gong et le pouvoir chinois, plutôt que sur les militants tibétains, non par sympathie excessive envers ce mouvement (dont nous ne sommes pas membres!), mais parce qu'elle reflète parfaitement l'ingérence étrangère sous tous ses aspects. En voici quelques exemples significatifs.

En juillet 2004, deux membres du consulat de la RPC à Calgary, C. J. et W. J., ont été l'objet d'une enquête menée par la police d'Edmonton avec le concours de la GRC. Les deux hommes avaient été vus en train de distribuer le 11 juin précédent de la «littérature haineuse» lors d'une conférence de l'American Family Foundation tenue à l'Université de l'Alberta, à Edmonton. Il s'agissait de deux pamphlets intitulés *La Vérité* et *Falun Gong est une secte diabolique,* illustrés avec des images sanglantes d'immolations, de crimes et de suicides, lit-on dans le rapport de police dont nous avons obtenu copie.

À l'issue de leur enquête, les policiers ont recommandé que les deux membres du consulat, qui ne bénéficiaient pas de la même protection diplomatique totale que les diplomates, soient accusés en vertu de l'article 319.2 du code criminel, «Fomenter volontairement la haine».

Le procureur général de l'Alberta n'a pas suivi les policiers sur cette voie. Au grand désespoir des activistes canadiens du Falun Gong, qui ont décidé de demander une révision judiciaire. À nouveau, le groupe a frappé un mur. Mais, loin de jeter l'éponge, ils ont fait appel. Au moment d'écrire ces lignes, la procédure suivait son cours. Quant à C. J. et W. J., ils n'ont pas attendu l'issue des procédures judiciaires pour quitter le Canada dès que le rapport de police a été rendu public.

Même lorsque la justice montre les dents et se fait intraitable, appliquer la peine est une autre histoire. C'est ainsi qu'en février 2004 Pan Xinchum, consul général adjoint du consulat de Chine à Toronto, a été condamné à payer un total de 11 000 dollars à titre de réparation et en frais de justice pour diffamation envers un homme d'affaires pratiquant le Falun Gong. Une première. Mais Pan Xinchum est retourné dans son pays en toute impunité, sans être inquiété et encore moins avoir à payer son dû. Même la Banque de Chine à Toronto a ignoré une injonction de la Cour supérieure lui ordonnant de geler les avoirs du diplomate.

«Nous sommes des gens ordinaires, tient à préciser en préambule à notre rencontre Lucy Zhou, porte-parole du groupe au Canada. Le Falun Gong n'est pas une secte, il n'y a pas de *membership*. C'est simplement un mode de vie [...] bénéfique pour la santé. »

Pour les autorités chinoises, rarement à court d'imagination, le Falun Gong, les Tibétains, les Ouïghours du Turkistan de l'Est, les activistes prodémocratie et les militants en faveur de l'indépendance de Taïwan sont purement et simplement qualifiés de «cinq poisons». Difficile d'être plus explicite.

Sur son site internet, l'ambassade de Chine à Ottawa décrit d'ailleurs d'une manière peu élogieuse le Falun Gong[96] :

> *Falun Gong is an anti-science, anti-humanity and anti-society evil cult which has been banned in China in accordance with law. It uses religion, Qigong or other things as camouflage to brainwash and control the practitioners. It preaches that human can, through psychological meditation, from invisible magic wheels inside their bodies, cure their illness without medical treatment. It spreads Dooms Day theory, boasts that Li Hongzhi, founder of Falun Gong, is the most powerful God, claiming the sole power to foresee and avert the many unseen disasters that threaten the world. It also uses Falun Gong to amass dirty money, and commit economic crimes of tax evasion and money laundering.*

Wang Pengfei, le diplomate *persona non grata* (PNG), s'appuyait sur la vingtaine d'associations d'étudiants chinois implantées dans les principales universités du pays. Qu'ils soient ultra-nationalistes zélés, naïfs ou soumis au chantage, ces étudiants ont pour habitude de répondre présent au moindre claquement de doigts de leurs autorités et des services secrets, sans se poser de questions. Ou peut-être n'ont-ils pas le choix.

En échange, Pékin sait se montrer généreux et les récompenser comme il se doit pour leurs bons et loyaux services. En 2004, le même Wang Pengfei avait félicité dans un article du *Chinese Scholars Abroad Magazine* (www.chisa.edu.cn) le président de l'association des étudiants de l'UQAM pour ses «activités de propagande [...] et ses activités braves et ingénieuses contre le Falun Gong[97]».

---

96. «Chinese Embassy's Statement on the Issue of Falun Gong», 26 juillet 2006.
97. Parmi les hauts faits d'armes de Wang Pengfei, ajoutons une tentative d'obstruction de manifestants pro-Falun Gong lors de la visite du premier ministre chinois Wen Jiabao à Ottawa en 2003.

Le mystérieux United Front Work Department

Au total, la Chine s'appuierait au Canada sur une vingtaine d'organisations paravents, groupes communautaires, associations d'étudiants, organisations professionnelles et journalistes. En haut de cette pyramide tentaculaire se trouve le United Front Work Department (UFWD*) du Comité central du Parti communiste chinois (PCC).

Cet organisme officiel ainsi que le ministère des Affaires étrangères se seraient vu allouer en 2007 la rondelette somme de 3 milliards de dollars, en plus de son budget annuel. Tout cela pour améliorer l'image de la Chine à l'approche des Jeux olympiques de l'été 2008.

Mais le rôle de l'UFWD est avant tout d'espionner. Si l'on se base sur une étude rédigée par une analyste du SCRS et publiée sur son site internet[98], on pourrait résumer ainsi le but de cet organisme : s'allier avec ses amis pour détruire ses ennemis.

Extraits :

En tant qu'opération de recrutement d'alliés dans des secteurs clés de la société et d'isolation de vrais ennemis, la stratégie du front uni constitue l'équivalent chinois de la guerre psychologique.

En rappelant aux membres de sa diaspora leur devoir envers la mère patrie, la Chine a parfois demandé plus que de l'argent et des discours sympathiques. L'un des buts de la stratégie du front uni consiste également à inciter les Chinois d'outre-mer, par la menace ou par des appels au patriotisme, à s'adonner à l'espionnage économique et technique.

---

98. Holly Porteous, « Commentaire n° 72 : La stratégie du front uni de Beijing à Hong Kong », hiver 1998.

Avant de livrer cet avertissement :

Comme la tactique consistant à diviser pour mieux régner qui caractérise la stratégie du front uni formera la base de cette campagne, le Canada devra faire preuve de vigilance pour s'assurer que les droits et libertés des Chinois canadiens ne seront pas menacés.

L'utilisation d'étudiants comme intermédiaires ou comme façade est une tactique grossière, employée par plusieurs autres régimes autocratiques. Mais, bien que personne ne soit dupe, elle présente l'énorme avantage de ne pas faire retomber le blâme sur la mission diplomatique locale. À cette recette magique il faut ajouter le nationalisme exacerbé d'une partie des Huaqiao, les Chinois d'outre-mer, qui n'ont pas besoin de se faire prier pour s'en prendre, verbalement ou physiquement, aux «ennemis» du régime.

Mais ne nous leurrons pas, prévient Roger Faligot, les services de l'éducation des ambassades sont directement liés aux services secrets chinois. Il raconte aussi dans un ouvrage récent que, dans les mois qui ont suivi la répression de la place Tian'anmen, les services secrets chinois ont envoyé des équipes de «nettoyeurs» *(sic),* certains protégés par le statut diplomatique, dans leurs ambassades pour mater les dissidents et remettre sur le droit chemin des associations étudiantes locales en ayant recours à des menaces plus ou moins subtiles, à des pressions et à du chantage[99].

Au cours de l'hiver 2008, ce sont ces mêmes étudiants qui sont sortis dans la rue, encadrés de près, pour crier leur haine contre le peuple tibétain et leur chef spirituel, le dalaï-lama. À Montréal, par exemple, ils ont protesté contre les «mensonges» des médias, en plus de traiter les Tibétains de «talibans» et le dalaï-lama de «menteur et tortionnaire» qui réduit son peuple

---

99.   Roger Faligot, *Les Services secrets chinois, de Mao aux JO, op. cit.*

en «servitude». À Ottawa, des témoins rapportent avoir entendu des slogans hostiles de ce genre : « *Fuck* Tibet, *fuck* les Tibétains, vous devriez tous mourir ! » Même chose à Toronto.

Lucy, la représentante du Falun Gong, nous a raconté, encore bouleversée, avoir vécu des moments stressants alors qu'elle marchait en arrière d'une parade du Falun Gong dans le quartier de Flushing, à New York, au mois de mai 2008. Une manifestation qui a donné lieu à plusieurs débordements.

« Il y avait des centaines de Chinois sur les trottoirs qui nous insultaient, nous crachaient dessus et nous jetaient des bouteilles d'eau. À un moment, certains ont sauté par-dessus les barrières pour me bousculer. Heureusement, des policiers sont intervenus pour m'escorter. »

Cette contre-manifestation aurait été organisée par le consulat général de la RPC à New York. Un de ses hauts responsables, Peng Kenyu, se serait d'ailleurs félicité de l'avoir « encouragée de manière discrète » lors d'une entrevue téléphonique alors qu'il était piégé par un membre du World Organization to Investigate the Persecution of Falun Gong (WOIPFG).

Selon la transcription envoyée aux médias[100], Peng Kenyu, bien que ravi de son coup fumant, n'avait qu'une seule crainte, celle d'être démasqué, précisant de ce fait qu'il avait agi avec une infinie discrétion en endossant son costume d'agitateur :

> Nous devons être très prudents avec ce genre de chose, autrement les gens vont dire que le consulat général de la Chine est derrière tout cela.

Sa stratégie consistait à se garer loin de l'endroit de la manifestation, à demeurer en retrait pour ne pas être vu de ses opposants, puis ensuite à féliciter ses troupes pour leur bon travail, et à donner des angles de reportage bien précis aux médias favorables à la cause, en particulier la chaîne de télévision CCTV.

---

100. Le fichier MP3 de la conversation ainsi qu'une partie de la transcription (en anglais) sont disponibles sur les sites internet du WOIPFG et d'*Epoch Times*.

Plus les Jeux olympiques approchaient, plus le gouvernement chinois, terrorisé à l'idée de voir des groupes comme le Falun Gong – qu'il suspecte d'être manipulé par la CIA – profiter de la présence des médias étrangers pour réitérer son coup d'éclat de 1999, a redoublé d'ardeur pour mater ses opposants, en jetant tous ses services secrets dans la bataille.

Au cours des dernières années, quelques rares étudiants ont osé briser le silence en révélant les manœuvres d'intimidation dont ils auraient été les victimes au Canada ou lors de leur retour en Chine.

En 2005, une étudiante de l'Université d'Ottawa a ainsi reçu un courriel sans équivoque émanant du bureau de l'association locale des étudiants chinois. On l'avertissait que «l'enquête» (sic) menée par ses collègues avait conclu qu'elle était toujours membre du Falun Gong. Cette missive se concluait ainsi: «Faites attention à vous.»

En replongeant dans les archives de la Cour fédérale d'appel, nous sommes tombés sur le cas assez éloquent d'un ex-étudiant à la maîtrise de Concordia, à Montréal, membre de l'Association des étudiants et intellectuels chinois (CSSA). Le CSSA, dont le réseau est tentaculaire dans le monde, est considéré comme un maillon essentiel de la propagande et un garant du patriotisme chinois à l'étranger. Ces associations vivent en grande partie grâce aux subsides des délégations de la RPC à l'étranger.

Le jeune ressortissant de la République populaire de Chine a demandé en 1994 le statut de résident permanent. Il a eu par la suite plusieurs rencontres avec l'agent des visas chargé d'étudier son dossier ainsi qu'avec des représentants du SCRS (leur rapport est toutefois gardé secret pour des raisons de sécurité nationale).

Le 18 septembre 1998, l'agent des visas écrit à l'étudiant en question pour lui signifier que sa demande est refusée:

En ce qui concerne votre demande de résidence permanente au Canada, la présente confirme que je suis arrivé à la conclusion selon laquelle vous ne répondez pas aux conditions de l'immi gration au Canada. Je vous ai déjà informé directement de cette décision durant votre entrevue du 17 septembre 1998.

Lors de cette entrevue, je vous ai indiqué que j'avais la forte impression qu'il y avait des motifs raisonnables de croire que vous vous étiez livré à des actes d'espionnage et de subversion contre des institutions démocratiques, au sens où cette expression est comprise au Canada. J'ai fait observer que, de votre propre aveu au cours de l'entrevue, vous aviez communiqué à maintes reprises avec l'ambassade de la République populaire de Chine à Ottawa, communiqué des renseignements sur les activités de membres d'une organisation étudiante canadienne appelée Association des étudiants et intellectuels chinois (la CSSA) et tenté de corrompre cette organisation pour qu'elle réponde aux buts et objectifs d'un gouvernement étranger. À cette époque, je vous ai demandé de me détromper de cette impression et je vous ai informé que, si vous n'y parveniez pas, votre demande serait refusée.

Vous avez répondu en niant que vous étiez un agent d'un gouvernement étranger, mais vous avez volontiers reconnu vos nombreux contacts avec des diplomates chinois durant une période prolongée au cours de laquelle vous avez contribué à «réorganiser» la CSSA. Vous avez aussi reconnu avoir fourni des renseignements à des diplomates chinois à propos de certains membres de la CSSA et avez reconnu également que vous étiez ouvertement en désaccord avec les étudiants de cette organisation qui étaient favorables à la démocratie, que vous aviez repéré ces étudiants et les aviez signalés à l'ambassade, et que vous aviez cherché à modifier l'orientation de la CSSA à l'aide de fonds fournis par l'ambassade au soutien de certaines activités, pour la rendre «sensible au gouvernement chinois et aux fonctionnaires chinois». Vous avez fait valoir que toute concordance entre les objectifs et politiques du gouvernement chinois et vos activités était purement accidentelle et que vous agissiez strictement par conviction personnelle. J'ai fait remarquer toutefois que les activités que vous avez reconnu avoir exercées étaient si manifestement celles d'un agent que votre argument se trouvait dépourvu de toute crédibilité et que j'ai dû considérer votre dénégation comme une réaction intéressée. J'ai constaté que vous aviez reçu l'une de seulement vingt dispenses de frais de scolarité attribuées par l'ambassade aux étudiants chinois fréquentant des institutions anglophones dans la province de Québec, et que les probabilités d'une contrepartie étaient trop fortes pour que je les ignore.

Je conclus par conséquent que vous n'avez pas dissipé mes craintes et que, eu égard à votre propre témoignage, il existe des motifs raisonnables qui me portent à croire que vous êtes une personne qui s'est livrée à des activités hostiles et subversives au nom d'un gouvernement étranger, activités destinées à recueillir des informations qui seraient utilisées à des fins de renseignement et qui intéressent les droits fondamentaux de l'individu au Canada.

Je suis donc d'avis que vous entrez dans la catégorie non admissible des personnes décrites au sous-alinéa 19 (1) f) (i) de la Loi sur l'immigration...

[9] Ce sous-alinéa est ainsi rédigé

19. (1) Les personnes suivantes appartiennent à une catégorie non admissible :

[...]

f) celles dont il y a des motifs raisonnables de croire qu'elles :

(i) soit se sont livrées à des actes d'espionnage ou de subversion contre des institutions démocratiques, au sens où cette expression s'entend au Canada, le présent alinéa ne visant toutefois pas les personnes qui convainquent le ministre que leur admission ne serait nullement préjudiciable à l'intérêt national [...]

Pour la petite histoire, l'étudiant a porté sa cause devant un juge des requêtes, qui a annulé cette décision, même s'il reconnaissait «sans aucune hésitation» que le ressortissant chinois se livrait à de l'espionnage et de la subversion, qu'il rapportait les moindres faits et gestes de ses petits camarades. Où est le problème alors ? Tout simplement que, selon ce magistrat, une association étudiante n'entre pas dans la définition de l'article susdit. Lisez plutôt cet argument fallacieux :

> [...] la CSSA, qui était une organisation d'étudiants à Concordia, visée par les activités du demandeur, ce dernier faisant notamment rapport sur les membres de l'association aux fonctionnaires de l'ambassade de la Chine à Ottawa, n'est pas une « institution démocratique » au sens où cette expression s'entend dans la disposition pertinente.

Cette cause, et surtout l'interprétation de l'expression « institution démocratique » restreinte à un sens strictement politique, a continué ensuite de faire des vagues devant les tribunaux après une demande d'appel déposée en 2001 par le ministère de la Citoyenneté et de l'Immigration[101]. Les trois juges de la Cour d'appel ont donné raison au gouvernement et renvoyé le dossier entre les mains d'un nouvel agent des visas.

En 2003, c'est au tour d'un journaliste de *People's Daily*, en poste à New York, de se voir fermer la porte du Canada. L'enquête menée par le SCRS « permettait de croire » que Haiquan Yao était un membre des services de renseignements chinois. Comme nombre de pseudo-journalistes de l'empire du Milieu, parachutés ici et là sous la couverture du *People's Daily* ou bien de l'agence de presse officielle Xinhua (Chine nouvelle), Yao travaillait pour le compte du Guoanbu, le ministère de la Sécurité de l'État (MSE), « organisme qui se livre ou s'est livré à des actes d'espionnage ou de subversion contre des institutions démocratiques, au sens où cette expression s'entend au Canada[102] ».

Cet honorable correspondant, qui venait de terminer ses études à l'Institut des relations internationales (BIRI), avait

---

101 Dossier A-289-00, réf. 2001 CAF 399, le ministre de la Citoyenneté et de l'Immigration (*appelant*) contre Yong Jie Qu (*intimé*). Site internet de la Cour fédérale d'appel.

102. Dossier IMM-1571-00, réf. 2003 CFPI 741, Haiquan Yao contre le ministre de la Citoyenneté et de l'Immigration. Cour fédérale.

été choisi pour occuper ce poste à New York en raison de sa
«loyauté». Il a aussi admis que son travail consistait à faire
parvenir à Pékin des «rapports» portant principalement sur
Taïwan et à s'intéresser à la communauté chinoise locale.

Une unité secrète à Ottawa

Si le départ en catimini de Wang Pengfei n'a eu que peu d'échos
dans la presse, il n'en fut pas de même lors de la défection
spectaculaire le 5 mars 2007 de Mme Zhang Jiyan.

Il faut dire que cette femme de diplomate a choisi d'étaler
au grand jour les activités clandestines de certains membres de
l'ambassade chinoise à Ottawa. C'est ainsi que le 30 mars, sur la
colline du Parlement, cette femme aux longs cheveux noirs, les
yeux cachés derrière de gros verres fumés, a raconté comment
elle avait été «touchée au cœur» par le Falun Gong. C'était
en 1995 à l'ambassade de Chine à Paris lors d'une conférence
que Li Hongzhi, le fondateur du mouvement, qui n'avait pas
encore été banni par le Parti communiste, venait de faire pour
expliquer ses préceptes.

Dans son long exposé, Zhang Jiyan a dénoncé avec fer-
meté les persécutions «systématiques», «terribles» et «brutales»
dont sont victimes les adeptes de son mouvement. En Chine
bien entendu, mais aussi dans les pays où il est bien implanté,
comme le Canada ou l'Australie.

Plus grave encore, Zhang Jiyan a révélé l'existence à
l'ambassade d'une unité spéciale d'une dizaine de personnes
«chargées de collecter de l'information sur les groupes pouvant présenter une menace, spécialement sur les pratiquants
du Falun Gong».

Ce sont ses sbires qui, depuis que Zhang Jiyan ne faisait plus de mystères autour de son appui au Falun Gong,
l'auraient suivie pas à pas à chacune de ses sorties dans les
rues de la capitale nationale, auraient ouvert son courrier et
épié le moindre de ses faits et gestes.

Ce sont encore eux qui sont chargés d'infiltrer des associations d'arts martiaux canadiennes où l'on pratique le *taiji-
quan* et la gymnastique *qigong*, afin de débusquer d'éventuels
adeptes du Falun Gong et de dresser des listes de tous les
adhérents[103].

C'est cette même équipe qui aurait monté en 2005 une
vaste campagne de désinformation auprès du CRTC (Conseil
de la radiodiffusion et des télécommunications canadiennes).

Cette femme aurait personnellement vu «du matériel inci-
tant à la haine contre le Falun Gong». «L'ambassadeur chinois,
ajoute-t-elle, a dit […] qu'il allait transmettre du matériel dif-
famant le Falun Gong aux membres du parlement, aux responsables du gouvernement canadien, ainsi qu'à l'ancienne
gouverneure générale.»

Un des buts avoués de cette unité de propagande, si l'on
en croit une note interne et confidentielle exhibée devant les
caméras par Zhang Jiyan, était d'utiliser des membres de la
diaspora et des étudiants pour bloquer l'attribution d'une
licence à la chaîne de télévision en mandarin New Tang
Dynasty Television (NTDTV) en envoyant des pétitions et
des lettres de protestation[104].

Fondée en 2001, cette chaîne de télévision basée à New
York est réputée critique à l'encontre du pouvoir en place. Elle
ne cache pas non plus ses affinités avec le Falun Gong, pour
ne pas dire son appartenance à ce mouvement. Des pressions
auraient aussi été exercées sur un câblo-opérateur canadien
pour le dissuader d'offrir NTDTV à ses abonnés. Mais la
tactique, détestable, n'a pas fonctionné. En novembre 2005, le
CRTC a attribué une licence à la chaîne en question, recon-
naissant au passage que «quelques organismes communautaires
chinois se sont adressés au Conseil pour s'opposer à l'inscription de NTDTV […]. La plupart des opposants font allusion
au fait que NTDTV présente le Falun Gong sous un jour

---

103. Roger Faligot, *Les Services secrets chinois, de Mao aux JO, op. cit.*
104. Bill Gertz, «Embassy Unit Works to Block Falun Gong Broadcast Licence», *The Washington Times*, 17 avril 2007.

favorable, certains alléguant qu'il se trouve parmi les propriétaires de NTDTV des adeptes du mouvement».

Le même CRTC ne s'est pas gêné non plus, dans une de ses décisions, pour dénoncer en décembre 2006 les reportages «offensants» envers le Falun Gong de CCTV-4, la télévision satellitaire officielle chinoise diffusée au Canada.

En résumé, on y clame une haine viscérale envers le Falun Gong et son fondateur. Quant à ses adeptes, ce ne seraient que des malades mentaux.

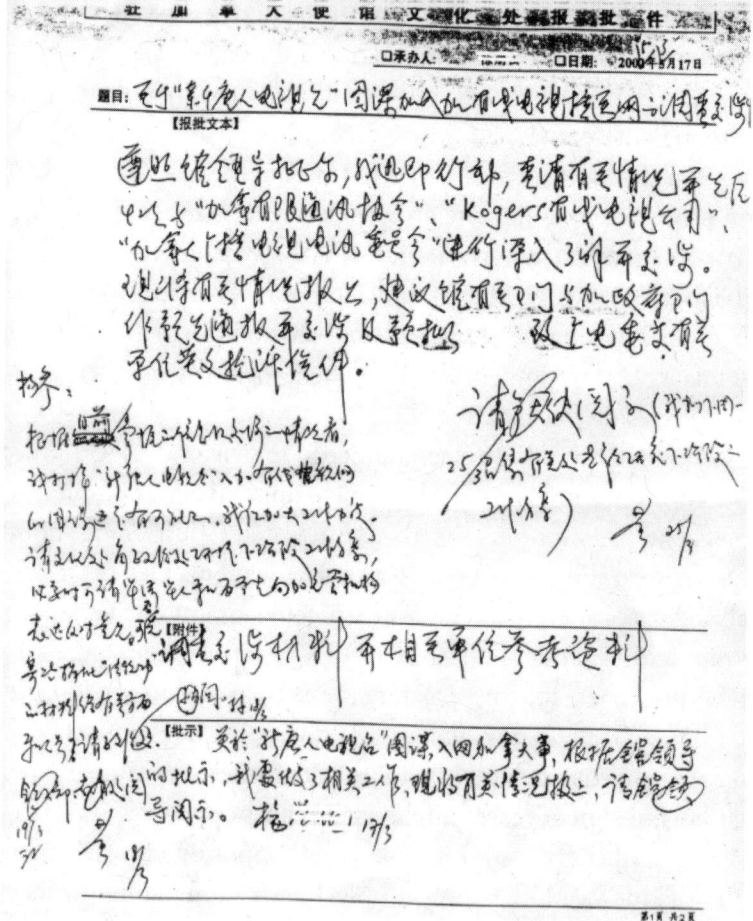

► En mars 2007, l'épouse d'un diplomate chinois à Ottawa a fait défection, emportant avec elle cette note rédigée, affirme-t-elle, par un membre de l'ambassade et dans laquelle sont détaillées les pressions exercées par les agents de Pékin afin d'empêcher la diffusion au Canada d'une chaîne de télévision du Falun Gong. (Archives des auteurs)

Le Conseil estime que ces propos sont manifestement offensants parce qu'ils traduisent une extrême malveillance à l'égard du Falun Gong et de son fondateur, Li Hongzhi. La dérision, l'hostilité et l'insulte qu'encouragent ces propos pourraient exposer le groupe ou la personne visée à la haine ou au mépris et, dans le premier cas, la déclaration pourrait inciter à la violence et menacer la sécurité physique des pratiquants du Falun Gong.

[...] Dans l'un des reportages, les journalistes, les lecteurs de nouvelles et les personnes interrogées tels des médecins, des enseignants et des citoyens ordinaires cataloguent le Falun Gong comme « antihumanité, antiscience et antisociété » et en parlent constamment comme d'un « culte maléfique », d'une « doctrine maléfique » ou d'un groupe à caractère criminel ou meurtrier, allant même jusqu'à dire qu'il « étend sa griffe démoniaque ».

[...] Ce genre de commentaires, pris dans le contexte de comptes rendus de nouvelles, est susceptible de rendre le groupe ciblé plus vulnérable à la haine ou au mépris.

Il convient de prendre avec des pincettes toutes les allégations de tortures du Falun Gong ayant possiblement causé la mort de centaines de ses adeptes en Chine, le nombre de pratiquants envoyés dans des camps de rééducation par le travail ou des institutions psychiatriques, ou même les allégations de vols d'organes, parce qu'elles sont difficilement vérifiables.

On ne peut pas exclure non plus que les opposants au régime chinois aient tendance à en rajouter, histoire de faire plus mal paraître encore l'empire du Milieu.

Mais les commentaires outranciers évoqués plus hauts ne laissent planer aucun doute sur le niveau d'intolérance exprimé par les autorités chinoises et l'intense campagne de répression envers ce mouvement jugé « sectaire » et « diabolique ».

Aujourd'hui, d'après nos informations, Zhang Jiyan a eu la chance d'obtenir son statut de réfugiée. Son mari, qui était employé comme commissaire aux comptes à l'ambassade d'Ottawa, a été rapatrié en catastrophe en Chine.

Pressions diplomatiques au grand jour

Au printemps 2008, Tourism Calgary et Travel Alberta ont annulé à la dernière minute leur soutien financier à la tournée mondiale *Divine performing arts Chinese spectacular*[105]. Ce spectacle de danse traditionnelle n'est pas dans les bonnes grâces de Pékin à cause de certains tableaux qui évoquent la répression envers les pratiquants du Falun Gong. Or, selon certaines informations publiées à l'époque, les deux organismes touristiques auraient fait volte-face à la suite de pressions du consul général de Chine à Calgary. Il n'en fallait pas plus pour que les organisateurs de la tournée demandent l'expulsion du diplomate chinois, accusé d'ingérence dans les affaires canadiennes.

Cet incident parmi tant d'autres n'étonne pas Lucy Zhou, porte-parole du Falun Gong au Canada. « Ce qui s'est passé à Calgary fait partie de leur stratégie de harcèlement constant et à tous les niveaux », nous confie-t-elle.

Et d'exhiber, afin de nous convaincre de la véracité de ses propos, plusieurs lettres adressées par l'ambassade de la République populaire de Chine au Canada ou par les consulats à diverses personnalités politiques, élus, journaux, etc., qui auraient reçu des membres du Falun Gong, manifesté de l'intérêt pour leur philosophie, apporté leur soutien ou bien accepté que leur ville soit l'hôte d'une de leurs manifestations culturelles.

Signées de l'ambassadeur ou d'un consul, toutes ces missives sont coulées dans le même moule. En résumé, les diplo-

---

105. Matthew Little, « Chinese Consulate Meddling in Calgary Show, Says Host », *Epoch Times*, 24 avril 2008.

mates chinois ne cachent pas leur colère et leur dépit, insistent sur le fait que le Falun Gong n'est pas une religion chaleureuse et ordinaire mais plutôt une secte de la pire espèce, «anti-humanité», «antisociété» et «antiscience».

On y soutient aussi que «1 700 personnes sont mortes [en Chine] à cause de leur pratique du Falun Gong. Influencés par les idées hérétiques de ce culte, une grande partie de ces pratiquants sont dérangés mentalement».

Enfin, la plupart de ces lettres se concluent par une mise en garde peu subtile. Les autorités chinoises rappellent que le Canada et la Chine ont tissé des liens si étroits au cours des dernières années qu'il serait dommage de laisser le dossier Falun Gong pourrir ces bonnes relations.

Cette stratégie grossière, qui peut être assimilée à du har-cèlement en raison de son ampleur, est-elle efficace ? Parfois oui, comme le démontrent les exemples d'Ottawa et de Calgary évoqués plus haut. Et c'est peut-être parce qu'il a été sensible à ce genre de pression qu'un élu de Montréal, proche du maire Gérald Tremblay, a refusé de signer une lettre d'appui aux pratiquants du Falun Gong! Par un curieux hasard, la métro-pole, qui est liée aussi à Shanghai, était en train de régler les derniers détails de la construction d'un centre culturel dans le Chinatown montréalais.

À Toronto, en 2005, certains conseillers municipaux ont voté contre l'organisation d'une manifestation culturelle du Falun Gong. De quoi ravir Mme Chen Xiaoling, la consule générale de la Chine, qui avait promis en échange de faire avancer le dossier de la venue de deux superbes pandas au zoo de Toronto…

Cette consule dynamique, qui n'était pas avare lorsque venait le temps de récompenser les «amis» canadiens, avait aussi envoyé une lettre d'avertissement aux quarante-quatre conseillers municipaux après l'annonce de la visite du dalaï-lama. Leur rappelant la souveraineté de la Chine sur le Tibet, elle pressait les élus de la ville de «ni autoriser, ni faciliter» la visite de la ville par le célèbre Tibétain. Tout cela, air connu, au nom du maintien des bonnes relations culturelles et économiques entre son pays et la métropole ontarienne[106].

En janvier 2002, Rob Anders, alors député de Calgary, a quant à lui envoyé une lettre de plainte à John Manley, à l'époque ministre des Affaires étrangères, pour protester après avoir été agressé physiquement et insulté aux Communes par des membres de l'ambassade.

«Je vous demande d'étudier la possibilité de retirer les privilèges diplomatiques de ce *staff* qui n'a pas respecté les lois en vigueur au Canada et de menacer de se retirer de la délégation canadienne aux JO de Pékin.»

Sauf erreur, le gouvernement libéral n'a pas donné suite.

«Un pays étranger peut terroriser une communauté ici et nos gouvernements successifs ne font rien, entre autres à cause des lobbies», s'insurge Brian McAdam.

Cet ex-diplomate canadien en poste au consulat de Hong Kong, qui s'était spécialisé dans les Triades, le crime organisé chinois, a payé cher son franc-parler dans la foulée du fameux rapport Sidewinder. Aujourd'hui, Brian McAdam est souvent sollicité pour des conférences à l'étranger. Mais c'est aussi un homme brisé, presque ignoré dans son propre pays.

Les ennuis de Brian McAdam ont commencé au début des années 1990 alors qu'il occupait pour la deuxième fois les fonctions de responsable de la commission de l'immigration canadienne à Hong Kong. Ayant constaté que des dossiers avaient disparu de son ordinateur, le diplomate a appelé l'agent local de la GRC à la rescousse. Au cours de son enquête, nous a-t-on dit, le gendarme aurait mis au jour un trafic de visas organisé par une employée locale et un système de pots-de-vin, dits «enveloppes rouges», mettant en cause des fonctionnaires canadiens. Les «ripoux» empochaient entre 10 000 et 20 000 dollars des mains des futurs immigrants au Canada, en général des membres du crime organisé et des espions.

---

106. Jan Wong, «Feeling the Long Arm of China – The Consul Général is Making Sure Politicians Know where her Country Stands», *The Globe and Mail*, Toronto, 6 août 2005.

Deux enquêtes ont été lancées mais ont été classées sans suite « faute de preuves ».

Pour certains, il était clair que l'affaire a été vite étouffée, par peur du scandale et pour ne pas mettre à mal les relations sino-canadiennes. Le problème est que Brian McAdam voulait au contraire que l'affaire sorte au grand jour. Devenu l'homme à abattre, il a été rappelé d'urgence à Ottawa par son ministère de tutelle en 1993. L'homme a rapidement sombré dans la dépression après avoir été sali par des rumeurs de corruption. L'histoire avait été réécrite : il avait organisé un trafic de visas pour se payer une nouvelle maison à Ottawa et y faire venir sa maîtresse chinoise, disait-on.

En 1994, usé, il a tiré sa révérence après trente années de bons et loyaux services et a partagé ses connaissances avec l'équipe d'enquêteurs du projet Sidewinder.

Loin d'abdiquer, il a déposé une nouvelle plainte, qui a donné lieu à une troisième enquête en mai 1995, laquelle n'a pas eu plus de succès.

Voici des extraits révélateurs d'une décision publiée en novembre 2003 sur le site internet du Comité externe d'examen de la GRC. Il s'agit d'un appel disciplinaire déposé par le caporal Robert Réid, responsable de ce dossier. Le gendarme qui partageait les conclusions de Brian McAdam ne s'était pas gêné pour se plaindre dans les médias que la GRC ne prenait pas cette affaire de corruption au sérieux, en plus de reprocher à son supérieur de « faire obstacle » à l'enquête.

Ce qui lui avait valu d'être forcé à démissionner... En clair, viré !

En mai 1996, le nouvel officier responsable de la Section de l'immigration et des passeports de la GRC, le surintendant Jean Dubé, a interrogé M. McAdam et en est venu à la conclusion que les allégations étaient vagues et non fondées et que M. McAdam était animé par la volonté de se venger de ses anciens collègues pour la façon dont ils l'avaient traité. [...]

Même si rien ne prouve que la Gendarmerie ait tenté d'étouffer l'affaire, il y a eu d'importantes lacunes dans le processus d'enquête suivi par la GRC depuis 1991 […].

Le dossier révèle toute une série d'activités louches et déconcertantes sur lesquelles la Gendarmerie n'a pas fait enquête au moment opportun et de façon approfondie […].

L'enquête menée en 1999 n'a pas réussi à combler les lacunes observées dans les enquêtes antérieures. Elle a constitué un examen exhaustif des rapports entre des ACE et des résidents de Hong Kong et a révélé que la portée de l'échange de cadeaux, de sommes d'argent et d'autres avantages était beaucoup plus vaste que ce que le MAECI et CIC avaient fait croire à la Gendarmerie jusque-là […].

Dès le début de sa participation à cette enquête, le surint. Dubé a déclaré ouvertement que, selon lui, la plainte de M. McAdam était sans fondement. Il était toujours du même avis lorsque l'enquête a été réactivée à la fin du moins de janvier 1999. Le résultat de l'enquête était donc connu d'avance. Le surint. Dubé ne semblait pas prêt à envisager un résultat qui aurait été perçu comme donnant raison à M. McAdam[107] […].

Plus de dix ans après avoir claqué la porte des Affaires étrangères, Brian McAdam n'a pas trouvé la paix. Il dit avoir été suivi à quelques reprises et avoir reçu des menaces de mort par téléphone. Il arrive aussi que son courrier soit ouvert. Méticuleusement découpé avec un outil tranchant, et non décollé discrètement puis recollé, pour qu'il comprenne bien le message. Il garde d'ailleurs en lieu sûr la plupart de ces lettres qui lui parviennent dans un plastique scellé de Postes Canada. Est-ce un canular ? Une manœuvre d'intimidation ? Si oui, de qui ?

---

107. En 2004, un diplomate de l'ambassade canadienne à Pékin a été impliqué dans une autre affaire de corruption qui aurait permis à des mafieux et à des espions d'entrer au Canada.

« Services secrets chinois ou canadiens ? » se questionne M. McAdam[108].

Le bureau 610*, « Gestapo chinoise »

C'est grâce à Chen Yonglin, ex-premier secrétaire et conseiller pour les affaires politiques depuis 2001 au consulat chinois à Sydney, en Australie, que l'on a pu découvrir la redoutable efficacité des services secrets chinois dans les pays occidentaux, en particulier le Canada, et leurs méthodes de travail.

Le 26 mai 2005, Chen Yonglin, alors âgé de 38 ans, a décidé qu'il était temps pour lui, sa femme et sa petite fille de 6 ans de changer de vie. Sans regret, il a refermé une dernière fois la porte de son appartement de fonction, laissant derrière lui une lettre dans laquelle il mentionnait son intention de ne jamais retourner en Chine.

Depuis, cet ex-fonctionnaire du régime communiste au visage de surdoué juvénile parcourt le monde pour participer à des congrès, prononcer des allocutions devant divers parlements et organismes officiels, et rencontrer les médias.

Lors de son passage à Ottawa et à Montréal en juin 2007, Chen Yonglin a affirmé qu'un millier d'espions chinois, qu'ils soient officiels ou informateurs officieux et occasionnels, œuvreraient dans l'ombre au Canada, « deuxième priorité » de la Chine derrière les États-Unis[109]. Cette pieuvre s'intéresserait – comme on l'évoque ailleurs dans cet ouvrage – aux secrets industriels canadiens et américains, mais aussi aux Huaqiao, qui sont adeptes du Falun Gong. L'ennemi numéro un du régime, a-t-il confirmé.

C'est devant un sous-comité de la Chambre des représentants à Washington, le 21 juillet 2005, que l'ex-diplomate,

---

108. Une enquête a été ouverte par la société d'État mais sans aucun résultat au moment où nous écrivions ces lignes.
109. Laura-Julie Pereault, « La Chine a le monde à l'œil », *La Presse*, Montréal, 9 juin 2007.

qui venait tout juste de faire défection, a décortiqué dans les moindres détails la campagne «systématique» de «persécution» des membres du Falun Gong au sein des différentes diasporas en Australie, aux États-Unis et au Canada particulièrement[110].

«Un témoignage explosif», s'est exclamé Christopher H. Smith, représentant républicain du New Jersey à la Chambre et président de ce comité.

C'est un mystérieux service, créé le 10 juin 1999 par le Comité central du Parti communiste chinois, qui serait le chef d'orchestre de cette campagne mondiale de répression. L'organisme, dépendant du ministère des Affaires étrangères, avait au départ pour nom «Office of the Falun Gong Issue» (il est devenu par la suite «The Department of External Security Affairs»). On le connaît aussi sous l'appellation plus neutre de «Bureau central 610». «Gestapo chinoise», comme le surnomment les dissidents.

«La guerre au Falun Gong, nous apprend Chen Yonglin, s'est étendue à l'étranger dès l'année 2000. Dans chaque mission chinoise, il devait y avoir au moins un officiel responsable du dossier Falun Gong.» À Sydney, c'était justement le rôle attribué à Chen Yonglin. La tâche principale de son «Groupe des cinq poisons» était, soutient-il, de «surveiller et persécuter» le Falun Gong. Et le transfuge de dénoncer un redoutable système de renseignement dissimulé derrière le paravent diplomatique. Les officiels chinois utiliseraient tout un éventail de moyens pour convaincre leurs interlocuteurs. Du matériel classique de propagande et de désinformation distribué aux membres du gouvernement, ainsi qu'aux universités, aux médias, aux visiteurs qui se rendent dans les consulats, jusqu'aux pressions politiques accompagnées d'un chantage économique plus ou moins subtil exercé auprès du pouvoir en place. Exactement les mêmes méthodes qui sont utilisées au Canada.

Même les policiers du Police Department of the State of New South Wales (Australie) s'étaient laissés convaincre de se

---

110. Déclaration de M. Chen Yonglin, «Falun Gong and China's Continuing War on Human Rights», Comité des relations internationales, Chambre des représentants, 109e congrès des États-Unis, 21 juillet 2005.

montrer plus fermes envers les protestataires du Falun Gong qui manifestaient régulièrement sous les fenêtres du consulat.

L'ex-diplomate a aussi raconté comment son consulat avait «cultivé des relations personnelles» avec des officiels australiens, en les invitant à de bons dîners ou à visiter la Chine. D'autres se voient promettre de juteux contrats commerciaux.

Le gros du travail de ces unités occultes consisterait à ficher les adeptes du Falun Gong, en particulier lorsqu'ils se rendent dans leur ambassade locale pour obtenir un passeport ou un quelconque document officiel, ce qui est d'autant plus facile que ceux-ci ne doivent jamais mentir, selon les préceptes enseignés par leur maître à penser.

Une fois placés sur liste noire, ils se voient ensuite privés de visas pour retourner en Chine ou bien encore seraient arrêtés dès leur arrivée dans leur pays natal[111].

Plusieurs anecdotes racontées par le transfuge rappellent aussi curieusement certains autres événements survenus au Canada et relatés précédemment. Comme le non-renouvellement par une compagnie européenne du contrat la liant à la New Tang Dynasty Television (NTDTV).

Après avoir livré ses renseignements capitaux aux agents chargés du contre-espionnage à l'ASIO* (Australian Security Intelligence Organisation), comme il l'a fait aussi auprès de la CIA, Chen Yonglin s'attendait certainement à bénéficier de l'asile politique. Dans sa lettre de demande officielle du 25 mai 2005, il écrit craindre le pire pour lui et sa famille si jamais les Chinois découvrent l'endroit où ils se terrent. Il met en avant son amour pour l'Australie, sa démocratie et sa liberté et se dit certain de pouvoir apporter une contribution positive à la société.

Mais celle-ci a été rejetée sans autre forme de procès en moins de vingt-quatre heures.

Chen Yonglin s'était rendu en catimini au ministère de l'Immigration (Department of Immigration and Multicultural and

---

111. C'est certainement ce qui est arrivé à l'étudiante montréalaise dont nous évoquions l'histoire plus haut dans ce chapitre.

Indigenous Affairs) le 26 mai pour rencontrer le directeur et lui remettre sa demande d'asile politique. Précisons que Chen Yonglin, qui n'avait pas encore fait officiellement défection, avait pris d'énormes risques en se rendant à cet endroit situé à proximité de la délégation chinoise. S'est ensuivi un scandaleux cafouillage exposé par la suite lors d'une enquête sénatoriale.

Le futur transfuge a été traité avec mépris. Pis encore, malgré ses supplications, un des assistants du directeur a commis une gaffe scandaleuse, une erreur de jugement pour certains, en téléphonant au consulat chinois pour mentionner que leur second secrétaire était dans leurs murs et vérifier son identité.

Quelques jours plus tard, d'autres officiels du protocole du Département des affaires étrangères auraient tenté de faire pression sur le diplomate afin qu'il retourne au consulat.

Le refus d'accorder l'asile au transfuge, motivé semble-t-il par des raisons diplomatiques et commerciales et non dans la crainte d'être tombé dans un piège dressé par un éventuel agent double – ce qui arrive parfois –, a déclenché un tollé en Australie. À l'époque, l'Australie était le troisième partenaire commercial de l'empire du Milieu et les deux pays négociaient un accord de libre-échange. Peut-on en déduire que la défection de Chen Yonglin tombait au plus mauvais moment? Difficile d'éliminer cette hypothèse.

Finalement, Chen Yonglin et sa famille ont poussé un soupir de soulagement le 8 juillet 2005 en apprenant que le gouvernement leur accordait un visa de protection. Furieuse, l'ambassadrice de la République populaire de Chine a déploré l'attitude «motivée par la cupidité» de son ex-diplomate et prévenu que cela pourrait encourager d'autres défections.

Fait étrange, ou simple coïncidence, le pauvre Chen Yonglin ne s'est pas senti non plus le bienvenu au Canada lors de sa tournée de l'été 2007. Plusieurs de ses rendez-vous officiels auraient été annulés à la dernière minute, en particulier avec la GRC.

Même chose avec le bouillant sénateur libéral Colin Kenny, président du Comité sénatorial permanent de la sécurité nationale, efficace pourfendeur du terrorisme – dont l'un des conseillers est Barry Denofsky, l'ancien patron du SCRS qui a ordonné de jeter Sidewinder à la poubelle –, ainsi qu'avec le député conservateur Jason Kenney, alors président du Sous-comité des droits internationaux de la personne. Nous avons écrit à ces deux politiciens afin de leur demander des explications. En vain.

Seule une enquêtrice du SCRS, fort sympathique paraît-il, avait fait le déplacement pour écouter ce que Chen Yonglin avait à dire.

Et à l'hiver 2008, nous attendions toujours une réunion du comité sénatorial consacrée à l'espionnage, qui constitue pourtant une menace à la sécurité nationale.

Les démêlés vécus par Chen Yonglin rappellent en partie ceux vécus à la même époque par Han Guangsheng au Canada. Sauf que, au moment d'écrire cet ouvrage, le sort de cet autre membre du bureau 610 était encore incertain.

Cet ancien haut fonctionnaire du Parti était chargé, comme chef de la sécurité publique, de superviser quatre camps de travaux forcés et deux prisons dans le nord-est de la Chine, où étaient emprisonnés et torturés, dit-il, des centaines de membres du Falun Gong. Selon son témoignage, corroboré par des membres du Falun Gong que nous avons questionnés, il aurait agi à la manière de l'Allemand Oskar Schindler avec les juifs lors de la Seconde Guerre mondiale, en prenant sur lui d'en libérer plusieurs dizaines. Il aurait même congédié un de ses cadres impliqué dans la torture d'une adolescente.

En 2001, alors qu'il se trouvait en voyage à Toronto, le policier chinois s'est évanoui dans la nature puis a demandé le statut de réfugié au Canada. Sa demande a été refusée en juillet 2005 au prétexte, écrit la Commission de l'immigration et du statut de réfugié, qu'«il y a de sérieuses raisons de considérer qu'il est complice de ces crimes contre l'humanité». Une décision que Han a depuis portée en appel.

Le transfuge Fenzghi Li n'a pas non plus été remercié comme il se devait par les États-Unis, malgré toutes les informations capitales fournies par cet ex-agent du Guoanbu lors de ses debriefings. M. Fenzghi Li a confirmé dans les moindres détails le *modus operandi* de l'espionnage chinois dans le monde, en particulier sur le continent nord-américain, et le rôle joué en sous-main par des pseudo-journalistes, diplomates, chercheurs, enseignants et consorts, aidés par des informateurs occasionnels recrutés dans la collectivité locale pour dérober des secrets d'ordre divers. Aujourd'hui, Fengzhi Li se trouve dans une situation précaire, attendant toujours que son statut soit régularisé et que ses diplômes soient reconnus. Doit-on en conclure que, dans le monde impitoyable de l'espionnage, lorsque le citron est pressé il n'est plus bon qu'à être jeté?

Médias sous influence

À chacune de ses interventions, Chen Yonglin a montré du doigt le contrôle exercé par le Parti communiste chinois sur la plupart des publications chinoises à l'étranger, groupes médiatiques dont la survie ne dépendrait que des revenus des publicités placées par les compagnies étatiques. C'est ce genre de suspicion qui plane sur une compagnie montréalaise.

La Presse Chinoise Eastern Inc. occupe un modeste local au premier étage d'un bâtiment miteux de la rue Clark, au cœur du Chinatown de Montréal. Le patron de ce groupe de presse, créé dans les années 1980, s'appelle Crescent Chau et est né à Hong Kong.

Le 3 novembre 2001, Crescent Chau a publié dans son hebdomadaire *Les Presses chinoises*, distribué aux alentours de 8 000 exemplaires, un encart anti-Falun Gong. C'est une femme mystérieuse, du nom de Bing He, se présentant comme ancienne pratiquante du mouvement, qui aurait payé la publication de ce pamphlet controversé où l'on assimile le Falun Gong à un groupe terroriste. On raconte aussi que ses adeptes se livreraient à des actes de bestialité et seraient incités par leur maître Li Hongzhi à se suicider. Cette parution a été suivie par six autres similaires au cours des mois qui ont suivi, plus volumineuses même. Cela malgré une ordonnance de la cour, datée de décembre 2001, enjoignant Bing He, Crescent Chau ou toute autre personne de cesser de publier ce type d'article ou de publicité.

L'affaire a pris un tournant judiciaire majeur lorsque plus de deux cents personnes ont intenté une action en dommages pour diffamation. Déboutés par la Cour supérieure en décembre 2005, dix-huit de ces 232 plaignants ont porté leur cause en appel et réclamé chacun la somme de 100 000 dollars en dommages et intérêts. Entre-temps, Crescent Chau, qui dit agir dans le cadre d'une « croisade personnelle » et au nom de la liberté d'expression, avait récidivé en publiant au cours de l'été 2006 une édition spéciale anti-Falun Gong de 32 pages, tirée à 100 000 exemplaires et distribuée dans tout le Canada. Rien de moins. On y retrouvait les mêmes allégations de bestialité, vampirisme et compagnie.

Dans son jugement rendu en mai 2008, le juge de la Cour d'appel a à son tour rejeté le pourvoi, bien qu'il ait reconnu l'existence de diffamation, entre autres au prétexte que le fondateur du mouvement, Li Hongzhi, ne faisait pas partie des plaignants. L'autre motif invoqué par le juge est que si la justice canadienne donnait raison aux appelants et acceptait de leur accorder 100 000 dollars de dommages et intérêts, « les dizaines de millions d'adeptes du Falun Gong dans le monde entier auraient eux aussi raison de poursuivre les intimés et d'obtenir une indemnité ».

Voici un extrait de ce jugement pour le moins surprenant[112] :

Même si n'ont nullement été prouvées les allégations de faits concrets [allégations selon lesquelles il y avait à l'intérieur du mouvement des pratiques criminelles et perverses], la juge de la

---

112. L'affaire est désormais rendue en Cour suprême !

Cour supérieure a conclu que les éléments de preuve ne démontraient pas que les allégations étaient fausses ou grossièrement inexactes ou qu'elles avaient été publiées dans le but d'attirer la haine ou la dérision.

Avec égards, je suis d'avis que la charge de la preuve quant à la véracité des allégations de faits incombait aux intimés. D'autre part, si l'auteur des textes avait le droit le plus strict de faire une critique, même véhémente, de la doctrine de Li Hongzhi et de la façon dont cette doctrine était pratiquée par les adeptes du Falun Gong, les auteurs faisaient de la diffamation lorsque, sans preuves, ils accusaient certaines personnes d'actes criminels et d'actes pervers. Singulièrement, voir les allégations n° 1 [blanchiment d'argent, rapports avec le milieu des criminels ou des meurtriers] ; n° 4 [femmes forcées de faire de la prostitution] ; n° 5 [bestialité] ; n° 6 [?] ; n° 7 [vampirisme ?] ; n° 13 [violence et cruauté].

Mais, sauf erreur de lecture, les textes mensongers et diffamatoires ont tous comme cible Li Hongzhi, son entourage, des dirigeants du mouvement ou le mouvement lui-même.

Or, Li Hongzhi et les gens de son entourage ne font pas partie des personnes qui ont intenté l'action.

Pour le transfuge Chen Yonglin, il est clair que les diplomates chinois en poste au Canada et les agents secrets sont impliqués dans cette vaste opération de propagande. Se basant sur son expérience vécue au consulat de Sydney, il juge même probable que toute cette campagne ait été financée par Pékin. Ce qu'a réfuté Crescent Chau.

Quant à He Bing, elle serait retournée à la hâte en Chine où, paraît-il, elle aurait été reçue comme une héroïne. Des allégations d'espionnage ont aussi été lancées dans un journal réputé proche du Falun Gong. On y indique notamment qu'elle aurait été interrogée par le SCRS[113].

---

113. Mark Morgan, «Montreal Newspaper, a Voice for Chinese Regime», 6 juillet 2007. Lu sur le site internet d'*Epoch Times*.

Les « terroristes » ouïghours

Nous sommes en octobre 2006. La nuit est tombée sur Mississauga. Un gros 4x4 noir se gare devant une petite maison. À l'intérieur du véhicule, trois hommes qui vont passer la nuit à épier ce qui se passe derrière les fenêtres de cette résidence. Leur cible : Mehmet Tohti, responsable de l'Association ouïghoure du Canada[114].

Effrayé, Tohti alerte le SCRS et le ministère des Affaires étrangères. L'homme est formel, ce sont des agents chinois qui sont venus l'intimider jusque devant la porte de son domicile. Craignant pour sa sécurité, Tohti déménage dans un appartement gardé vingt-quatre heures sur vingt-quatre.

« Moi, je suis un terroriste international, ironise Kayum Masimov, 35 ans, dans un français parfait. Les Ouïghours, après le 11 septembre 2001, nous sommes devenus les Tchétchènes du pouvoir chinois. »

Assis dans un coin tranquille d'un petit café de Montréal, le coordonnateur de cette même association ne se fait pas prier pour raconter l'histoire de son peuple.

Les Ouïghours sont une minorité turcophone de l'extrême ouest de la Chine. Leur pays, le Turkestan oriental, a été annexé par la Chine en 1949, rebaptisé « région autonome du Xinjiang », puis colonisé. Aujourd'hui, sur ce territoire de 2 millions de kilomètres carrés, on compterait près de 8 millions de Chinois Han, dont la proportion a grimpé de 7 % à 40 %, pour presque autant d'Ouïghours. Kayum Masimov préfère parler d'un « génocide culturel », d'une « assimilation forcée ». « Que ce soit la langue, la culture ou la religion, nous n'avons aucun point commun avec la Chine », martèle-t-il.

Selon lui, les Ouïghours sont traités par les Chinois comme des parias, des « barbares », des citoyens de seconde classe.

Hélas pour les Ouïghours, qui ne seraient que quelques centaines au Canada, ils sont quasiment inconnus du grand public.

---

114. En anglais : Uyghur Canadian Association.

Ils n'ont pas la chance d'avoir des vedettes de Hollywood pour défendre leur cause, n'organisent pas d'actions d'éclat en Occident, n'ont pas assez d'argent pour se payer une télévision et des journaux. Et pour ne pas arranger leurs affaires depuis les attentats de septembre 2001, ils sont musulmans sunnites. Quelques Ouïghours ont été capturés au Pakistan par des chasseurs de primes, remis aux troupes américaines en Afghanistan puis envoyés à Guantanamo. Mauvaise place, mauvais moment.

Les Américains, qui se sont rendu compte de leur bévue, leur cherchent un pays d'accueil depuis 2004. Un retour forcé en Chine signifierait certainement la prison, voire la mort. L'Albanie en a accueilli cinq. Quant au Canada, sollicité à quatre reprises, il a jusqu'à présent décliné «l'invitation». Et ce, malgré l'intérêt que semblait porter le premier ministre conservateur de l'époque – Stephen Harper – à la cause ouïghoure[115].

Pour Pékin, l'occasion était trop belle. Un de ces «cinq poisons» s'est rapidement retrouvé estampillé groupe terroriste lié à Al-Qaïda[116].

Imparable.

Dans les mois qui ont précédé les Jeux olympiques, Pékin a multiplié les arrestations d'Ouïghours qui préparaient, a-t-on affirmé, des attentats meurtriers et des kidnappings de touristes et de sportifs au nom de la «guerre sainte». Impossible à vérifier, mais bien commode surtout pour détourner l'attention de l'opinion publique de la révolte tibétaine et de la répression féroce qui a suivi. Quelques attaques ont bien eu lieu pendant les Jeux dans la région du Xinjiang, mais la réelle importance de cette organisation islamiste radicale et sa capacité de nuire

---

115. En décembre 2006, le premier ministre a reçu, malgré les protestations et les pressions de la Chine, Rabiya Kadeer, la présidente du Congrès mondial ouïghour. Mme Kadeer, nominée en 2006 pour le prix Nobel de la Paix, avait été arrêtée en 1997 lors d'une manifestation sévèrement réprimée par les autorités chinoises. Elle a été emprisonnée pendant près de huit ans avant d'être libérée à la suite de pressions du Sénat américain.

116. Un groupe islamiste de la région baptisé «Turkestan Islamic Movement» est placé par plusieurs pays sur la liste des entités terroristes.

restent encore à démontrer. Quoique, à force de pousser à bout cette minorité, il n'est pas dit que cette menace probablement exagérée pour l'instant ne devienne réalité.

Un citoyen canadien, Hussein Celil, a aussi fait les frais de cette campagne de répression. Ce jeune imam de Hamilton, en Ontario, qui vivait au Canada depuis 1999, a été arrêté en juin 2006 alors qu'il rendait visite à sa famille en Ouzbékistan, puis extradé en Chine. Il purge depuis une peine de prison à vie, malgré les multiples pressions politiques exercées sur Pékin par le gouvernement conservateur canadien. Pour son avocat Chris McLeod et ses proches, il est évident que Celil, qui participait souvent à des vigiles sous les fenêtres du consulat chinois à Toronto, était déjà placé sous surveillance au Canada par des espions chinois qui connaissaient les moindres de ses faits et gestes. Ils ont juste attendu le lieu et le moment opportuns afin de procéder à la neutralisation de cet activiste embarrassant[117]. C'est que la Chine craint comme la peste que la cause ouïghoure, pour le moment confidentielle, s'internationalise au même titre que celle des Tibétains.

Si le cas de Celil est extrême, ses compatriotes qui militent au Canada pour la cause ouïghoure se sont vite rendu compte qu'ils ont été placés eux aussi sur le radar des agents de Pékin. En général, il s'agit d'intimidation par téléphone, de menaces de représailles sur des membres de leurs familles vivant encore au Xinjiang, ou bien d'attaques informatiques (comme nous l'expliquons par ailleurs).

L'aventure vécue par Mehmet Tohti et par Hussein Celil indique que les agents de Pékin présents au Canada ne rechignent pas à sortir de l'ombre lorsque vient le temps de mettre plus de pression sur leurs cibles. Selon Kayum Massimov, un militant montréalais âgé d'une soixantaine d'années – dont le fils est emprisonné en Chine – aurait ainsi reçu la visite d'un diplomate chinois venu lui proposer de renoncer à ses activités militantes en échange d'argent.

---

117. Cité par Charlie Gillis, «Beijing is Always Watching», *McLeans*, Toronto, 14 mai 2007.

Le vol 182 d'Air India, la boîte de Pandore que personne ne veut ouvrir

4 juin 1985. Un véhicule Mercury de couleur brune avec trois personnes à son bord pénètre dans un bois de Duncan, en Colombie-Britannique. Talwinder Singh Parmar et Inderjit Singh Reyat ouvrent le coffre arrière, en sortent un paquet puis s'enfoncent au milieu des arbres. Quelques minutes plus tard, une «forte détonation» retentit. Assez puissante pour causer toute une «trouille» aux deux agents du SCRS qui participent à la filature de ces individus liés à l'extrémisme sikh et les inciter à se précipiter à l'abri derrière un tronc d'arbre[118]. Remis de leurs émotions, les deux agents fédéraux en concluent qu'il s'agit d'un coup de fusil de chasse et non d'une explosion. Bien que ce soit le but de leur opération ce jour-là, ils omettent de prendre des photos de ces personnes, qui quittent tranquillement les lieux pour se rendre à la résidence de Reyat. Des recherches menées sur place le 2 juillet suivant permettront de découvrir un mécanisme de court-circuitage de détonateur…

Trop tard.

23 juin 1985. 2 h 19 (6 h 19 GMT), deux bagagistes de l'aéroport de Narita, à Tokyo, sont tués dans l'explosion d'une valise enregistrée au nom de L. Singh. Celle-ci venait d'être déchargée du vol CP 003 en provenance de Vancouver pour être embarquée sur un vol d'Air India à destination de Bangkok. La bombe était confectionnée à partir d'un tuner Sanyo FMT 611, d'une horloge Micronta, d'un relais électrique, d'une batterie 12 V et de dynamite.

23 juin 1985. 3 h 08 (7 h 08 GMT), un Boeing 747 blanc et rouge d'Air India, baptisé *Empereur Kanishka*, en provenance de Montréal, vole à 31 000 pieds au-dessus de l'océan Atlantique à environ 175 kilomètres au sud-ouest des côtes d'Irlande. La cabine est plongée dans la pénombre. Dans le cockpit, le copilote Satwinder Singh Bhinder communique

---

118. Stewart Bell, *Terreur froide*, Les Éditions de l'Homme, Montréal, 2004.

avec les contrôleurs de Shanon en vue de leur atterrissage proche à Londres. À 3 h 13, un bruit sourd retentit dans la cabine, puis c'est le silence. Le vol 182 disparaît subitement des écrans radars. L'avion vient de se désintégrer à la suite de l'explosion d'une valise Samsonite brune chargée dans la soute numéro 52, à l'arrière gauche du fuselage.

Lorsqu'il arrive le premier sur les lieux de la catastrophe, à 10 heures du matin, l'équipage du navire *Laurentian Forest*, qui a quitté le Québec pour l'Irlande avec sa cargaison de papier, aperçoit avec effroi des corps dénudés et démembrés et des débris flottant sur une mer maculée de kérosène.

Seulement 132 corps ont pu être récupérés sur les 379 passagers et membres d'équipage, dont 278 citoyens canadiens.

Vingt-trois ans plus tard, nous retrouvons François Lavigne dans un café d'Ottawa, à quelques pas de la colline parlementaire. Cet ex-agent de renseignement canadien a commencé sa carrière en 1983 à Ottawa aux « Opérations B » de la GRC. Cette unité « Ingérence étrangère » était dirigée alors par Jean-Louis Gagnon.

Lavigne, un agent considéré comme brillant et fonceur, un peu « cow-boy » même, faisait partie d'une petite équipe d'une dizaine d'agents chargés de surveiller les activités clandestines de tous les pays actifs au Canada, exception faite de l'URSS – et de ses pays satellites et amis – et de la Chine. Dans leur collimateur, l'Inde, le Sri Lanka, la France, dans une moindre mesure, et plus particulièrement l'Afrique du Sud, qui était très agressive contre les militants et organismes anti-apartheid proches de l'ANC, etc. Un an plus tard, lors de la création du SCRS, François Lavigne a été transféré à la division « contre-espionnage » (CE) du tout nouveau service de renseignement où tout était à faire ou presque.

Il se remémore le fil des événements qui ont entouré la tragédie d'Air India dans ses moindres détails, comme si elle était survenue la veille. Le vol 182 a brisé sa vie personnelle et sa carrière. C'est sans appréhension, comme pour exorciser le passé, qu'il accepte de témoigner. « Cette culpabilité me ronge depuis maintenant vingt-cinq ans. Je vois les noms, les visages, les corps mutilés, chaque fois que je ferme les yeux.»

Les Canadiens, qui ont tendance à faire preuve d'un détachement candide lorsqu'il s'agit de terrorisme, ou plus généralement de sécurité nationale, ont gommé de leur esprit l'attentat du vol 182. Pourtant, celui-ci a été, jusqu'au 11 septembre 2001, le plus meurtrier de l'histoire du transport aérien. Et il demeure l'attentat le plus sanglant au Canada, pays où il a vraisemblablement été mis au point par des extrémistes radicaux sikhs du groupe terroriste Babbar Khalsa, fondé en 1981 par Talwinder Singh Parmar.

Dans son rapport rendu public en 2005[119], Bob Ray écrit ceci:

> Ce qui est arrivé n'est pas le fruit du hasard. Aucun conflit intérieur, aucun différend religieux ou ethnique et aucune idéologie ne peuvent justifier ce qui s'est produit. De nombreux Canadiens et Canadiennes pensent que ce sont les événements du 11 septembre 2001 qui nous ont fait entrer dans le monde moderne du terrorisme; cela s'est plutôt produit le 23 juin 1985.

Le vol 182 d'Air India non seulement est une tragédie, c'est aussi une boîte de Pandore sur laquelle les autorités canadiennes appuient de toutes leurs forces afin d'être certaines qu'elle demeure bien fermée. Peut-être parce que s'y cachent non seulement des extrémistes sikhs, mais aussi des agents à la solde d'une puissance étrangère, l'Inde pour ne pas la nommer, dont le rôle dans ce dossier est particulièrement troublant.

Une chape de mystère enveloppe toujours cette affaire un quart de siècle plus tard. Une affaire si complexe qu'il faudrait lui consacrer des centaines de pages. Nous l'aborderons seu-

---

119. Le «Rapport de l'Honorable Bob Ray sur les questions en suspens relatives à l'explosion survenue à bord du vol 182 d'Air India», publié en 2005, est disponible sur le site internet du ministère de la Sécurité publique du Canada.

lement dans ses grandes lignes pour qu'on se remémore bien le fil des événements.

S'il était prouvé que le gouvernement indien et ses agents provocateurs ont tiré ne serait-ce qu'une minuscule ficelle de ce complot, ou l'ont laissé se rendre jusqu'à son terme, quelle meilleure démonstration que l'ingérence étrangère, lorsqu'elle est tolérée ou glissée sous le tapis pour faire plaisir aux diplomates et aux corporations, peut déraper jusqu'à faire couler le sang !

Insistons encore une fois : l'ingérence étrangère est une vraie menace à la sécurité nationale, au même titre que le terrorisme.

Le vol 182 avait décollé de Mirabel la veille au soir en direction de Londres pour une escale technique, puis devait atteindre New Delhi. La valise piégée avait été enregistrée à Vancouver par un homme d'origine indienne vêtu à l'occidentale et rasé de près. Celui-ci avait en main une réservation pour le vol 060, siège 10B, de Cathay Pacific à destination de Toronto, effectuée quelques jours avant par téléphone au nom de Jaswand Singh et réglée en espèces. La même personne avait aussi réservé une place sur le vol CP003 à destination de Narita au nom de Mohinderbel Singh. Ces deux réservations seront modifiées ensuite peu après au nom de «L. Singh» en ce qui concerne le vol pour Narita, et «M. Singh» pour celui de Toronto. M. Singh devait ensuite embarquer dans le vol Air India 181 à destination de Mirabel, renuméroté vol 182 pour sa portion de trajet finale.

Mais M. Singh est placé sur liste d'attente par Air India à partir de Toronto. La préposée du comptoir d'enregistrement décide donc de faire débarquer la valise à Toronto. Pour des raisons de sécurité, aucun bagage ne peut être accepté à bord d'un avion en l'absence de son propriétaire. M. Singh, en furie, hausse la voix. Assez pour faire changer d'avis l'agent de la Cathay Pacific. M. Singh n'aura jamais embarqué ! Pas plus que L. Singh d'ailleurs.

Plusieurs signaux rouges s'étaient allumés dans les mois et les jours ayant précédé l'explosion tant à la GRC qu'au

SCRS et au CST*, chez le solliciteur général, au ministère des Affaires étrangères, ainsi qu'au Haut-Commissariat du Canada à New Delhi. Le gouvernement indien, dont deux des diplomates avaient été attaqués physiquement, ne cachait pas ses sérieuses préoccupations à propos de menaces visant ses intérêts au Canada, en particulier sa compagnie aérienne nationale Air India. Il insistait pour que le Canada ferme ses portes aux extrémistes pour les empêcher de venir récolter des fonds et recruter plus d'adeptes. Dans un télex daté du 1er juin, et remis au détachement de la GRC à l'aéroport Pearson par son chef des opérations au Canada, le directeur de la sûreté d'Air India s'inquiétait d'informations reçues «d'organismes du renseignement qui révèlent la probabilité d'actes de sabotage perpétrés par des extrémistes sikhs qui entendent placer des engins à retardement, etc. dans les aéronefs ou les bagages enregistrés». La compagnie aérienne plaidait pour un renforcement des mesures de sécurité dans tous les aéroports où elle était active. Ce télex, destiné à tous les bureaux d'Air India dans le monde, a été transmis le 4 juin à la direction générale de la GRC. Mais l'officier qui l'a traité n'a pas jugé bon de faire parvenir ce document au SCRS. Cette décision contribua à la suite tragique des événements. Souvenons-nous que ce même 4 juin, en Colombie-Britannique, trois extrémistes sikhs testaient un engin explosif quasiment sous les yeux d'une équipe de filature du SCRS.

La situation semblait encore plus sérieuse à l'approche du premier anniversaire du massacre du temple d'or sikh d'Amritsar et de la visite du premier ministre Rajiv Gandhi aux États-Unis à la même période.

Certains rapports évoquaient des «menaces non spécifiques contre les intérêts indiens au Canada et à l'étranger, y compris contre les missions diplomatiques et les institutions tel Air India», se souvient François Lavigne. Effectivement, des dizaines d'évaluations de menaces ont été produites entre le 29 mars 1984 et le 11 juin 1985 par les modules opérationnels de l'administration centrale (AC) du SCRS. Treize concernaient des menaces de détournements, d'attaques suicides ou d'attentats à la bombe contre des bureaux et des avions d'Air India.

La minorité sikhe[120] – moins de 5 % de la population indienne – est originaire du Penjab, ou Khalistan, une région aux confins de l'Inde et du Pakistan dont une frange extrémiste revendique l'indépendance depuis les années 1980.

Nous avons retrouvé un haut responsable de l'Intelligence Bureau indien (IB*) en poste à l'époque à Ottawa sous couverture diplomatique à la Haute Mission indienne et aujourd'hui à la retraite dans son pays natal. Maloy Krishna Dhar[121] soutient qu'il a averti les autorités diplomatiques canadiennes d'une menace spécifique contre la compagnie aérienne nationale.

«J'étais conseiller au sein du bureau de la sécurité du ministère des Affaires extérieures indien, nous explique-t-il. Nous avons eu connaissance d'informations provenant de sources au sein de la communauté [sikhe] que le Babbar Khalsa International et l'International Sikh Youth Federation étaient en train de planifier des attaques contre des cibles indiennes au Canada. Il y avait des informations sur des exercices d'explosion de bombes par le BKI dans les régions rurales de la Colombie-Britannique. Ces informations ont été partagées avec la GRC et la Division de la sécurité du ministère des Affaires étrangères canadien. Nous avons fait spécifiquement mention dans nos communications écrites et verbales qu'Air India était un objectif majeur. Nous n'avons pas eu de lien avec le SCRS.»

Maloy Krishna Dhar soutient que ses sources n'étaient pas des agents infiltrés ou rémunérés, mais plutôt, par exemple, «des sikhs qui ne soutenaient pas les séparatistes», ainsi que des responsables de *gurdwara* (lieux de prière où l'on retrouve le livre sacré des sikhs).

---

120. Au Canada, cette communauté compte au moins 270 000 membres, concentrés pour la majeure partie en Colombie-Britannique, en Alberta, en Ontario et au Québec.
121. Maloy Krishna Dhar est l'auteur de plusieurs livres, en particulier *Open Secrets*, dans lequel il évoque la tragédie d'Air India. Il collabore aussi avec plusieurs publications.

Son témoignage évasif conforte d'une certaine manière et sur un point celui de James Bartleman, ex-lieutenant-gouverneur de l'Ontario et responsable à cette époque d'une unité de renseignement au Département des affaires extérieures. Quelques jours avant la catastrophe, James Bartleman feuillette la pile de documents SIGINT qu'il reçoit quotidiennement du CST, les «grandes oreilles» du Canada. Son attention est attirée par la transcription d'une communication des services secrets indiens, interceptée par le CST, qui laisse entendre qu'Air India va être frappé le week-end des 22 et 23 juin.

Conscient de la gravité de cette menace, bien que non validée, Bartleman aurait transmis le document à un haut gradé de la GRC au cours d'une réunion du comité interministériel spécial sur le terrorisme sikh tenue le 18 juin dans les locaux du ministère des Affaires extérieures.

«Je l'ai déjà vu, et je n'ai pas besoin de vous pour savoir comment faire mon travail», aurait répondu le policier tout en jetant le papier à la poubelle.

Vingt-deux ans plus tard, décidant de rompre le silence imposé par son devoir de réserve, il a dévoilé pour la première fois cette anecdote stupéfiante devant la commission présidée par John Major. James Bartleman s'est dit encore outré de la manière grossière dont il avait été traité à l'époque.

La riposte n'a pas tardé. Dans les jours qui ont suivi, plusieurs protagonistes du dossier, que ce soit le CST ou l'inspecteur de la GRC présent lors de la réunion en question, ont affirmé ne pas se souvenir de cet épisode. Et encore moins de l'existence de cette note. On a même mis en doute la fiabilité de la mémoire de l'ex-diplomate qui venait de faire voler en éclats la ligne de défense du Canada.

«Le document du CST que M. Bartleman croit avoir vu n'a jamais existé», conclut sans détour le procureur général du Canada dans sa représentation finale devant la commission Major.

François Lavigne partage la même surprise, le même dépit, le même choc que Bartleman en découvrant que le Canada a dédaigné cette énième alerte. Comment comprendre que le SEUL vol hebdomadaire d'Air India ait pu décoller vers la mort alors que les règles de sécurité les plus élémentaires venaient d'être bafouées les unes après les autres, et sans même attendre l'arrivée du chien renifleur d'explosif de la Sûreté du Québec?

« Moi, je faisais ma job, comme on dit en bon canadien, je croyais que les autres faisaient de même, se défend Lavigne. Ça ne me semblait pas compliqué de mettre les ressources nécessaires afin d'assurer la sécurité des vols. Je n'ai jamais noté de la part de qui que ce soit dans cette affaire – sauf quelques individus comme moi qui à l'époque passaient pour des *flyés* – de véritable sentiment d'urgence ou de risque réel, à l'époque. »

Lavigne insiste en revanche pour préciser que l'on parlait de complot de détournement à l'époque plutôt que d'un attentat à la bombe, contrairement à ce qu'ont laissé entendre les Indiens à plusieurs reprises depuis.

À cela, il faut ajouter une profonde méconnaissance du dossier du Penjab du côté canadien, une tendance chronique au SCRS – comme dans plusieurs autres services de renseignement – à la réactivité plutôt qu'à la prévention, et l'incapacité à gérer plus d'une priorité à la fois.

À ce moment-là, hormis les communistes, la priorité c'étaient les extrémistes arméniens qui multipliaient les actes terroristes à travers le monde et faisaient couler le sang jusque dans les rues d'Ottawa.

Un des personnages clés de l'affaire du vol d'Air India a pour nom Talwinder Singh Parmar. Ce prêtre au Coach Temple de Calgary s'était aussi affublé du titre de consul général du Khalistan à Vancouver. Parmar avait immigré au Canada en 1970 où rapidement il s'était fait connaître comme un activiste de la cause sikhe. Au début des années 1980, il apparaît sur le radar du SCRS après avoir fondé le groupe Babbar Khalsa International (les Tigres de la vraie foi). Ce groupe d'extrémistes ne perdra son statut d'organisme de bienfaisance qu'en 1996, et il faudra attendre 2003 pour voir ces Babbar Khalsa inscrits sur la liste canadienne des entités terroristes. Ce qui lui aura amplement laissé le temps de collecter des fonds et d'émettre des reçus de charité.

On retrouve la trace de Parmar en Inde pendant l'automne 1981, où il est recherché pour l'assassinat de deux policiers. Peine perdue, le militant s'est déjà envolé pour l'Europe. Il est arrêté en Allemagne en 1983 et emprisonné pendant un an en lien avec le meurtre des policiers indiens, puis relâché faute de preuves. En juillet, le fameux Parmar traverse l'Atlantique en direction de Toronto, à la grande joie de ses supporters. L'Inde, qui le suit à la trace, réclamera son extradition, en vain. Le Canada, qui pourtant sait depuis 1982 qu'il est considéré comme un terroriste, lui oppose une fin de non-recevoir, faute de convention d'extradition valide entre les deux pays.

Malgré tout, Parmar est rapidement placé sous étroite surveillance par le SCRS, qui le considère comme «le sikh le plus radical et peut-être le plus dangereux au pays, entouré d'un cercle étroit d'associés du même acabit[122]».

C'est que l'attaque du temple d'or d'Amritsar, lieu sacré des sikhs, en juin 1984 par l'armée indienne, sur les ordres d'Indira Gandhi, a mis le feu aux poudres. Des centaines de sikhs périssent sous les balles et les bombes des chars de l'armée. Bien à l'abri au Canada, Talwinder Singh Parmar promet de venger ses coreligionnaires.

Cinq mois plus tard, le 31 octobre 1984, la première ministre indienne est assassinée à son tour par ses propres gardes du corps sikhs. Dans les rues de Vancouver, les amis de Parmar exultent de joie entre deux slogans à la gloire du «Khalistan». Des centaines de sikhs sont battus à mort en guise de représailles dans les villes indiennes.

Plus personne ne semble en mesure d'enrayer la spirale de la violence.

---

122. La mouvance extrémiste sikhe représentait à l'époque environ 350 individus sur une population de 120 000 personnes.

Au bureau régional du SCRS à Vancouver ainsi qu'à l'administration centrale, des agents font des pieds et des mains pour que cet activiste soit placé sur écoute électronique. Mais les lenteurs de la procédure et la bureaucratie, à cause de ratés dans la transition GRC/SCRS, en particulier dans la gestion de 110 mandats datant de l'époque GRC, passeront avant l'urgence et la sécurité nationale. Il faudra en effet patienter jusqu'au 14 mars de l'année suivante pour que la Cour fédérale autorise la délivrance du fameux mandat en vertu de l'article 21 de la *Loi sur le SCRS*.

Ce n'est hélas pas le seul couac dans l'enquête d'Air India. Ils sont d'ailleurs si nombreux que c'est à se demander s'il ne s'agit pas d'une opération de camouflage d'une vérité plus sinistre, ou alors de l'incompétence et de l'amateurisme tragiques de plusieurs individus aggravés par les inévitables cafouillages engendrés par la dissolution du service de sécurité de la GRC et la création du SCRS. Une transformation qualifiée de « tectonique » par le procureur général du Canada lors de ses représentations devant la commission d'enquête présidée par le juge John Major.

En novembre 1985, la GRC arrête Talwinder Singh Parmar ainsi que Inderjit Singh Reyat. Les deux activistes sont entre autres accusés de complot, fabrication et possession d'explosifs. Mais l'affaire tourne court. Les accusations contre Parmar sont abandonnées. Quant à son acolyte, il plaide coupable à des accusations réduites à l'explosion de Duncan et s'en tire avec une maigre amende de 2 000 dollars. Reyat déménage en Angleterre, où il est arrêté en 1988 dans le cadre de l'enquête sur l'explosion à l'aéroport de Narita. Extradé au Canada, il est condamné à dix ans de prison après avoir été reconnu coupable d'homicide involontaire, possession et usage de substances explosives.

Deux autres activistes sikhs de Vancouver, Ripudaman Singh Malik et Ajaib Singh Bagri, respectivement prêtre et homme d'affaires, sont arrêtés par la GRC en octobre 2000. Ils sont inculpés, tout comme Reyat, dont le nom est ajouté au

► Demande «urgente» rédigée en octobre 1984 par un enquêteur du bureau régional de la Colombie-Britannique du SCRS à son administration centrale afin qu'un mandat d'écoute électronique soit émis dans les plus brefs délais contre Talwinder Singh Parmar. Ce mandat ne sera accordé que cinq mois plus tard. Notons que le SCRS venait à peine d'être créé. Ses agents utilisaient encore des documents à en-tête de la GRC. (Courtoisie Commission Air India/John C. Major)

► L'enquête de niveau 4, le maximum possible, contre Parmar a été autorisée en octobre 1984 par la direction centrale du SCRS, comme il est mentionné dans cette note rédigée le 9 novembre 1984 par l'enquêteur du SCRS Ray Kobzey. (Courtoisie Commission Air India/John C. Major) dossier en 2001, de huit chefs d'accusation de complot, meurtre, tentative de meurtre, etc., concernant le vol 182 et l'explosion au Japon. En février 2003, Reyat est condamné à une nouvelle peine de cinq ans, alors que les accusations de meurtre sont purement et simplement abandonnées. En mars 2005, après 233 jours d'audience, 130 millions de dollars dépensés, Malik et Bagri, eux, sont purement et simplement acquittés par le juge Josephson de la Cour suprême de la Colombie-Britannique faute de preuves suffisantes et de témoignages crédibles.

Et voilà. La justice – la vérité, même – frappe un mur après plusieurs enquêtes, investigations et rapports tant au Canada qu'en Inde et en Irlande. Un véritable gâchis qui alimente encore plus la frustration légitime des familles des victimes.

Trois ans plus tard, le 10 juillet 2008, c'est un Reyat tout sourire, vêtu d'une tunique blanche, affublé d'une imposante barbe et tenant un sac en plastique qui a quitté sa cellule de Port-Coquitlam.

On n'en a pas fini pour autant avec le vol 182.

Le 1er mai 2006, le premier ministre Stephen Harper nomme le juge à la retraite de la Cour suprême John C. Major à la tête d'une commission chargée de «mener une enquête sur les mesures d'investigation prises à la suite de l'attentat à la bombe commis contre le vol 182 d'Air India».

Dans le mandat qui lui est confié, il est stipulé que «le commissaire prenne, au cours de l'enquête, les mesures néces-saires pour prévenir la divulgation de renseignements qui, s'ils étaient divulgués, pourraient selon lui porter préjudice aux relations internationales ou à la défense ou la sécurité nationales».

Nulle part il n'est évoqué l'hypothèse que des agents étran-gers auraient pu être impliqués directement ou indirectement dans cet attentat. Étaient-ils au moins au courant? Quel a été leur rôle? Les autorités canadiennes connaissaient-elles l'exis-tence de ce réseau d'agents indiens? Étaient-ils identifiés et surveillés?

Autant de questions graves qui demeurent sans réponse aujourd'hui, presque vingt-cinq ans plus tard et malgré les millions dépensés[123].

Sous le sceau de l'anonymat, certaines sources du milieu du renseignement font remarquer que le Canada n'a jamais pu faire la preuve que ces mêmes agents indiens n'étaient pas au courant du complot et qu'ils l'auraient même laissé sciemment se concrétiser.

Autre point troublant, et non des moindres : les Indiens n'ont jamais sanctionné cette attaque sur leur territoire.

Un agent provocateur des services indiens

Parmar aurait certainement pu nous éclairer, mais il a été tué par la police indienne en octobre 1992, probablement à l'issue d'un interrogatoire, emportant par la même occasion ses secrets (encombrants ?) dans la tombe. Pas de chance.

Dans une confession obtenue peu avant sa mort, dont le degré de crédibilité reste à évaluer, l'ex-chef des Babbar aurait toutefois reconnu une implication réduite dans le complot.

Mais Parmar était peut-être un agent provocateur des services secrets indiens œuvrant au sein du Little Penjab canadien. C'est l'hypothèse que soulève une de nos sources. Elle affirme que, dans les mois qui ont précédé l'attentat, le SCRS aurait intercepté, grâce à un micro planqué dans le plancher du bureau de Davinder Singh Alhuwalia, consul indien à Toronto, une conversation dans laquelle le diplomate demandait à un de ses contacts de la communauté sikhe de lui arranger un rendez-vous avec Parmar, qui se serait trouvé dans le secteur.

Un diplomate de haut rang qui cherche à rencontrer un homme considéré comme le terroriste numéro 1, voilà qui n'est pas banal dans le contexte du dossier. Ce même Alhuwalia,

---

123. En mars 2009, au moment d'écrire ces lignes, la commission n'avait toujours pas publié son rapport.

abonné aux affaires louches, aurait aussi fait l'objet jusque dans son salon – *buggé* lui aussi – d'approches répétées de la part de la CIA, qui voulait que le consul devienne sa taupe en Iran.

Dans son rapport annuel 1991-1992, le CSARS (Comité de surveillance des activités de renseignement de sécurité) a consacré une dizaine de pages à l'étude du travail du SCRS dans le dossier d'Air India.

L'organisme se fait l'écho des «allégations concernant toutes interventions d'un gouvernement étranger dans l'accident». On rappelle que dès novembre 1985, soit à peine cinq mois après le drame, la GRC les avait jugées «sans fondement ni substance».

Dans ses conclusions, le CSARS évacue lui aussi en quelques lignes cette hypothèse sans même jamais citer le nom de l'Inde:

> Nous avons examiné les informations du SCRS pour déterminer si un organisme ou un représentant d'un gouvernement étranger était impliqué dans la destruction de l'aéronef. Ces informations n'appuient pas la théorie de complicité d'un gouvernement étranger dans l'écrasement de l'avion d'Air India qui effectuait le vol 182.

Encore une fois, on peut suspecter que des arguments de nature économique et politique soient venus interférer, polluer même, la quête de vérité. L'Inde et le Canada, membres du Commonwealth, entretiennent des liens de coopération bilatérale solides depuis des années dans plusieurs domaines. Certes, cette amitié a eu ses hauts, mais aussi beaucoup de bas. En particulier après que l'Inde, qui n'a pas signé le traité de non-prolifération nucléaire, a fait exploser sa première bombe atomique en 1974. Une première qui avait fâché le Canada, bailleur de fonds du premier réacteur nucléaire indien au début des années 1960. La subvention avait été accordée à la condition que ce réacteur ne soit pas utilisé à des fins militaires.

En février 1987, après avoir maintes fois sermonné le gouvernement indien pour ses activités clandestines au sein de sa diaspora, qui avaient atteint un niveau jugé intolérable, le Canada s'est enfin décidé à prendre les grands moyens. Sans faire de vagues, le ministère des Affaires extérieures a montré (discrètement) la porte à plusieurs diplomates indiens de haut rang, dont seuls quelques noms ont été cités dans les médias : Brij Mohal Lal, ex-général de l'armée en poste à Toronto, Gurinder Singh, consul à Vancouver, Maloy Krishna Dhar, du Haut-Commissariat indien à Ottawa, dont nous avons déjà parlé plus haut. Ceux-ci avaient été identifiés notamment comme des agents de renseignement dont la mission était d'infiltrer les communautés sikhes de 1983 à 1987.

C'est à l'occasion d'une visite officielle en Inde que Joe Clark, alors ministre des Affaires extérieures, a indiqué poliment à Rajiv Gandhi que ses « diplomates » n'étaient plus en odeur de sainteté au Canada. Leurs noms ont été soufflés les uns après les autres par un agent de liaison du SCRS présent à ses côtés et qui était en ligne avec ses collègues à Ottawa. Bien sûr, pour ménager les apparences et les susceptibilités, il n'était pas question d'une expulsion fracassante.

En fait, cette liste noire comportait une douzaine de noms de pseudo-diplomates, employés consulaires, agents et informateurs basés à Vancouver, Toronto et Ottawa. Cette liste d'espions a pu être établie après des mois d'enquête au SCRS. Chaque individu avait fait l'objet d'une biographie étoffée à partir d'enquêtes sur le sol canadien et de demandes de recherche auprès de services « amis » (*trace request*). C'était quasiment toute l'organisation du RAW* qui venait d'être décapitée, à la grande joie des agents canadiens.

Lorsque nous avons cherché à le confronter sur ce point, Maloy Krishna Dhar a persisté à réfuter toute accusation d'ingérence ou d'espionnage en sol canadien.

« Je n'ai jamais été membre d'aucun service secret extérieur indien », dit-il en jouant sur les mots. Il nie aussi avoir figuré sur cette liste, avoir été déclaré *persona non grata* (PNG). Mais au détour d'une phrase, il reconnaît implicitement la présence au Canada d'agents du RAW «qui ont été déclarés PNG» lors de cet épisode diplomatique. Il dit ignorer en revanche si ces mêmes agents avaient infiltré la communauté sikhe.

Mensonge!

Maloy Krishna Dhar insiste pour se présenter comme un spécialiste de la collecte d'information «ouverte». Point.

«Mon poste était "ouvert", légitime. Vous pouvez demander à des agents des affaires extérieures [étrangères] du Canada ce que cela veut dire. Donc, je n'ai jamais fait de travail clandestin. Toutefois, lorsque mon pays m'a demandé, j'ai fait la collecte d'information ouverte, ce qui compose 70 % du renseignement. Les 30 % restant proviennent des sources confidentielles. N'importe quel spécialiste dans le domaine vous confirmera cette vérité universelle.»

Pourtant, le gouvernement canadien, même s'il ne s'en est jamais vanté publiquement, avait obtenu assez de preuves de la part du SCRS pour conclure que les agents de renseignement indiens, du RAW et de l'IB, basés au Canada avaient mis en place un réseau d'informateurs et d'agents rémunérés en plus d'exercer des pressions sur certains membres de la communauté pour les forcer à devenir des mouchards. Cela compliquait d'autant le travail des enquêteurs du SCRS. Les sikhs modérés, qui savaient que des agents du RAW étaient infiltrés parmi eux, étaient terrifiés à l'idée de parler aux agents du SCRS ou de la GRC.

En octobre 1986, le député libéral Robert Kaplan, qui avait occupé de 1980 à 1984 le poste de solliciteur général, et donc était bien informé, estimait que le SCRS devait enquêter sur une possible campagne de désinformation mise au point par les services indiens pour discréditer les sikhs canadiens.

Mieux encore, il avait été prouvé que des extrémistes hindous, bannis de leur pays après les émeutes interconfessionnelles meurtrières du début des années 1990 et réfugiés au Canada, étaient devenus des informateurs des services de renseignement indiens.

En remerciement pour leurs bons et loyaux services, l'Inde faisait profiter ces petits soldats zélés de multiples avantages, comme la vente de produits hors taxes, des voyages en Inde tous frais payés, des facilités dans le cadre d'échanges commerciaux ou des magouilles dans le programme des visas.

Enfin, loin de se laisser impressionner par la vague d'expulsions de mars 1987 et par tout le brouhaha causé par l'explosion du Boeing d'Air India, l'Inde a fait preuve d'une audace incroyable en tentant à plusieurs reprises au cours des années 1990 de recruter – de corrompre – des fonctionnaires canadiens d'origine indienne. Encore un fait préoccupant soigneusement tenu secret par les autorités, en particulier les Affaires extérieures. Cela irritait tellement les services secrets canadiens qu'ils s'étaient fermement opposés à ce que le gouvernement autorise l'Inde à implanter officiellement à Ottawa un agent de liaison du RAW.

C'est lorsque nous avons mis la main sur le livre *Open Secrets*, rédigé par le même Maloy Krishna Dhar et édité à New Delhi en 2005, que nous avons pris toute la mesure de l'étendue des activités indiennes au Canada à l'époque du vol 182. La vingtaine de pages qu'il consacre à sa mission à Ottawa de 1983 à 1987 est une pièce d'anthologie, le mode d'emploi du parfait espion subversif, provocateur et manipulateur, mais aussi une gifle pour le gouvernement canadien et sa population.

M. Dhar explique que, dès son arrivée à Ottawa en octobre 1983, le haut-commissaire Ramakrishnan lui avait fait part de son inquiétude concernant la montée de l'extrémisme sikh. Il se disait déçu de la piètre « performance des agents du RAW », qui en prime se faisaient tirer l'oreille lorsqu'il s'agissait de partager des informations. Avant d'ajouter : « J'ai été mis au courant de votre expertise sur le terrain. Préparez-vous à une autre dure bataille. »

Le haut-commissaire lui avait alors ordonné de pénétrer la communauté sikhe, de se faire des amis dans les lieux de culte et de mettre dans sa poche d'importants leaders de la communauté, tout en prenant garde de ne pas brûler sa couverture de conseiller à l'information. Plus tard, Maloy Krishna Dhar a reçu une liste d'une dizaine d'objectifs prioritaires (un grand classique de l'ingérence qui pourrait s'appliquer aussi à la plupart des pays évoqués dans ce livre). Hormis les trois points évoqués précédemment, il s'agissait de cibler les grandes gueules de la communauté sikhe, d'infiltrer les médias de la communauté, de recruter des sources clandestines parmi les travailleurs sikhs séduits par les leaders extrémistes, de «vendre» la version indienne du dossier sikh aux grands médias canadiens, de se faire des «amis» au sein du Parlement, etc.

Maloy Krishna Dhar se vante même d'avoir poursuivi ses «activités clandestines» après l'attentat d'Air India, alors même qu'il se doutait qu'il était sous l'étroite surveillance du SCRS et que son téléphone était placé sur écoute.

Autre fait intéressant: la rivalité qui existait, semble-t-il, entre les agents du RAW et la clique de Maloy Krishna Dhar. Ce dernier raconte que le RAW semblait le tenir pour responsable de l'expulsion massive de 1987.

L'ex-espion indien s'en prend à la naïveté de nos diplomates «obsédés» par les violations des droits humains au Penjab, qui regardaient l'Inde d'un œil suspect et ne semblaient pas se réveiller face à la menace terroriste sikhe. Cette «bonhomie» frustrait au plus haut point New Delhi, écrit-il.

Il en tient pour responsable le Pakistan, qui non seulement faisait tourner à fond sa machine de propagande, mais en sous-main apportait son soutien aux séparatistes sikhs (le Penjab est coupé en deux depuis la création du Pakistan en 1947). Dhar assure même avoir découvert des liens entre les agents de l'ISI* pakistanais basés à Toronto et des activistes sikhs d'Ottawa après qu'il eut fait cacher des micros chez l'un d'entre eux. Il va même plus loin encore en révélant que Parmar, le principal suspect dans l'affaire d'Air India, se serait rendu au Pakistan en 1979 pour rencontrer les agents de l'ISI et passer un accord avec eux.

Heureusement, se félicite Maloy Krishna Dhar, les choses ont changé après l'assassinat d'Indira Gandhi et le «sabotage» du Boeing d'Air India.

```
85·06·01· 2
(4) 42

OU YYZKZAI
.BOMDOAI 010915
DO 14/5222
WE QUOTE BELOW THE TEXT OF LETTER RECEIVED FROM DCAS ADDRESSED
TO MD STP QUOTE
ASSESSMENT OF THORAT RECEIVED FROM INTELLIGENCE AGENCIES REVEAL
THE LIKELIHOOD OF SABOTAGE ATTEMPTS BEING UNDERTAKEN BY SIKH
EXTREMISTS BY PLACING TIME/DELAY DEVICES ETC. IN THE AIRCRAFT
OR REGISTERED BAGGAGE STP IT IS ALSO LEARNT THAT SIKH EXTREMISTS
ARE PLANNING TO SETUP SUICIDE SQUADS WHO MAY ATTEMPT TO BLOW UP
AN AIRCRAFT BY SMUGGLING IN OF EXPLOSIVES IN THE REGISTERED
OR CARRY DASH ON DASH BAGGAGE OR ANY OTHER MEANS STP THIS CALLS
FOR METICULOUS IMPLEMENTATION OF COUNTER SABOTAGE MEASURES FOR
FLIGHTS AT ALL AIPORTS STP BASIC RESPONSIBILITY FOR COUNTER
SABOTAGE MEASURES IS THAT OF AIRLINES STP
FOLLOWING STEPS SHOULD BE TAKEN TO PREVENT EXTREMISTS BY
CARRYING OUT THEIR DESIGNS
1/ PHYSICAL IDENTIFICATION OF REGISTERED BAGGAGE OF BY PASSENGERS
SHOULD BE ENSURED AT THE TIME OF CHECK-IN STP
2/ SUPERVISION OF REGISTERED BAGGAGE IN BAGGAGE MOKE UP AREA AND
ALSO TILL IT IS LOADED INTO THE AIRCRAFT CMA SHOULD BE STRENGTHENED STP
3/ PROPER SUPERVISION SHOULD ALSO BE EXERCISED IN THE LOADING OF
CATTERING/FOOD ARTICLES INTO THE AIRCRAFT STP
4/ ALL SERVICE PERSONNEL LIKE SWEEPERS AND OTHER EMPLOYEES
PERFORMING ANY JOB IN THE AIRCRAFT SHOULD BE THOROUGHLY CHECKED
AND THE RECORD OF THEIR MOVEMENTS SHOULD BE MAINTAINED STP
CLOSE SUPERVISION SHOULD BE EXERCISED BY RESPONSIBLE OFFICER OVER
THE PERSONNEL OF VARIOUS SERVICES PERFORMING THE DUTIES IN THE
AIRCRAFT STP
5/ EXPLOSIVE SNIFFERS AND BIO DASH SENSORS BRKT DOGS UNBRKT MAY BE
USED TO CHECK THE REGISTERED BAGGAGE IN VIEW OF THE THREAT
MENTIONED ABOVE STP ARRANGEMENTS SHOULD BE GET MADE TO CONDUCT
PHYSICAL RANDUM CHECK OF ALL REGISTERED BAGGAGE AT THE TIME
OF CHECK DASH IN ATLEAST TILL JUNE 30 CMA 1985 CMA PARTICULARLY
IN PLACES WHERE EXPLOSIVE SNIFFERS ARE NOT AVAILABLE STP
UNQTE
THIS IS FOR YOUR INFO AND NEC ACTION STP SUBRAMANIAN
;011006  0180
```

of 1   0104   RR001

► Télex envoyé par le «chef de la vigilance» d'Air India à tous les bureaux de la compagnie dans le monde, dans lequel il fait référence à des informations reçues d'agences de renseignement «qui révèlent la probabilité d'actes de sabotage perpétrés par des extrémistes sikhs». Le document a été transmis à la GRC mais pas au SCRS. (Courtoisie Commission Air India/John C. Major)

Maloy Krishna Dhar n'était pas un petit joueur sur l'échiquier du renseignement indien, mais bien un « senior ». Ce maître-espion a effectué toute sa carrière au sein de l'IB indien, qu'il a quitté alors qu'il en était le numéro 2 en 1996. Cet homme, louangé par ceux qui l'ont côtoyé, a participé à plusieurs opérations délicates au Penjab, au Cachemire et au Pakistan. On parle de contre-insurrection, de contre-espionnage et de fournitures d'armes. Des opérations qu'il qualifie parfois d'illégales et immorales mises en place par les politiciens et dont il n'a été que l'exécutant.

Nous avons donc affaire à un habitué des opérations clandestines, douteuses, à un agent senior très actif parachuté en 1983 à Ottawa alors que l'extrémisme sikh commence à prendre de l'ampleur.

Il est vrai, que comme il nous l'a si bien dit, manifestement excédé par nos questions : « L'espionnage n'a pas autant d'éthique que le chant de la Bible. »

Aujourd'hui, cet expert régulièrement consulté pour commenter des dossiers ayant trait à l'espionnage et au terrorisme plaide pour que ces agences de renseignement soient redevables de leurs actions devant les institutions démocratiques de son pays. Son récit démontre la naïveté, l'inconscience de nos politiciens, et certainement leur incompétence, face à cette gigantesque opération d'ingérence et de manipulation orchestrée par un pays étranger sur le sol canadien.

Les questions que l'on doit se poser aujourd'hui sont : pourquoi le Canada persiste-t-il à vouloir protéger l'Inde, à l'éloigner le plus possible de l'enquête sur l'attentat d'Air India ? Pourquoi, lorsque François Lavigne a voulu témoigner en audience publique devant la commission Major, en a-t-il été empêché par les avocats du gouvernement sous prétexte que l'étude des agissements des Indiens au Canada dépassait les limites de son mandat[124] ? L'Inde a-t-elle orchestré directement l'attentat ? Personne n'a jamais pu le prouver de façon sérieuse

---

124. François Lavigne a toutefois témoigné en privé devant le commissaire.

et nous ne nous avancerons pas plus sur cette voie hasardeuse de la théorie du complot.

En revanche, lorsque l'on considère le niveau de subversion et de pénétration de la communauté sikhe par les services indiens de l'IB, tel que décrit par Maloy Krishna Dhar, ainsi que par les efficaces et redoutables agents du RAW, dont on connaît peu de détails si ce n'est les informations extrêmement préoccupantes que nous révélons plus haut, il ne subsiste qu'une alternative :

– soit l'Inde ne savait vraiment rien de ce qui se tramait, ou au mieux avait eu vent, comme elle le répète, de menaces imprécises visant entre autres sa compagnie aérienne. À la lumière de nos recherches, si l'on prend en considération le professionnalisme des services secrets indiens (en particulier celui de Maloy Krishna Dhar, officier talentueux qui a gravi ensuite tous les échelons de l'IB) et l'étendue de leur emprise sur la communauté sikhe, cela paraît improbable ;

– soit l'Inde en sait plus que ce qu'elle a toujours avoué, mais elle a laissé le complot se dérouler parce que cela faisait son affaire ou, pire, parce que, une fois la machine lancée, celle-ci a échappé à son contrôle. La chaotique et tectonique transition entre la GRC et le nouveau SCRS aurait de plus créé un environnement favorable à l'organisation de ce complot visant à la fois à incriminer les sikhs et à secouer le Canada. Nous privilégions cette piste, tout comme certains de nos interlocuteurs.

L'ex-agent François Lavigne n'en finit plus de ressasser ces années tragiques. Et ce ne sont pas les dernières révélations de Maloy Krishna Dhar qui pourront l'aider à retrouver la sérénité, bien au contraire :

« Je vois maintenant à quel "David" je devais faire face. Et je vois comment cela aurait pu être facile pour les agents du RAW ou pour des individus appuyés par le gouvernement indien de planifier une telle opération, de l'encourager, de la faciliter, sans craindre de représailles des autorités canadiennes. Faut croire que les enjeux en valaient le risque, au moins. Après le 23 juin 1985, le gouvernement indien a terrorisé les éléments sikhs et l'opinion publique était dorénavant sinon sympathique, du moins indifférente. »

Et il lance cet avertissement :

« Alors, encore une fois, tant que le Canada ne comprendra pas qu'il est de son intérêt de se défendre contre les menaces qui existent, sans y ajouter la politicaillerie, et sans toujours lancer toutes les ressources vers la situation qui a déjà sauté, au détriment de toutes les autres, le Canada restera un champ de bataille potentiel. Nous serons sujets à ce genre de conneries et nous laisserons les gouvernements étrangers compromettre notre sécurité nationale. »

Les assassins des mollahs iraniens

Un certain nombre d'affaires empoisonnent depuis des années les relations entre le Canada et l'Iran. L'événement le plus dramatique à ce jour demeure le décès dans des circonstances atroces de la photojournaliste montréalaise Zahra Kazemi. Cette femme de 54 ans a été torturée à mort en juillet 2003 par les sbires de la police secrète iranienne quelques jours après son arrestation devant une prison de Téhéran.

En novembre 2006, le Parlement iranien a ouvert une enquête sur les présumées activités d'espionnage menées par les onze diplomates canadiens en poste à Téhéran pour le compte des États-Unis. Et de menacer de fermer l'ambassade canadienne, considérée comme un « repaire d'espions ». Comme par hasard, ces menaces survenaient alors que le Canada venait de faire adopter aux Nations unies sa résolution sur la piètre « situation des droits de l'homme en république islamique d'Iran ». Un an plus tard, l'Iran frappait fort en expulsant l'ambassadeur canadien en poste à Téhéran.

Le Canada a toujours observé avec une méfiance mêlée de crainte les activités des agents iraniens du MOIS* (ou VEVAK*). Le nom de ce redoutable service secret au service des mollahs iraniens est inconnu du grand public. Pourtant, au Canada comme dans nombre de pays occidentaux, ses agents mènent des opérations dans tous les domaines de l'espionnage et de la prolifération. Preuve de leur importance, il suffit de parler d'espionnage avec un agent canadien pour que celui-ci se mette à citer le nom de l'Iran juste après ceux de la Russie et de la Chine.

La grande spécialité du MOIS demeure le contrôle de la diaspora, la surveillance des mouvements dissidents (éventuellement leur élimination physique comme dans les années 1990). Ces activités d'ingérence sont généralement l'œuvre d'agents de renseignement déployés sous couverture diplomatique[125], d'agents *undercover* portant le costume d'hommes d'affaires, d'étudiants, d'employés d'Iran Air, etc., et même d'opposants ou par le biais d'organismes paravents, en particulier dans le domaine de la culture. Au cours des dernières années, des opposants ont dénoncé publiquement dans les médias le centre culturel iranien Fatemeh d'Ottawa comme un nid d'espions, une « maison de la terreur ». L'organisme a ouvert ses portes en 1999 rue Robinson, sur un terrain de 2,3 hectares vendu par la Commission de la capitale nationale à une compagnie à numéro propriété du gouvernement iranien au prix de 1,6 million de dollars[126]. Une ouverture entourée d'un épais mystère, ses responsables (parmi lesquels figure un éminent professeur d'université et candidat du Parti vert en 2007 et 2008) tentant à tout prix de minimiser l'implication, financière notamment, de la république islamique dans ce projet. Pourtant, c'est bien l'Iran qui a déposé une demande de permis de construire en 1999 pour un des bâtiments de cette propriété.

Les méthodes des agents iraniens ressemblent à s'y méprendre à celles employées par d'autres pays cités dans ces pages. Ceux-ci exercent diverses pressions sur les membres de la communauté – estimée à environ 200 000 personnes – pour les inciter à révéler des informations sur des opposants, mais aussi à retourner en Iran. C'est ainsi qu'au cours des derniers

---

125. Au Canada, l'ambassade de la république islamique d'Iran à Ottawa abrite environ une quinzaine de secrétaires et sous-secrétaires ainsi qu'un attaché.
126. Kathleen Harris, « Dissidents Fear "House of Terror" », *Ottawa Sun*, 21 février 1999.

mois certains Iraniens d'Ottawa se seraient fait proposer un voyage de deux semaines en Iran pour la modique somme de 900 dollars. Les officiels iraniens profitent de l'occasion qui leur est donnée lorsque leurs ressortissants sollicitent leur ambassade pour un visa ou un renouvellement de passeport pour compléter leurs fichiers et recruter des informateurs. Les étudiants aussi sont mis à contribution en échange d'une participation au paiement de leurs frais de scolarité, des étudiants envoyés par dizaines dans les universités canadiennes pour étudier dans des disciplines scientifiques pouvant avoir un lien avec la technologie nucléaire.

Malheureusement, comme le regrette un opposant que nous avons rencontré dans un restaurant d'Ottawa, la communauté iranienne du Canada, qui a encore en mémoire les agissements de la police secrète, que ce soit celle du shah ou celle des mollahs, rechigne à contacter la police canadienne ou le SCRS lorsqu'elle est victime de pressions ou d'intimidation. «Ils n'osent pas le dire, ils n'ont pas confiance», regrette notre interlocuteur.

Téhéran utilise l'arme de l'influence pour tenter de faire passer son message dans l'opinion publique canadienne ainsi que dans les cercles politiques et gouvernementaux. Des contacts sont noués régulièrement avec certains députés, des universitaires, afin que ceux-ci plaident lorsqu'ils en ont l'occasion en faveur d'un rapprochement avec l'Iran. On en profite aussi pour distribuer des pamphlets de propagande dénonçant les Moudjahidins du peuple, le controversé mouvement d'opposition, évoqué plus loin.

Les Iraniens ont aussi recours à ce que les Soviétiques appelaient autrefois, du temps du KGB (ligne PR), les mesures actives (*active mesures*), ou guerre politique. Un registre qui va de la désinformation et de la propagande à la fabrication de faux documents pour compromettre un individu, une organisation, voire tout un pays. Des agents du MOIS avaient d'ailleurs reçu, semble-t-il, une formation offerte par des guébistes experts en la matière à Moscou.

Un des *modus operandi* des agents de Téhéran dans leurs campagnes de propagande ou de manipulation à l'étranger est connu sous le nom de « 80/20 ». Cette technique, toujours inspirée du KGB, est expliquée par Tafreshi Jamshid, un ex-agent du MOIS réfugié en Allemagne, dans un petit ouvrage rédigé en farsi. Lors d'une conversation avec un étranger, révèle-t-il, pour paraître plus crédible, le discours d'un agent du MOIS *undercover* doit comprendre environ 80 % d'arguments anti-Téhéran et 20 % contre les opposants. Certains résument cela à 80 % de vérité et 20 % de mensonges. Le contraire vous ferait inévitablement passer pour un suppôt des mollahs.

Une des affaires les plus célèbres ayant impliqué les agents du MOIS remonte aux années 1993-1994, en pleine guerre de Bosnie. Les agents iraniens avaient tenté d'embarrasser la diplomatie britannique en rédigeant une fausse lettre supposément écrite par le secrétaire d'État aux Affaires étrangères Douglas Hurd, dans laquelle celui-ci apportait son soutien aux Serbes bosniaques. Comme c'était la deuxième fois en quelques mois que les Iraniens se livraient à de telles pratiques, la Grande-Bretagne avait décidé d'expulser le premier secrétaire iranien à titre de représailles. Notons que nous n'avons pas eu connaissance de telles pratiques au Canada.

Les agents du MOIS sont aussi considérés comme une vraie menace à la sécurité nationale. En premier lieu à cause de leur capacité à recourir à la violence pour faire taire les opposants au régime de Téhéran. Ensuite à cause du soutien notoire apporté à certains groupes considérés comme terroristes au Canada notamment, par exemple le Hezbollah libanais. Il y a aussi la crainte que les agents du MOIS passent à l'action dans plusieurs pays occidentaux advenant une attaque ou une invasion menée par les États-Unis ou Israël. En 2004, les médias se sont faits l'écho de menaces proférées par un responsable des Gardiens de la Révolution (pasdarans) qui assurait que des commandos suicides étaient prêts à attaquer vingt-neuf cibles répertoriées en Occident. Le Canada figurait en bonne place sur la liste des pays honnis. Énième provocation ou pas, cette rhétorique guerrière a été prise au sérieux par les principaux services de renseignement occidentaux. Il faut se rappeler qu'à la même époque, en juillet 2004, deux gardes de sécurité de la mission iranienne auprès des Nations unies ont été priés par l'administration Bush de faire leurs valises. Ils avaient été surpris à trois reprises depuis 2003 en train de filmer avec insistance plusieurs édifices et infrastructures de Manhattan.

Ce sont surtout les sympathisants et adhérents canadiens du Mujahedin-e Khalk (MEK) qui figurent en tête de la liste des cibles des agents iraniens. Aussi connu sous le nom d'Organisation des Moudjahidins du peuple iranien (OMPI), ce mouvement chiite marxiste, qualifié par certains de sectaire, fondé en Iran en 1965 par des étudiants, a contribué au renversement du shah d'Iran lors de la révolution. Très vite, les relations entre les militants de l'OMPI et le régime de l'ayatollah Khomeyni se sont envenimées au point que le mouvement, responsable d'attentats sanglants, s'est retrouvé hors la loi. En 1986, son chef, Massoud Radjavi, s'enfuit en France tandis que des centaines de membres de l'OMPI passent la frontière pour trouver refuge chez Saddam Hussein. Opportuniste, le dictateur iraquien transforme alors ce mouvement d'opposition politique en une véritable armée, qu'il utilisera dans sa guerre contre l'Iran. Leur fief est toujours situé à Najaf, au nord de Bagdad.

À la même époque, l'OMPI avait établi de solides réseaux de soutien au Canada, en particulier à Montréal[127]. Même si ces militants ne se livraient pas à des activités criminelles, mais plutôt, entre autres, à des collectes de fonds pour la cause et de la diffusion d'information, pendant des années leurs agissements ont été surveillés par les agents du SCRS. Il y avait une certaine dissension au sein du service entre ceux qui les considéraient comme une menace et ceux qui trouvaient que le

---

127. L'OMPI avait à cette époque établi un de ses quartiers généraux dans un petit café du boulevard Saint-Laurent, qui faisait aussi l'objet d'une étroite surveillance de la part du SCRS.

Canada perdait son temps. La tension a toutefois monté d'un cran en avril 1992 après l'attaque en règle de l'ambassade d'Iran à Ottawa par des sympathisants de l'OMPI. Il s'agissait d'une campagne de représailles menée simultanément dans treize représentations diplomatiques iraniennes dans le monde après une offensive de l'armée iranienne contre une des bases des Moudjahidins en Iraq.

Un an plus tard, en juin 1993, le Canada arrête en vertu d'un certificat de sécurité signé par le solliciteur général un certain Mansour Ahani, qui avait obtenu un an avant le statut de réfugié. À l'appui de sa demande formulée à sa descente d'avion en octobre 1991, Ahani avait inventé tout un scénario. L'Iranien soutenait qu'il avait été recruté de force pour faire partie d'un escadron de la mort placé sous les ordres du ministère des Affaires étrangères et chargé de commettre des assassinats d'opposants de l'OMPI à l'étranger. Ahani soutenait qu'il risquait d'être tué si on l'expulsait vers son pays natal. Après plusieurs interrogatoires, avec détecteur de mensonges, le SCRS était convaincu que l'Iranien était un «assassin entraîné» et un «terroriste» infiltré par les services de renseignement iraniens au sein de la communauté iranienne du Canada.

Son renvoi en Iran ne s'est pas fait sans heurts. Comme souvent en pareil cas, plusieurs groupes de pression et de défense des droits de l'homme sont montés au front pour le dépeindre en victime et tenter d'empêcher sa déportation. Pour sa part, Ahani s'était lancé dans une vraie guérilla judiciaire contre le gouvernement canadien, qu'il a mené jusqu'en Cour suprême où il a été débouté.

À bout de recours légaux, Ahani s'est retrouvé dans la nuit du 18 juin 2002 sur le tarmac de l'aéroport Pearson de Toronto, dans un avion à destination de Téhéran. Les agents du contre-espionnage canadien avaient visé juste. Mansour Ahani avait été arrêté en Italie en 1992, en compagnie d'un autre tueur du MOIS, Akbar Khoshkooshk, alors qu'ils élaboraient un complot visant à assassiner un dissident iranien connu. Quelques mois après son retour forcé dans son pays natal, l'Iranien a dévoilé dans une entrevue accordée au *National Post* avoir inventé de toutes pièces son histoire de persécution. Malgré ces aveux, le Canada a été blâmé en 2004 par le Comité des droits de l'homme des Nations unies pour sa gestion «déficiente» du dossier Ahani. Le comité onusien priait même le Canada de dédommager Ahani advenant le cas où il serait torturé.

Mansour Ahani n'est pas le seul agent du MOIS à être tombé dans les filets du SCRS. En 1996, c'est au tour de Djafar Seyfi d'être expulsé du Canada en vertu d'un certificat de sécurité. En ce qui le concerne, le dossier aura été bouclé avec une rare diligence. Il ne se sera écoulé que neuf mois entre son arrivée au Québec, là encore comme demandeur du statut de réfugié, et son renvoi. Djafar Seyfi n'était pas le fugitif recherché par les ayatollahs qu'il prétendait être, mais un autre agent envoyé en mission au Canada pour intimider les opposants au régime.

Il faut se rappeler que c'est justement durant ces années 1990 que les escadrons de la mort iraniens se sont livrés à une vague d'assassinats d'opposants et d'intellectuels en Occident, de l'Europe (France, Italie, Allemagne, etc.) à la Turquie, jusqu'au Liban et en Iraq.

Dans un communiqué diffusé en octobre 2005 par le Conseil national de la résistance iranienne, un des ex-employés du centre culturel Fatemeh d'Ottawa a été identifié comme étant un agent du MOIS ayant tenté dans le passé d'infiltrer les rangs de l'OMPI. L'homme en question, qui a aussi été membre du corps des Gardiens de la Révolution, avait pris l'avion à Toronto pour se rendre au National Press Club de Washington le 24 octobre. Il était accompagné d'une autre résidente d'Ottawa, identifiée elle aussi comme une espionne au service des mollahs. Il faut préciser ici que l'OMPI est connu pour s'être doté lui aussi d'une structure de renseignement assez efficace.

Les deux agents démasqués faisaient partie d'un trio d'orateurs lors d'une conférence de presse organisée par une association canadienne dénommée Pars-Iran – organisme censé regrouper des anciens Moudjahidins – et qui avait pour but de dénoncer les «liens entre Saddam Hussein et le terrorisme international». En fait, il s'agissait d'un exercice de propagande anti-OMPI. On notera au passage que les Iraniens utilisent la même tactique avec l'OMPI que les Chinois avec le Falun Gong, c'est-à-dire qu'ils font intervenir des personnes qu'ils présentent comme des ex-membres de ces mouvements.

Très exactement cinq mois plus tôt, le 24 mai 2005, la vice-première ministre et ministre de la Sécurité publique du Canada, Anne McLellan, avait certainement rendu un grand service à l'Iran en plaçant l'OMPI sur sa liste d'organisations terroristes. Le Canada imitait en cela plusieurs autres pays occidentaux qui souhaitaient faire plaisir au président iranien d'alors, le réformateur Mohammad Khatani. Il est quand même triste de constater qu'un pays qui pratique la torture et l'assassinat obtienne ainsi du monde entier ou presque que ses opposants soient qualifiés de terroristes.

Au Canada, l'OMPI n'a pas eu d'autre choix que de disparaître officiellement. Ses partisans espèrent toujours que leur situation pourrait changer. Ici comme ailleurs dans le monde, ils pratiquent un lobbying intensif pour faire progresser leur cause. Dans un contexte géopolitique où le régime du président Mahmoud Ahmadinejab fait figure d'ennemi numéro 1, l'OMPI, qui dispose de solides relais, y compris en Iran, suscite un intérêt croissant dans les chancelleries et certains services de renseignement occidentaux. Les pro-OMPI ne manquent pas d'insister sur le fait qu'ils représentent la vraie alternative politique viable au régime des mollahs. Une alternative bien moins suicidaire à leurs yeux qu'une attaque militaire dirigée contre ce pays. Les ennemis de nos ennemis ne sont-ils pas nos amis? L'Angleterre les a retirés de sa liste des groupes terroristes en juin 2008, tandis que la Cour européenne de justice, siégeant à Luxembourg, a ordonné en décembre de la même année au Conseil des ministres de l'Union européenne le retrait des Moudjahidins de leur liste similaire ainsi que la levée du gel des avoirs du mouvement de résistance. D'autres pays en revanche, comme la France – qui fait même preuve d'acharnement à leur endroit –, ne semblent pas intéressés par un changement d'avis, encore une fois certainement sous la pression d'entreprises (des constructeurs automobiles et des compagnies pétrolières, par exemple) pour qui l'Iran représente un marché potentiellement intéressant. Au Canada, son bannissement n'a pas empêché ses partisans de manifester à plusieurs reprises au cours des dernières années sur la colline du Parlement ainsi que dans les rues de Montréal, sous les yeux attentifs d'agents du SCRS. Et certainement aussi d'agents du MOIS! Mais pour retrouver sa virginité, l'OMPI devra encore attendre, car en novembre 2008 le gouvernement canadien a renouvelé son inscription sur sa liste des entités terroristes.

Tunisie : les sbires du président Ben Ali

La scène se passe à Québec, le 12 mai 2005. Mokhtar Krifi, célèbre avocat tunisien alors président de la Ligue tunisienne des droits de l'homme, un organisme fondé en 1976, prononce une conférence publique dans le cadre du Sommet mondial sur la société de l'information et le droit à la liberté d'expression en Tunisie. L'assistance est prévenue, cette conférence va être filmée afin que les cassettes d'Amnistie internationale puissent être remises à la Sûreté du Québec en cas de grabuge, avertit-on. Une mise en garde qui n'est point lancée à la légère. Il faut savoir en effet qu'en Tunisie cet organisme est régulièrement victime de représailles, de harcèlement et même de répression de la part des autorités. Aux yeux des organisateurs de la conférence, la prudence est donc de mise. La suite leur donnera raison.

Nous voici à la période de questions : par un curieux concours de circonstance, un avocat de Nabeul, puis un médecin et un citoyen viennent les uns après les autres louanger le président tunisien, dénoncer les propos de l'invité, sous des applaudissements nourris. Malgré l'instance du modérateur, un journaliste du quotidien québécois *Le Soleil*, aucun de ces intervenants ne pose de questions.

C'est alors qu'un citoyen s'empare du micro. Saisissant la balle au bond, il ne manque pas de faire remarquer que les commentaires qu'il vient d'entendre démontrent que la Tunisie est une dictature, que les élections y sont truquées. Il n'a pas fini sa phrase que l'avocat de Nabeul se dresse dans la salle pour exiger des excuses de celui qui, lance-t-il d'un ton accusateur, « vient d'insulter tout un peuple ».

Un homme s'avance au micro. Il se présente comme l'éditeur en chef d'un journal maghrébin. Au lieu de poser sa question, il se lance dans un exercice de propagande en faveur du gouvernement tunisien assorti d'une charge virulente contre Mokhtar Krifi. « Vous essayez de dénigrer notre pays d'origine [...], nous ne sommes pas fiers de vous, on a honte de vous, vous n'êtes pas le bienvenu dans ce pays-là. Votre voyage est subventionné par qui ? » Le ton monte. Les invectives fusent.

Bizarrement, le même scénario, mettant en scène les mêmes acteurs, s'est déroulé à Montréal dans les jours précédents lors d'une conférence de presse qui s'est terminée abruptement sous les invectives. Le sujet du jour était la liberté de l'information en Tunisie. Les premiers rangs étaient occupés par une vingtaine de « journalistes » accrédités par le même journal, se souvient Jamel Jani[128], de l'Association des droits de la personne au Maghreb, organisme basé à Ottawa. Une manœuvre d'intimidation à la chinoise trop bien orchestrée pour être spontanée, dénonce-t-il. « Chaque fois que nous faisons une conférence publique, il y a un groupe qui est là pour provoquer, agresser verbalement et intimider les gens.

---

128. Jamel Jani a aussi été le représentant au Canada du Parti démocratique progressiste.

C'est déjà arrivé que j'entende des cris d'insulte du genre "Jamel Jani, fils de pute". Ou bien alors, comme les Chinois, ils brandissent des drapeaux de la Tunisie. Il y a aussi des gars qui nous filment. Même chose lorsque nous manifestons devant le consulat.»

Jamel Jani est formel. Pour lui, il est clair que ce sont les services diplomatiques de son pays d'origine qui tirent les ficelles et mettent une partie de la diaspora à contribution pour éviter d'être exposés directement. Celui-ci affirme d'ailleurs avoir repéré le responsable de la sécurité au consulat de Tunisie à Montréal lors de certaines de ces manifestations. Jamel Jani parle de manipulation des étudiants (ils seraient près de 3 000 au Québec) qui se sentent redevables envers leur pays et même des hommes d'affaires qui se voient promettre certaines facilités en échange. Du déjà-vu, non?

Cette stratégie «à la chinoise» est peu subtile, grossière même, mais elle est efficace. Efficace puisque, une fois encore, ce ne sont pas des agents du gouvernement qui font le sale travail. Efficace aussi car désormais Jamel Jani et les opposants au régime du président Ben Ali affirment n'avoir plus d'autre choix que d'agir comme des clandestins dans le pays démocratique qu'est le Canada. Leurs manifestations publiques ne sont plus annoncées à l'avance dans les médias mais seulement communiquées par courriel à un groupe restreint de militants et de personnes triées sur le volet. Ce qui inéluctablement réduit leur audience et, par conséquent, la portée du message.

Cela fait des années que la Tunisie – tout comme un autre pays du Maghreb, le Maroc – figure sur la liste déjà évoquée plus haut de la vingtaine de pays se livrant à des activités clandestines d'ingérence au Canada. C'est donc un autre secret de polichinelle.

Lise Garon, une ex-professeure au département d'information et de communication de l'université Laval, aujourd'hui retraitée, a dénoncé elle aussi publiquement à plusieurs reprises l'utilisation, la surveillance et la mobilisation en sous-main des étudiants tunisiens par l'organisme officiel baptisé MUTAN (Mission universitaire tunisienne en Amérique du Nord), ainsi que le recours à de pseudo-journalistes pour torpiller des réunions publiques. Ils servent ainsi de paravents, ce qui évite aux représentants officiels de s'exposer sur le devant de la scène. « C'est une pratique systématique et bien rodée », affirme cette militante des droits humains. Selon elle, la plupart des étudiants tunisiens obéissent aux ordres de peur de perdre leur bourse d'études.

Elle raconte une anecdote amusante et révélatrice.

« C'était à l'automne 2000, dit-elle. Un individu qui se prétend étudiant tunisien m'appelle au bureau. Il se présente comme un opposant au régime de Ben Ali qui est intéressé à assister à mes conférences sur la Tunisie. Méfiante, j'ai décidé de lui tendre un petit piège pour le tester. Je lui ai donné rendez-vous le 8 décembre. Ce jour-là, je m'en souviens encore, nous étions en pleine tempête de neige. Que vois-je arriver dans la salle ? Une cinquantaine d'étudiants tunisiens sévèrement encadrés par des individus plus âgés. Hélas pour eux et pour mon soi-disant opposant, le sujet du jour était en réalité un film sur le Rwanda ! »

La MUTAN a ses bureaux dans l'enceinte du consulat de Tunisie, place d'Armes à Montréal, dans le plus vieux gratte-ciel de la métropole, construit par la New York Life à la fin du XIXᵉ siècle. Six diplomates tunisiens sont en poste dans la métropole québécoise, soit plus qu'à l'ambassade d'Ottawa. Essentiellement parce que c'est dans cette province que la diaspora tunisienne est la plus importante. Ce pays du Maghreb dispose aussi d'une modeste représentation consulaire à Calgary.

Derrière leur lourde porte en bois massif, située au fond du hall d'entrée du consulat, les employés de la MUTAN traitent et approuvent les demandes de bourses et d'exemption de centaines d'étudiants résidant en Amérique du Nord. L'enjeu pour les étudiants est considérable. Par exemple, en vertu d'une entente signée entre le Québec et la Tunisie, au moins deux cents étudiants tunisiens peuvent bénéficier d'une exemption des frais de scolarité supplémentaires habituellement facturés aux étudiants étrangers. Un montant conséquent estimé à environ 3 000 dollars par année. Un programme identique est en vigueur avec l'Université d'Ottawa. Le choix parmi tous les aspirants boursiers est censé s'effectuer selon plusieurs critères objectifs liés à la scolarité, au cycle d'études et à la spécialité. Mais selon nos interlocuteurs, la Tunisie se servirait de ce programme comme levier pour museler ses étudiants, les rendre plus dociles.

L'autre moyen de pression, observé dans plusieurs chancelleries, est aussi appliqué lors du processus de renouvellement de passeport. Un célèbre opposant tunisien a ainsi attendu des années avant de pouvoir enfin obtenir le précieux sésame.

Ces allégations d'ingérence, de pressions exercées en sol canadien sur la diaspora sont bien entendu niées farouchement par les diplomates tunisiens. «Nous ne sommes pas assez nombreux pour faire tout ce dont on nous accuse, et il n'y a aucun responsable de la sécurité dans notre consulat de Montréal», jure un de nos interlocuteurs lors d'une entrevue informelle. Celui-ci soutient que les employés sont déjà assez occupés par leurs tâches administratives pour avoir le temps de s'adonner à des activités non conformes aux règles et usages de la diplomatie.

Il finira tout de même par avouer à mots couverts qu'il arrive à l'occasion que l'on téléphone à un opposant un peu trop voyant pour lui demander de calmer ses ardeurs…!

La diaspora juive, alliée du Mossad*

C'est au nom de la lutte contre le terrorisme que le Mossad israélien épie les faits et gestes des Libanais connus pour être sympathisants ou membres du mouvement chiite Hezbollah, tout comme les groupuscules ardents supporters de la cause palestinienne.

Un Mossad qui, à plusieurs reprises, a donné à ses agents des passeports canadiens volés ou contrefaits afin que ceux-ci puissent se déplacer librement et sans éveiller de soupçons. En septembre 1997, deux tueurs du Mossad ont été arrêtés en Jordanie avec dans leur poche des passeports canadiens au nom de Barry Beads et Sean Kendall, après une tentative d'assassinat ratée au gaz neurotoxique contre Khaled Mashal, un dirigeant du mouvement Hamas. L'affaire a causé l'émoi au sein du gouvernement canadien. « Le Canada était en furie contre le Mossad, non pas parce qu'ils s'étaient servi de passeports canadiens, mais en premier lieu parce qu'ils s'étaient fait prendre », raconte avec un sourire provocateur l'ex-espion israélien Ari ben Menashe. Une déclaration à rapprocher de celle d'un ancien ambassadeur du Canada en Israël, Norman Spector, qui dans le passé a accusé Ottawa d'avoir longtemps fermé les yeux devant cette pratique non seulement scandaleuse, mais dangereuse pour la sécurité de Canadiens voyageant au Proche-Orient. Spector avait même poussé plus loin en révélant l'existence d'une rencontre secrète entre des agents du SCRS et du Mossad peu avant l'attaque contre Mashal.

Reste que pendant une longue période, ajoute Ben Menashe, en fait jusqu'à l'accession au pouvoir des conservateurs de Stephen Harper, Ottawa aurait sévèrement restreint les activités officielles du Mossad sur le sol canadien. Les Israéliens ont-ils obtempéré ? Ça, c'est une autre histoire.

Nos services de renseignement, eux, étaient bien au fait des activités des agents du Mossad sur le sol canadien et avaient d'ailleurs ouvert un dossier secret à leur sujet – « Mossad agents in Canada » –, ainsi que sur plusieurs lobbies juifs bien connus.

Que le Canada se rassure. Il a le privilège de faire partie de la quinzaine de pays et régions du monde que le Mossad « surveille » étroitement grâce à un bureau (desk) qui lui est entièrement consacré. Israël, de son côté, a longtemps été placé sur les listes canadiennes secrètes qui recensent les pays pratiquant sur notre sol l'espionnage politique ou militaire, usant de moyens de pression et d'influence auprès de certaines communautés en plus de faire partie de la petite clique de nations qui tentent par tous les moyens d'acquérir de la technologie pouvant leur permettre de concevoir des armements chimiques, nucléaires ou biologiques.

Ce n'est toutefois pas la seule occasion où des espions israéliens se seraient servis de nos petits livres bleus.

Il apparaît en effet que beaucoup de Canadiens de la communauté juive ont la fâcheuse tendance à «prêter» leur passeport au Mossad pour qu'il puisse l'altérer. Plus récemment, en 2005, le Canada a expulsé vers la Tunisie un Iraquo-Tunisien au parcours étonnant. Alors qu'il étudiait en Angleterre, avant de débarquer au Canada en 1990 en tant que demandeur d'asile, Hussein Ali Sumaida avait travaillé pour les redoutables services de renseignement iraquiens Jihaz al-Mukhabarat al-Amma[129]. Ce fils de diplomate de haut rang, proche de Saddam Hussein, aurait ainsi communiqué aux sbires du dictateur les noms d'une trentaine d'étudiants activistes du mouvement islamiste banni Al Da'wa. Il avait ensuite retourné sa veste pour offrir ses services au Mossad. Son nouvel employeur lui aurait alors confié la mission de traquer les Palestiniens de l'OLP[130].

Il y a aussi le cas particulièrement étrange de Mohamed Essam al-Attar, condamné à quinze ans de prison pour espionnage par la justice égyptienne en 2007. Les autorités égyptiennes l'ont accusé d'avoir travaillé pour le compte du Mossad alors qu'il résidait au Canada jusqu'en 2006.

Al-Attar, qui travaillait à la CIBC, aurait touché 56 300 dollars pour les informations refilées à son *handler*, en particulier sur les comptes bancaires détenus par des individus d'origine

---

129. Emprisonné à plusieurs reprises en Tunisie et maltraité, Sumaida est revenu clandestinement au Canada un an après sa déportation mais a été autorisé à rester au pays par les autorités de l'immigration en raison des risques que présenterait son nouveau renvoi.

130. Hussein Ali Sumaida est l'auteur d'un livre intitulé *Circle of Fear: My Life as an Israeli and Iraqi Spy*, publié en 1994 chez Brassey's, Washington DC.

arabe. Son cas est doublement intéressant puisque les autorités égyptiennes ont indiqué, lors de son procès au Caire, avoir lancé leurs agents secrets à ses trousses sur le sol canadien. Ceux-ci l'avaient placé sous surveillance constante, le photographiant dans ses moindres mouvements ou presque à Toronto, Vancouver et Niagara Falls.

Vrai dossier d'espionnage ou coup monté, le cas Al-Attar a suscité bien des passions en Égypte, parce qu'il réunissait tous les ingrédients d'un mauvais film d'espionnage. Ce jeune homme au parcours chaotique a été décrit non seulement comme un homosexuel, mais en plus comme un apostat, c'est-à-dire qu'il aurait renié sa religion musulmane pour se convertir au catholicisme. Cela après qu'il eut offert ses services aux Israéliens en Turquie. Le Mossad l'aurait même aidé à émigrer au Canada en tant que demandeur du statut de réfugié. Une fois installé ici, en 2002, il aurait aussi reçu pour consigne de recruter d'autres informateurs parmi les homosexuels d'origine musulmane.

On peut toutefois se poser la question de la raison pour laquelle le Mossad a eu recours aux services d'un Égyptien pour fouiller dans les ordinateurs de la CIBC. Les services secrets israéliens – à l'instar des chinois – savent qu'ils peuvent compter, partout dans le monde, sur la coopération active et inconditionnelle de la diaspora juive.

« À Paris, le Mossad se balade comme il veut dans la communauté juive », constate avec autant d'amusement que de résignation un agent du contre-espionnage français.

Les *sayanims* sont ces membres de la communauté juive qui acceptent de donner un coup de main aux *katsas* (agents) et *kidons* (tueurs) du Mossad lors d'opérations clandestines. Ce peut être un loueur de voitures qui mettra un véhicule à disposition d'une équipe de *kidons*, un agent de change qui leur fournira de l'argent ou bien un hôtelier qui se fera un plaisir de leur trouver une chambre.

Ces volontaires au patriotisme inconditionnel sont recrutés sans trop de difficulté, en jouant par exemple sur la corde sensible de la judéité, d'un nécessaire dévouement à la patrie juive qui avait traversé tant de drames et d'épreuves avant de devenir réalité[131].

Le Canadien Victor Ostrovski, qui a été officier du Mossad au milieu des années 1980, a révélé dans un ouvrage choc et dévastateur (*By Way of Deception*) que le Mossad ne comptait qu'une poignée de *katsas* (officiers de renseignement) implantés ici et là dans le monde et quelques centaines d'employés. Un système qui ne serait pas viable sans l'apport logistique de ces milliers de *sayanims*[132].

Ari ben Menashe, l'homme des missions troubles

«Moi, je n'espionne pas au [le] Canada», se défend avec vigueur Ari ben Menashe lorsque, à l'occasion d'une première et brève rencontre dans un café de la chic rue Laurier, à Montréal, nous l'avons mis au courant du sujet de notre enquête. De rendez-vous reportés en rendez-vous manqués, il finit par nous accorder un petit moment dans son emploi du temps chargé. Au sens propre comme au figuré, l'homme est difficile à saisir. Toujours entre deux avions, il parcourt le monde, des Caraïbes à la Russie en passant par l'Europe et l'Afrique, pour brasser des affaires. Son téléphone cellulaire sonne sans arrêt. Au bout du fil, des interlocuteurs éclectiques. Sans en dévoiler plus, disons que l'homme semble bien branché. Son réseau d'influence et de contacts est aussi spectaculaire que tentaculaire, y compris dans les plus hautes sphères de certains États ainsi que dans leurs services de renseignement respectifs.

---

131. Témoignage de Rafi Eitan, ancien haut responsable du Mossad, cité par Gordon Thomas, *Histoire secrète du Mossad – De 1951 à nos jours*, *op. cit.*
132. Ostrovski a aussi raconté que les agents du Mossad se faisaient souvent passer pour des agents du SCRS à l'étranger afin de ne pas éveiller de soupçons, et que les trois quarts des entreprises bidons utilisées pour leurs mauvais coups étaient domiciliées au Canada.

Ce personnage sulfureux, dont le léger embonpoint trahit un solide coup de fourchette, est qualifié de pittoresque et de charmeur par l'auteur Gordon Thomas, un des grands spécialistes du monde de l'espionnage, qui fait souvent référence aux faits d'armes et aux coups tordus du Montréalais dans ses ouvrages d'enquête.

À juste titre, car le nom de Ben Menashe est mêlé à plus d'un dossier explosif dont beaucoup ont un lien avec le Canada.

Affalé de façon décontracté dans le canapé moelleux d'un magnifique appartement du Vieux-Montréal qui lui sert de bureau, la chevelure légèrement en désordre, Ari ben Menashe relate avec passion, les yeux pétillants de malice, son histoire. Une jeunesse et un passé qui expliquent pourquoi et comment l'ex-espion arrive à évoluer comme un poisson dans l'eau dans certaines sphères et à nouer des alliances *a priori* improbables. À écouter Ben Menashe, même si ce conteur semble aimer broder, il devient évident qu'il n'y a jamais d'ennemis définitifs dans sa sphère d'activités…

Né à Téhéran en 1951 d'une famille de Juifs iraquiens émigrés en Iran, le jeune Ben Menashe a connu une enfance dorée. Son père, distributeur Mercedes pour l'Iran, a d'abord étudié à l'Alliance française de Bagdad avant de s'installer à Paris, où il a obtenu son doctorat sur le marxisme à la célèbre Sorbonne. Adolescent, Ari, lui, suivait des études à l'école américaine de Téhéran lorsqu'il décide, à l'âge de 14 ans, d'immigrer en Israël. En 1974, fraîchement diplômé et sa carte de citoyen israélien en poche, il s'enrôle dans l'armée israélienne. « Je m'occupais plus spécialement de l'Iran, explique-t-il. À l'époque, nous avions de bons rapports avec le régime du shah, de même qu'avec l'URSS, l'Europe et les États-Unis. »

De bons rapports qui n'empêchaient pas Ben Menashe et ses collègues d'espionner toutes les communications entre ce pays et ses représentants en Israël. Chaque semaine, les agents du Shin Bet, le contre-espionnage israélien, se pointaient à l'aéroport Ben-Gourion, subtilisaient la valise diplomatique envoyée par Téhéran à sa représentation diplomatique «non officielle» de Ramat Gan, photocopiaient le livre des codes de cryptographie (*black book*) en vigueur cette semaine-là et le refermaient sans que cela paraisse.

Rapidement, Ben Menashe est affecté au bureau iranien dans l'unité SigInt 8 200 de l'armée. C'est là qu'il se met en tête de réussir à casser les codes secrets des Iraniens afin de pouvoir se passer du *black book*. Ce qu'il réussira.

«C'est grâce à ça que je suis devenu une star», jubile-t-il sans modestie.

Dès lors, Israël avait tout loisir d'espionner les communications des différents émissaires et diplomates iraniens postés un peu partout dans le monde.

En 1977, le Montréalais rejoint les rangs du Département des relations extérieures (External Relations Department – ERD) des Forces armées israéliennes (IDF). Créé en 1974 par le premier ministre Yitzhak Rabin, le mystérieux ERD est articulé autour de quatre branches, dont l'une est chargée de la supervision des attachés militaires implantés dans les ambassades du monde entier et une autre, dont l'acronyme est RESH, s'occupe de faire la liaison avec les services secrets alliés. En raison de ses origines, Ben Menashe se voit confier le dossier Iran alors que la révolution des mollahs couve sous la cendre.

La carrière occulte de Ben Menashe démarre vraiment à la suite de sa rencontre avec Rafael «Rafi» Eitan, le maître-espion du Mossad, dont il fut longtemps le directeur des opérations et le responsable pour l'Europe. Le CV d'Eitan est plutôt conséquent. Il a exercé la fonction de conseiller pour les dossiers de terrorisme auprès du premier ministre Menahem Begin et a dirigé une officine ultrasecrète d'espionnage scientifique et technologique connue sous le nom sibyllin de «Bureau des relations scientifiques». Eitan est devenu une légende du monde de l'espionnage grâce notamment à la capture spectaculaire du criminel de guerre nazi Adolf Eichmann en Argentine.

Le courant passait très bien entre Eitan[133] et Ben Menashe. Et pour cause, ils sont aussi controversés l'un que l'autre, comptent pas mal de détracteurs, et leurs noms sont associés à plusieurs coups fumants. Nous avons évoqué dans un chapitre précédent la rocambolesque affaire Promis. Une brouille dans le CV de Ben Menashe. Rien à voir avec l'« Irangate », le scandale des ventes d'armes à l'Iran par les États-Unis et Israël dans les années 1980, dans lequel Ben Menashe et Eitan seront mouillés jusqu'au cou. Ce trafic aurait rapporté des millions de dollars à certains ayatollahs.

L'affaire a fait couler beaucoup d'encre. Elle a même donné naissance à la théorie de la « Surprise d'octobre », selon laquelle les républicains de Reagan auraient comploté avec les ayatollahs afin de provoquer la défaite de Jimmy Carter à la présidentielle de novembre 1980. Selon Ben Menashe, ce complot aurait été ficelé en octobre de la même année dans un salon du chic hôtel Ritz à Paris. Le marché se serait résumé ainsi : les États-Unis et Israël fournissent des armes aux ayatollahs iraniens pour les aider dans leur guerre contre l'Iraq et dégèlent leurs avoirs bloqués dans des banques américaines. En échange, Téhéran retarde la libération des cinquante-quatre otages de l'ambassade américaine de Téhéran jusqu'après les élections.

Ce trafic d'armes était mené en sous-main par ORA, une compagnie paravent fondée par Eitan et Ben Menashe et basée à New York, dans le quartier de Wall Street. Une structure qui a généré des millions de dollars de revenus. Au départ, précise Ben Menashe, plusieurs cargaisons d'armes auraient même transité par le Canada, en particulier par Montréal, avance Ben Menashe, qui, en prime, fait cette révélation fracassante :

---

133. Eitan a été forcé de démissionner à la suite de la mise au grand jour de l'affaire Jonathan Pollard, un officier du renseignement de l'US Navy condamné à la prison à vie en 1987 pour espionnage au profit d'Israël. Eitan était son officier traitant (*handler*). Israël aura attendu treize ans pour reconnaître officiellement que Pollard était un espion à son service. Eitan a fait un retour surprise sous les projecteurs en 2006 en étant élu à la Knesset comme député du petit Parti des retraités.

«Les armes provenaient des États-Unis. […] Israël avait obtenu l'aval de Pierre Elliott Trudeau à l'issue d'une réunion informelle.

— Québec était-il au courant de cette histoire ?

— Bien sûr que non, répond-il dans un grand éclat de rire. […] Très vite, lorsque les Israéliens se sont rendu compte que cela allait devenir un énorme, énorme [*huge, huge*] problème, ils ont déménagé la compagnie en Pologne.»

Difficile de vérifier ses dires. Mais on ne peut qu'être troublé lorsque l'on fait le rapprochement avec une autre affaire similaire révélée par une source digne de foi. Un aéroport québécois a été utilisé à au moins deux reprises en 2005 pour expédier de l'armement et des explosifs acheminés en toute discrétion par la route des États-Unis et destinés à un pays du continent indien en proie à une rébellion marxiste. La compagnie de fret aérien, basée à l'époque dans un pays de l'ex-Europe de l'Est, est impliquée dans plusieurs affaires de trafic d'armes. Son nom apparaît notamment dans un rapport d'experts des Nations unies sur les violations de l'embargo sur les armes à destination de la République démocratique du Congo (la compagnie opère désormais sous un autre nom). Ce ne serait donc pas la première fois que le Canada est utilisé par une organisation étrangère afin de brouiller les pistes.

Retournons dans les années 1980. Les affaires louches de l'espion marchand d'armes montréalais vont bon train. Celui-ci se paie même le luxe de rendre visite à ses «amis» de Téhéran pour arranger les derniers détails des livraisons d'armes. Pour l'occasion, Ben Menashe troque son identité contre celle d'un pseudo-homme d'affaires canadien du nom de William Grace. C'est le Mossad qui pour l'occasion lui a fourni un passeport canadien falsifié. Encore une fois, doit-on s'en étonner… ? Le commerce de la mort ne concerne plus seulement l'Iran mais d'autres pays tel le Nicaragua, agité par la rébellion des contras contre le gouvernement sandiniste.

Ben Menashe trébuche le 3 novembre 1989. Il est arrêté à Los Angeles – sous sa douche ou presque ! – pour violation de la loi américaine sur le contrôle des exportations d'armes (*US Arms Export Control Act*). Il est accusé d'avoir voulu vendre trois avions Hercules C130 à l'Iran. Des avions qui appartenaient à Israël, clamera Ben Menashe, et qui étaient entreposés à Edmonton. Il se défend comme un beau diable, envoie promener des avocats du gouvernement israélien qui viennent dans sa cellule lui demander poliment de plaider coupable. Il subit son procès deux ans plus tard, à l'issue duquel il est acquitté par le jury.

Lâché par Israël, qui a tenté de minimiser son rôle en le faisant passer pour un simple petit traducteur, en plus de le traiter de menteur, Ben Menashe, à peine blanchi, se rebiffe. Il balance sa vérité dans un livre, *Profits of War – Inside the Secret U.S.-Israeli Arms Network*, publié en 1992.

« Tout dire pour ne pas être tué », concède-t-il. Et d'ajouter : « C'était mon assurance-vie. »

Éclaboussé lui aussi dans le livre de Ben Menashe, Robert Maxwell, son « partenaire » d'affaires dans la vente du logiciel Promis qui s'est cru plus fort que le Mossad, pour qui il aurait effectué quelques missions, n'aura pas eu cette chance. Le 6 novembre 1991, six heures après que sa disparition eut été signalée par l'équipage de son luxueux yacht *Lady Ghislaine*, le corps dénudé du magnat de la presse est retrouvé flottant au large des îles Canaries.

Ben Menashe assure que Maxwell, qui avait pillé la caisse de retraite de ses employés du *Mirror*, était allé quelques jours avant à Montréal récupérer une partie de son pactole. Maxwell connaissait bien le Québec pour y être venu à plusieurs reprises depuis 1987, année de son association avec Pierre Péladeau dans Donohue.

Les médecins légistes espagnols concluront à une mort accidentelle… Faux, jura par la suite le Canadien Ostrovski, qui avance plutôt l'hypothèse d'un assassinat par des *kidons* (tueurs à gages) du Mossad. L'ordre aurait été donné de supprimer le magnat avant qu'il ne se mette à parler.

L'éditeur et journaliste Bernard Bujold était à cette époque l'adjoint de Pierre Péladeau. C'est lui qui a annoncé à son ami et patron la disparition de son flamboyant partenaire d'affaires ; il s'en souvient comme si c'était hier :

> Je me rappelle que nous étions debout près de la réceptionniste. Pierre Péladeau m'a regardé et il m'a dit que selon lui ce n'était pas un suicide mais que quelqu'un l'avait poussé par-dessus bord. Il m'a dit ça à voix basse mais en faisant le geste avec sa main. Je lui ai demandé ce qu'il voulait dire. Il m'a répété qu'on l'avait probablement fait disparaître car il était lié au Mossad et qu'il voulait jouer les agents doubles... Ces gens-là ne blaguent pas ! [...] Pierre était catégorique : Maxwell n'était pas suicidaire[134].

Bernard Bujold confirme aussi que Maxwell était bien présent dans la métropole québécoise une dizaine de jours avant sa disparition :

> La dernière rencontre de Pierre Péladeau avec Maxwell fut le 24 octobre 1991 chez André Bisson à Montréal pour le lancement d'un journal international, *The European*.

Au début des années 2000, Ben Menashe, l'homme aux mille et une vies, réapparaît sur les radars. Cette fois, l'ex-espion israélien, qui a posé ses valises à Montréal après un séjour en Australie, est impliqué dans une sombre affaire de présumé complot d'assassinat du président du Zimbabwe, Robert Mugabe. Un coup d'État fomenté, dit-il, par son opposant de longue date Morgan Tsvangirai, chef du parti MDC. À l'époque, Ben Menashe est le président de la compagnie de consultant Dickens and Madson, immatriculée en mai 2001. Son activité officielle, selon le Registre des entreprises du Québec, est la « production et distribution de films et travaux littéraires ». Amusant. Parmi ses associés, un certain

---

134. Bernard Bujold évoque les liens entre Pierre Péladeau et Robert Maxwell dans l'ouvrage *Pierre Péladeau, cet inconnu*, paru en 2003 chez Trait d'union. Voir aussi le site www.lestudio1.com

Alexander Legault, un Américain vivant au Canada depuis 1982 et extradé vers les États-Unis en octobre 2008, au terme d'une interminable saga judiciaire liée à une affaire de fraude de plusieurs millions de dollars.

C'est dans les locaux de Dickens and Madson, au 310, avenue Victoria, à Westmount, en décembre 2001, et en présence de Tsvangirai, qu'aurait été évoquée la possibilité d'éliminer le tout-puissant Mugabe.

Ben Menashe raconte : « Il m'a offert 30 millions de dollars pour monter ce coup d'État et tuer Mugabe. Lorsque je lui ai demandé d'où venait tout cet argent, Tsvangirai m'a répondu : "Le gouvernement britannique va payer." »

Ce que l'opposant ignorait, c'est que la réunion avait été enregistrée sur bande vidéo à son insu. Ben Menashe, en parfait espion, avait truffé la salle de conférence de micros et d'une caméra cachée. Une vidéo que Ben Menashe se chargera de faire parvenir à un journaliste de la télévision australienne. Pourquoi l'Australie ? Réponse : c'est là que se déroule quelques jours plus tard, début mars 2002, le sommet biennal du Commonwealth, à Coolum. Ben Menashe raconte : « La plupart des chefs d'État et de gouvernement ont attaqué Mugabe. Tony Blair par exemple l'a traité de dictateur et a vanté les qualités de démocrate de Tsvangirai. [...] La Grande-Bretagne, l'Australie et la Nouvelle-Zélande voulaient que le Zimbabwe soit exclu de leur organisation. Le seul qui a fait preuve de prudence, a expliqué qu'il fallait attendre le résultat des élections, c'est Jean Chrétien. »

Dans les semaines qui ont suivi, Tsvangirai s'est défendu comme un beau diable d'avoir voulu tuer le président zimbabwéen. Il a plutôt accusé Ben Menashe, à qui il avait versé 500 000 dollars, selon ses dires, pour faire du lobbying en faveur de son mouvement en Amérique du Nord, de lui avoir tendu un piège pour le discréditer en l'entraînant contre son gré dans un complot de coup d'État bidon. Il est bon de signaler qu'à cette époque le gouvernement de Mugabe, son bon ami, bénéficiait déjà des services de consultant de Ben

Menashe. Le chef de l'opposition a subi par la suite un procès pour haute trahison, à l'issue duquel il a été acquitté. Ben Menashe, lui, témoin vedette de l'accusation lors des procédures, a reçu 1 million de dollars en guise de remerciement pour avoir dénoncé ce «complot»...

«Je me moque du nombre de millions de dollars que vous pouvez m'offrir. Je ne tuerai jamais personne, spécialement si c'est un chef d'État», se justifie-t-il.

Depuis, ses locaux de l'avenue Victoria, à Westmount, ont été désertés. Pas de traces d'activité non plus dans d'autres bureaux d'une tour du boulevard René-Lévesque Ouest où une autre compagnie de Ben Menashe, spécialisée dans le commerce des céréales, est censée être domiciliée selon les registres officiels. Ceux qui travaillent là se souviennent de son bureau vide et de ses rares passages. Encore une boîte aux lettres!

Homme des missions troubles par excellence pour les uns, affabulateur et fraudeur mythomane pour les autres, ce personnage qui ne laisse personne indifférent semble prendre un malin plaisir à cultiver son mythe. Mais la manipulation et la désinformation ne font-elles pas partie de l'éventail des moyens privilégiés qu'utilise tout service de renseignement et d'espionnage digne de ce nom? Et même si Israël a nié à plusieurs reprises que Ben Menashe ait pu jouer un rôle si important que ça au sein de ses services de renseignement, et a même nié le connaître, le doute subsiste. Comment expliquer sinon que l'«homme de l'infamie», comme il se surnomme, ait souvent été l'objet d'attaques virulentes depuis la sortie de son livre? Tout comme Victor Ostrovski d'ailleurs, accusé d'être un «traître» à la nation après la publication de ses écrits vengeurs.

«Ils peuvent dire tout ce qu'ils veulent à mon sujet, affirme Ben Menashe. [...] J'ai réellement travaillé pour le gouvernement israélien.»

Ben Menashe a aussi été un interlocuteur (privilégié?) du gouvernement canadien en acceptant de participer à des *debrie-*

fings en compagnie de fonctionnaires des Affaires étrangères et du SCRS au retour d'un de ses multiples voyages. Et l'homme laisse entendre qu'il serait encore mis à contribution pour jouer les entremetteurs dans certains dossiers délicats.

Ce ne serait pas le premier « homme à tout faire » et exécuteur des basses œuvres qui agirait dans l'ombre. Son CV ressemble d'ailleurs étrangement à celui d'un autre homme d'affaires israélo-canadien : Arcadi Gaydamak. Gaydamak a été poursuivi en France en 2009 pour avoir organisé un vaste trafic d'armes vers l'Angola au cours des années 1990. Près de 800 millions de dollars en hélicoptères, navires de guerre, chars d'assaut soviétiques, fusils AK47 et autres babioles mortelles auraient ainsi été fournis par cet heureux possesseur d'un passeport diplomatique canadien (!) aux troupes du président Dos Santos, alors en lutte contre les rebelles de l'UNITA. Tout comme pour l'Irangate, des millions de dollars de commissions occultes ont été distribués ici et là. Cette affaire, connue sous le nom d'« Angolagate », implique en premier lieu Gaydamak, un homme d'affaires ayant de nombreux amis au sein des services secrets israéliens, russes et français, de bons contacts aussi dans la mafia russe, affirment certains, ami avec pas mal d'oligarques russes, et qui a rendu en sous-main des « petits services » au gouvernement français, entre autres lors de la prise d'otages de deux pilotes français par des Serbes de Bosnie en 1995.

Tout comme l'Irangate du Montréalais Ben Menashe, l'Angolagate bénéficie d'un casting imposant. On y retrouve par exemple un ancien préfet français, un ancien ministre de l'Intérieur français, un des fils du défunt président français François Mitterrand, l'écrivain Paul-Loup Sulitzer, etc., tous réunis dans le box des accusés lors d'un procès retentissant à Paris en 2008 et 2009.

Gaydamak, Ben Menashe, Ostrovski. Trois Canadiens controversés. Trois Canadiens qui ont frayé chacun à leur niveau avec les services secrets israéliens. Trois Canadiens qui ont ensuite été cloués au pilori.

Chapitre 007

Les techniques d'espionnage

La corruption est notre protection... La corruption nous garde en sécurité et au chaud... La corruption est la raison pour laquelle nous gagnons[135] *!*
Danny Dalton (joué par Tim Blake Nelson dans le film *Syriana*, 2005)

Le directeur de la sécurité s'était avancé sur le bout de sa chaise. Les discussions en matière d'espionnage industriel avec ses collègues l'enchantaient toujours. Étant chargé de la sécurité pour l'une des plus importantes compagnies d'aéronautique de l'Amérique du Nord, il était habitué de voir des «fouineurs» rôder autour de ses installations. Il avait d'ailleurs établi d'excellentes relations avec les services de renseignement de son gouvernement, qui vérifiaient dans leurs fichiers les noms des visiteurs étrangers afin de détecter les espions éventuels qui venaient à l'occasion pour des «négociations» ou des échanges de travail. Ce qui l'avait surpris au début, c'était de constater avec quel acharnement certains pays multipliaient les tentatives de parachutage d'espions au cœur même de délégations commerciales. Lucide et expérimenté, le directeur savait trop bien qu'il ne pourrait pas tous les

---

135. *« Corruption is our protection... Corruption keeps us safe and warm... Corruption is why we win ! »*

attraper, mais cette collaboration des services secrets nationaux était la bienvenue.

Deux cas avaient particulièrement marqué le directeur par leur ingéniosité. Le premier concernait une délégation chinoise qui avait fait le déplacement pour visiter les installations de recherche de sa compagnie, où l'on travaillait sur l'alliage des tuiles de céramique placées dans les moteurs à réaction. Ce type de visite était assez fréquent avec ses partenaires ou des clients éventuels. Mais les Chinois, pas forcément les bienvenus étant donné la réputation sulfureuse de leur pays en matière d'espionnage économique, se faisaient rares. Cependant, les temps changent et, dans un contexte économique où la concurrence fait rage, les dirigeants de sa compagnie semblaient désormais bien moins préoccupés par la sécurité que par le fait de gagner des parts de marché. Cette compagnie chinoise avait d'ailleurs établi des représentations officielles indiquant qu'elle « étudiait » la possibilité d'établir un partenariat, une *joint-venture* avec sa compagnie. Évidemment, la perspective de faire une entrée sur le vaste marché chinois avait immédiatement séduit les membres du comité exécutif.

Méfiant, le directeur de la sécurité avait mis en place une batterie de mesures destinées à contrer les velléités de ses visiteurs : fouille volontaire, interdiction formelle de prendre des photos, dépôt de tout appareil électronique à l'entrée et escorte permanente de la délégation par des membres de la sécurité de l'entreprise. Malgré cette batterie de mesures préventives, le directeur s'était aperçu que l'un des ingénieurs chinois avait des « saletés » qui collaient étrangement à ses chaussures et que les mêmes « saletés » collaient à la cravate d'un autre. En prétextant devoir leur faire retirer leurs souliers pour entrer dans une autre zone, le directeur de la sécurité a alors découvert avec stupeur que l'une des semelles dissimulait un aimant qui attirait des échantillons de métal tombés au sol. Quant à son collègue qui avait pour fâcheuse habitude de se pencher au-dessus des boîtes à rebut métalliques, sa cravate trop longue dissimulait elle aussi un aimant.

Une fois en possession de ces précieux échantillons, la Chine prévoyait d'en faire l'analyse par de la rétro-ingénierie (*reverse engineering*) et de tenter de voler l'avance technologique de la compagnie.

Le deuxième cas l'avait marqué car il était digne des grands classiques du genre. Une délégation japonaise était venue visiter l'équipe de conception de la même compagnie. Le groupe était composé de six personnes. À un moment donné durant la visite, les Japonais avaient réussi à obtenir, après avoir louangé le «bon travail et le génie du chef d'équipe en charge du projet» (l'ingénieur en chef les faisant visiter), qu'on leur montre les plans d'une nouvelle technologie. Il n'était permis de prendre aucune photo, mais les visiteurs s'étaient au préalable entendus pour que quatre d'entre eux se concentrent sur le plan pendant que les deux autres alimenteraient la discussion avec les hôtes. Les quatre complices avaient au préalable divisé le plan en quatre et chacun devait en mémoriser un quart le plus précisément possible. Une fois la visite terminée, les Japonais se sont précipités à leur hôtel et ont retranscrit le plan au plus près de leurs souvenirs. Cette manœuvre a été suffisante pour permettre à leurs collègues au Japon de terminer le puzzle et d'acquérir de cette manière des informations stratégiques importantes. Ce n'est que lorsque leur concurrent japonais a sorti «leur» version du produit quelques mois plus tard que l'équipe s'est doutée de quelque chose. Il était impossible pour les Japonais de rattraper à la régulière l'écart qui séparait les deux entreprises. Après des mois d'enquête, les services de renseignement nationaux de son pays avaient dévoilé le stratagème employé par les visiteurs japonais. Une source technique avait intercepté une conversation entre deux ingénieurs japonais qui relataient l'opération. Cette fois-ci, le directeur de la sécurité pouvait vraiment dire qu'il ne l'avait pas vue venir.

Bien que ces histoires semblent *a priori* sortir tout droit d'un roman d'espionnage, les techniques ici décrites ont réellement été employées. En matière de créativité, on ne fait pas mieux. Les méthodes déployées pour berner les gens sont aussi multiples et variées que les espions eux-mêmes, des gadgets dignes des films de James Bond (qui ne sont pas toujours éloignés de la réalité) en vente libre dans certains commerces aux méthodes plus traditionnelles comme l'utilisation du plus vieux métier du monde (l'espionnage le suivant probablement de près). Toutes sortes de scénarios sont continuellement développés afin d'attirer des proies dans un piège et d'obtenir les informations désirées.

Encore une fois, il est nécessaire d'établir une certaine division des activités d'espionnage. Pour les besoins de ce livre, nous nous contenterons de distinguer l'espionnage à des fins commerciales, politiques ou militaires et l'espionnage de la dissidence. Ces formes d'espionnage sont bien différentes tant dans leurs objectifs que dans leurs approches. Nous nous limiterons à discuter de l'espionnage mené au moyen de l'utilisation des sources humaines (HUMINT[136]). L'espionnage technique (SIGINT[137]) étant en soi très différent et plus technique, nous nous contenterons de souligner les différents scénarios de son utilisation.

Collecte de renseignement légale

Avant d'entrer dans les détails des techniques d'espionnage clandestines, rappelons qu'il ne faut surtout pas négliger les méthodes légales. On retrouve ce type d'activité surtout dans le domaine du renseignement compétitif ou économique. Il est tout à fait permis de faire la collecte de certaines informations livrées volontairement par les entreprises. Cette information est disponible dans les sites internet, les journaux, les rapports annuels, les analyses des spécialistes financiers ou autres. Ce type d'information est très important. D'ailleurs, on convient généralement qu'en moyenne les rapports d'analyse stratégique

---

136. HUMINT : *Human Intelligence.*
137. SIGINT : *Signal Intelligence.*

des services de renseignement contiennent entre 75 et 80 % d'information qui provient généralement de sources ouvertes. Le pourcentage restant, la valeur ajoutée, est celui qui est le plus dur à obtenir.

Mais qu'est-ce que le renseignement? Il y a une différence entre *information* et *renseignement*. *L'information* est ce qui sera collecté lors d'enquête ou de recherche. Le *renseignement* est le produit final d'un processus. Une formule est d'ailleurs utilisée afin d'expliquer la production de renseignement:

information + analyse = renseignement

Le renseignement est donc un produit fini. On ne le récolte pas, on le produit. Il est important de s'attarder sur ce point car, comme nous le verrons dans le chapitre 008, la protection contre l'espionnage économique et industriel est beaucoup plus une question de gestion de son information et de sensibilisation des employés que de sécurité physique ou informatique. Dans le domaine des affaires, il est vrai qu'il faut savoir se vendre mais pas à n'importe quel prix.

SITE INTERNET

Le premier endroit qui sera visité par les responsables de la collecte d'information sera le site web. Un site web est une mine d'informations très utiles. Les services, les produits, l'adresse des bureaux ou du siège social, le nombre d'employés, le profil des postes ouverts, celui des membres de la direction, la qualité graphique du site, les compagnies associées, les fournisseurs et distributeurs, toutes ces informations fournissent des données importantes sur la capacité, la direction stratégique et les faiblesses d'une entreprise.

À titre d'exemple, une certaine compagnie américaine cherchait à pénétrer le marché australien. Mais le gouvernement australien lui en refusait systématiquement l'entrée depuis quelques années. Après analyse, les Australiens avaient découvert, à la suite d'une simple recherche dans internet, que cette compagnie avait quelques années auparavant signé une entente de partenariat avec la Singapore Telecommunications

Limited (SingTel). Or, cette compagnie est reconnue par tous les services de renseignement comme faisant de l'écoute électronique clandestine de toutes les communications faites sur son territoire pour le bénéfice des services de renseignement du gouvernement singapourien. Pour des raisons de sécurité, jamais le gouvernement australien n'aurait laissé la compagnie américaine s'implanter son territoire. Il leur a donc été recommandé de revoir la possibilité de limiter leur entente ou leurs activités avec SingTel et d'en informer le gouvernement australien. Quelques mois plus tard, cette compagnie était engagée dans des négociations en vue d'un contrat très lucratif avec le gouvernement australien.

Autres informations dans internet

Il n'y a pas que le site de la compagnie ou du gouvernement qui livre des informations d'intérêt pour la concurrence. Beaucoup de gens peuvent écrire au sujet d'une compagnie : journalistes, groupes de pression ou d'intérêt, anciens employés mécontents, compagnies associées ou clients heureux d'annoncer la vente ou l'achat d'un produit, d'un service ou d'un partenariat quelconque.

Une firme pharmaceutique canadienne solidement établie sur le marché de la production de médicaments pour le compte de diverses autres compagnies plus importantes a vécu des moments très difficiles à cause d'une fuite d'information dans internet. Cette entreprise a pour excellente habitude d'accepter des étudiants stagiaires dans ses services. Cette initiative permet aux étudiants d'apprendre sur le terrain leur futur métier et donne l'occasion à la compagnie de contribuer à la communauté de manière constructive.

Une pratique très louable, certes, mais qui un jour se retourna contre cette même compagnie. Ils avaient accepté parmi eux une stagiaire dont le travail avait été remarquable. Comme le veut l'usage, à la fin de son stage, la jeune ingénieure a remis son rapport de stage à son professeur, qui l'a mis en ligne. Rien d'anormal jusqu'à présent. Mais là où se situe le problème, c'est que personne au sein de la compagnie pharmaceutique n'a demandé à revoir le rapport de la stagiaire avant sa publication. En toute candeur, la jeune étudiante avait décrit dans les moindres détails les activités de l'entreprise et les produits créés, en mentionnant même les clients auxquels ils étaient destinés. Des clients qui se trouvaient être des concurrents entre eux! De plus, comme sa superviseure avait été très satisfaite de son travail, elle lui avait donné la permission de participer au développement d'un nouveau produit grâce auquel la compagnie comptait gagner d'énormes parts de marché. Un produit qui était encore très confidentiel… jusqu'à ce que la stagiaire en parle! Bref, ce manque d'attention dans la gestion de l'information coûta des millions et quelques relations d'affaires à la compagnie lésée. Tout cela aurait pu être évité par une simple révision du rapport de la stagiaire avant la remise à son professeur.

Foire commerciale

Certains gouvernements et certaines firmes privées se spécialisent dans la collecte d'information dans diverses foires commerciales. L'endroit et le moment idéal. On y trouve des équipes complètes d'employés affectés au marketing et aux ventes avides de réaliser un bon coup. Ils ont dans leurs sacoches littérature, photos, échantillons et mille et un autres objets promotionnels destinés à vanter leurs produits ou leurs services. Il est alors aisé pour une personne mal intentionnée d'«éplucher» un kiosque en un rien de temps et de repartir avec des échantillons récupérés par «inadvertance». En bonus, elle aura probablement un petit cadeau souvenir avec le logo de la compagnie. Personne ne niera l'utilité de tels kiosques promotionnels, mais il faut prendre garde à qui la promotion profitera.

Sollicitation directe

Tout à fait légale, elle aussi, la sollicitation peut venir directement d'une compagnie, étrangère ou pas, qui se dit intéressée à explorer les possibilités d'une collaboration, d'un achat ou d'un partenariat quelconque. Cette fonction revient souvent aux diplomates en poste dans un pays étranger. L'une des fonctions d'un attaché commercial est de veiller à identifier des compagnies qui pourraient faire affaire avec son pays. Encore une fois rien d'illégal, au contraire, mais une trop grande ouverture de l'entreprise visée à partager des informations stratégiques ou à faire visiter des sites sensibles à son visiteur étranger peut finir par lui coûter cher, comme vous l'avez découvert plus haut. Il faut s'assurer de bien encadrer les visites et de bien circonscrire les informations qui seront transmises à l'extérieur de l'entreprise.

L'espionnage économique, industriel et militaire

L'espionnage n'a qu'un seul objectif : prendre un avantage stratégique sur ses opposants. Pour ce faire, tous les moyens sont bons : recrutement de sources humaines, interception de communications électroniques, corruption d'employés, vol, incendies criminels et même assassinat. Encore une fois, l'imagination des maîtres-espions n'a pas de limite. Voici en rafale un répertoire non exhaustif de certaines de leurs méthodes.

DEMANDE D'INFORMATION NON SOLLICITÉE

Cette technique, la plus utilisée, consiste à recevoir une demande inattendue de la part d'une autre compagnie, d'un diplomate ou de toute autre personne désirant avoir des informations sur la compagnie et sa production. Elle n'est pas illégale en soi, mais elle peut souvent servir de préparation pour une opération plus agressive. Éventuellement, le contact demande des informations additionnelles et peut aller jusqu'à solliciter une visite. Comme bien souvent le prétexte donné fait miroiter la possibilité d'un contrat ou d'un partenariat, les gens seront généralement très ouverts, avec des conséquences parfois fâcheuses à la clé.

Dans ce domaine, l'utilisation de consultants est commune. Une personne du pays ou de la région est engagée afin d'identifier et de répertorier diverses compagnies qui œuvrent dans un domaine déterminé. Ce travail sert de repérage. Ces consultants accumulent des informations sur les produits, le personnel, les fournisseurs ou tout autre point jugé pertinent. Il n'est pas rare de les voir préparer le terrain pour la visite d'une délégation. En fin de compte, les informations seront rapatriées vers les services ou le gouvernement qui les ont demandées.

Visites de médias

Gare à la visite! Les visites de médias sont devenues la deuxième parmi les techniques les plus souvent utilisées par les services d'espionnage offensifs. Elles consistent à se présenter comme une équipe de télévision qui veut réaliser un documentaire sur une compagnie ou une industrie en particulier. Généralement, l'offre est alléchante puisqu'elle fait miroiter une promotion internationale gratuite. C'est un stratagème qui fonctionne très bien et qui a permis à des services de renseignement étranger de filmer en toute tranquillité dans des entreprises et d'obtenir ainsi des informations très importantes, voire plus.

Les équipes de tournage et les journalistes disposent de toute une batterie d'équipement (caméras, micros, perches, éclairage, etc.). Tout cet équipement, ce sont autant d'outils supplémentaires pour capter plus d'information. C'est ce qu'on appelle une menace «multidisciplinaire». Elle combine HUMINT, IMINT et SIGINT[138]. La caméra va capter des bribes de conversation, de sons de production et de fabrication et autres bruits qui deviennent une base de référence, une «vérité du terrain[139]», c'est-à-dire que l'on peut, à l'aide du film, comparer les informations obtenues par d'autres sources et vérifier les données ou hypothèses d'analyse. Selon le type de film utilisé (on peut, par

---

138. *Human Intelligence, Image Intelligence* et *Signal Intelligence*.
139. *Ground Truth.*

exemple, insérer un film infrarouge ou sensible aux émanations de chaleur), une caméra peut être équipée pour enregistrer des informations techniques ou physiques supplémentaires comme la température, des échantillons d'air, le spectre de lumière, etc., qui seront captées sous sa forme MASINT[140]. Ce type d'opération est souvent mené par un pays ou une compagnie en position dominante dans son secteur et qui recherche de nouvelles composantes utiles pour consolider sa suprématie.

LA « TAUPE » OU LE RECRUTEMENT DE SOURCES À L'INTERNE

Pour les espions, les sources humaines demeurent l'arme la plus importante de leur arsenal. Il est toujours possible d'infiltrer une organisation, mais cela peut nécessiter beaucoup de temps et d'efforts qui ne se soldent pas toujours par les résultats escomptés. Il est parfois plus efficace de recruter une personne déjà à l'œuvre dans l'organisation visée. Cette «taupe», c'est ainsi qu'on la surnomme, a déjà ses entrées privilégiées, ses accès à l'information ou aux personnes en possession de l'information et bénéficie, surtout, de la confiance du milieu. Elle peut laisser filtrer des informations confidentielles, accomplir pour son contact (généralement appelé «contrôleur») des tâches telles que l'identification d'autres sources potentielles ou perpétrer des actes de «sabotage» précis. À sa manière, c'est l'agent double par excellence.

Pour recruter une source humaine, les maîtres-espions doivent au préalable dresser un profil psychologique afin de découvrir l'élément sensible qui l'amènera à trahir la confiance des gens avec qui elle travaille. Pour ce faire, les agents chargés du recrutement utilisent un acronyme qui regroupe les quatre domaines ou faiblesses d'une personne : AISE[141] (argent, idéologie, sexe, ego [ou émotion]). Le défi est de trouver LE point faible. Est-ce une personne cupide menée par l'appât du gain ? Ou bien a-t-elle un point de vue idéologique bien différent de son organisation ? Sa faiblesse est peut-être le sexe ou des préférences sexuelles qu'elle

---

140. *Measurements and Signature Intelligence.*
141. MISE : *money, ideology, sex, ego (or emotion).*

▶ Note rédigée par Aldrich Hazen Ames à l'attention de son contact russe. Ames, un officier de la CIA, est devenu une taupe du KGB en 1985 alors qu'il travaillait au bureau chargé du contre-espionnage soviétique et de l'Europe de l'Est.

▶ Ames a été arrêté en 1994 puis condamné à la prison à vie. (Photos FBI)

ne peut satisfaire comme elle l'entend ? Cette source potentielle peut aussi simplement chercher à se venger de sa compagnie ou se sentir investie d'un certain pouvoir, s'imaginer qu'elle est plus brillante que tout le monde. Qu'importe, pour le recruteur, tous les moyens sont bons pour amener la source à collaborer. Une fois l'appât gobé, cette personne ne peut plus revenir en arrière. Le seul danger pour le contrôleur est de tenter un recrutement en se basant sur une mauvaise analyse. Cette erreur non seulement peut coûter des mois et des années d'efforts pour infiltrer une compagnie, elle peut aussi, dans le cas où la cible se plaint aux autorités, révéler aux services de renseignement du pays concerné des informations importantes sur les activités clandestines de l'«ennemi» et entraîner le renvoi de l'espion dans son pays comme *persona non grata* (PNG)[142].

Avant de déclencher une opération de recrutement, un agent doit, dans un premier temps, déterminer quelle est l'information dont il a besoin. Cette étape complétée, il doit identifier qui a accès à cette information et trouver qui est susceptible de se laisser recruter en accumulant des renseignements personnels sur les cibles potentielles, renseignements qui serviront à définir ce qui motivera la source (AISE).

Certains services d'espionnage étrangers disposent même dans leurs rangs d'agents spécialisés dans ce travail. La Chine a des agents affectés au dépistage[143] d'individus susceptibles d'être approchés et recrutés. Ils ne seront pas nécessairement les «contrôleurs». La personne qui fait le «rabattage» ne sera pas la même que celle qui procédera au recrutement ou qui donnera les instructions à la source. Pour ce faire, une autre personne sera éventuellement présentée et c'est seulement avec cet agent-espion que la personne recrutée devra traiter. On l'appelle souvent l'officier traitant (*handler*).

---

142. La conséquence est assez importante car, pour les pays occidentaux, le nom sera échangé entre les agences de renseignement alliées et cette personne ne pourra probablement plus travailler dans un poste de diplomate, elle ne pourra peut-être même plus recevoir de visas de voyage, même de courte durée.
143. *Talent spotting.*

Pour les services de contre-espionnage, les cas les plus difficiles à mettre au jour sont bien entendu les taupes formées et entraînées spécialement pour un travail d'infiltration sur une longue durée, ces agents qui s'infiltrent dans une agence gouvernementale ou une entreprise sous une fausse ou parfois leur véritable identité. Un cas récent est survenu en août 2008 quand les autorités japonaises ont arrêté un agent du KGB (devenu SVR) d'origine asiatique qu'elles soupçonnaient d'avoir espionné pendant plus de trente ans pour le compte de la Russie. L'homme avait usurpé l'identité d'un citoyen japonais, Ichiro Kuroba, un ingénieur dentaire qui avait disparu en 1965 sans laisser de trace. L'agent du KGB, dont les autorités ignorent toujours l'identité réelle, est entré au service d'une compagnie japonaise spécialisée dans l'industrie militaire et y a travaillé pendant ces trente dernières années. Il était marié à une Japonaise qui dit ne jamais avoir su qu'il était un espion. Cette histoire incroyable démontre l'envergure et la détermination de certains services étrangers.

LE CHANTAGE

Même si toutes sortes de techniques sont employées, le chantage demeure l'une des plus répandues. Plusieurs services de renseignement étrangers n'hésitent pas à monter des situations où des gens ciblés, se retrouvant coincés, estiment qu'ils n'ont plus d'autre choix que de faire ou dire des choses qui vont à l'encontre de leurs propres intérêts, de ceux de leur compagnie ou de leur gouvernement. Il y a une multitude de scénarios possibles qui vont de la corruption à la séduction et aux faveurs sexuelles. Bien souvent, le tout se passe lors d'un voyage à l'étranger. La personne est seule, isolée et parfois même désorientée ou plus encline à prendre des risques : en effet, «elle ne connaît personne et personne ne la connaît». Généralement, il y a une façon bien simple de repérer une opération montée par les services de renseignement nationaux : si c'est trop beau (ou belle) pour être vrai, c'est que probablement ça ne l'est pas !

En revanche, les agences gouvernementales et les entreprises peuvent se protéger de l'espionnage en instaurant des programmes de sensibilisation auprès de leurs employés et en faisant des suivis après des retours de voyage à l'étranger. Certaines compagnies ont instauré dans leur politique de gestion des ressources humaines un programme de vérification sécuritaire qui est effectué en collaboration avec les employés de façon régulière, selon un échéancier établi ou lorsque l'employé rentre d'une mission prolongée à l'étranger.

LES « VOLONTAIRES[144] »

Ces individus sont des gens qui prendront eux-mêmes l'initiative de se «vendre» à un service étranger ou à une compagnie (étrangère ou pas). Il n'est pas toujours facile de se faire accepter comme volontaire, car les services étrangers se méfient comme de la peste des pièges qui peuvent leur être tendus par les services de contre-espionnage nationaux. L'un des cas les plus importants des années 1960 et 1970 a été celui de l'agent de la GRC Gilles Brunet, dont le nom de code était Tango. Selon les dires de son contrôleur soviétique, le général Oleg Kalugin, Brunet avait de lui-même offert ses services au KGB et a contribué à neutraliser les efforts en matière de contre-espionnage et des services de renseignement de la GRC pendant plusieurs années. C'est d'ailleurs ce même Brunet, fils d'un assistant commissaire de la GRC, qui avait fait des révélations chocs entre autres sur les activités illégales de la GRC contre le Parti québécois, autant de magouilles sur lesquelles la commission Keable s'est penchée dans les années 1970. Avec le recul, il est clair que les confessions de Brunet n'avaient qu'un but : déstabiliser, voire neutraliser le contre-espionnage au Canada, qui à son époque était du ressort de son organisation. Brunet n'a jamais eu à répondre de ses crimes. Il est décédé avant d'avoir été arrêté.

INTERCEPTION DU COURRIER

Cette pratique est beaucoup plus courante qu'on le croit. Au Canada, cette tâche est occasionnellement l'œuvre d'agences

---

144. *Walk-in.*

privées mais, comme elle est criminelle, elle est plutôt risquée. Toutefois, c'est différent à l'étranger. Certains services de renseignement vont systématiquement éplucher le courrier en provenance de l'étranger. Une compagnie canadienne l'a appris à ses dépens. Cette dernière avait été invitée à soumissionner pour un projet de plus de 100 millions de dollars en Turquie. Sa seule véritable concurrente venait de France. Lorsque la soumission a été rédigée, la compagnie canadienne a utilisé les services d'une compagnie réputée de courrier international afin de la faire parvenir en Turquie. Quand le responsable chargé du suivi du dossier s'est renseigné pour savoir si les documents étaient bien arrivés, il a été fort surpris d'apprendre que rien n'était parvenu au destinataire. La compagnie de courrier ne pouvait expliquer la disparition du paquet et, comme il y avait une clause dans le contrat qui ne garantissait pas la livraison des paquets, il n'y avait, pour ainsi dire, aucun recours contre cette firme.

Les Canadiens ont donc préparé en vitesse un second envoi, car l'échéance des appels d'offres arrivait à son terme. Cette fois, ils ont envoyé un employé livrer en mains propres le paquet contenant la soumission. Quelques semaines plus tard, la compagnie a appris que c'était une concurrente française qui avait enlevé le contrat. Est-il possible que les services de renseignement français aient intercepté le colis ? Tout à fait. Un billet d'avion afin de livrer en personne la proposition pour un contrat de plus de 100 millions de dollars aurait été dans ce cas un excellent investissement.

FOUILLE DES REBUTS

La pratique de la fouille des rebuts n'est pas uniquement très connue, elle est aussi très pratiquée non seulement par les services de renseignement, y compris au Canada, mais par des agences privées. Il est toujours étonnant de voir dans les journaux la couverture d'incidents révélant des informations confidentielles qui se sont retrouvées dans de mauvaises mains. Air Canada et WestJet ont fait les manchettes il y a quelque temps à cause d'accusation de vol de rebuts. Pour les espions de tout acabit, les déchets d'une entreprise ou les déchets privés livrent toujours des secrets intéressants. Pour les entreprises, l'élimination des documents devrait faire partie du cycle de gestion de l'information. Ce n'est pas parce qu'une personne juge qu'un document n'est plus utile qu'il ne révélera pas des choses sensibles au sujet de la compagnie.

Lors de visites de sites visant à évaluer la sécurité d'une entreprise, il est toujours surprenant de constater l'absence de déchiqueteuse, article de bureau simple et élémentaire qui devrait faire partie de l'équipement de toutes les entreprises. Il existe divers modèles de déchiqueteuses qui ne sont pas tellement coûteux et peuvent assurer une protection minimale.

Cependant, voici un petit conseil pour les dirigeants d'entreprise : bannissez le modèle des déchiqueteuses à lanière ou à bande, qui n'empêchent pas de reconstituer les documents. Surtout lorsque l'on ne prend pas la peine de mélanger les lanières. Préférez plutôt le modèle qui coupe en diagonale.

Certaines compagnies ont recours à des services spécialisés dans la collecte et la destruction des documents. Celles-ci feraient mieux de se rappeler le proverbe : « On n'est jamais si bien servi que par soi-même. » Quiconque veut recourir à ce type de service doit s'assurer qu'un de ses employés assiste à la destruction des documents et la constate de visu.

ÉCHANGES D'INGÉNIEURS ET DE TECHNICIENS

Cette technique est très répandue. Elle consiste à insérer dans une délégation un certain nombre d'espions qui ont pour objectif de récolter le plus possible d'informations. Parfois, c'est la délégation entière qui est composée d'espions. C'est ce qu'a découvert récemment à ses dépens une célèbre compagnie canadienne, fleuron dans son domaine, qui travaillait à l'établissement d'un partenariat avec une entreprise chinoise. Avant même que les documents de l'entente aient été signés, les dirigeants chinois avaient insisté pour envoyer pendant quelques mois chez leur « partenaire » canadien vingt-cinq de ses ingénieurs et techniciens. Le PDG de l'entreprise canadienne voulait tellement plaire à ses «amis» chinois qu'il accepta, au grand dam de son directeur de la sécurité. La compagnie ne pouvant reculer, la venue des visiteurs avait été soigneusement «préparée». Les visiteurs avaient été assignés à une salle placée en retrait des zones sensibles ; des caméras avaient été installées et des contrôles d'accès placés ici et là. Des membres du personnel de la sécurité avaient pour leur part été chargés d'escorter ces visiteurs lorsqu'ils étaient sur le site, et l'accès à certaines banques de données avait été bloqué. Aucune imprimante ni fax ne se trouvait dans leur environnement de travail, et les téléphones étaient restreints aux appels locaux. Difficile de faire plus...

À leur arrivée, les visiteurs chinois ont reçu une session d'information sur les mesures de sécurité imposées et sur les limitations de leur accès aux données, dont l'interdiction de les imprimer, de les copier sur une clé USB ou autre, ou d'essayer de s'introduire dans les banques de données de la compagnie. Trois jours plus tard, après vérification des systèmes informatiques, nos visiteurs ont été poliment invités à se présenter à une seconde session d'information. Celle-ci était rendue nécessaire par le fait que les ingénieurs chinois avaient réussi à accéder aux banques de données confidentielles de la compagnie, auxquelles ils n'avaient pourtant pas accès.

Le lendemain de l'avertissement, croyez-le ou non, cette fois c'est un des techniciens qui a été surpris, grâce à une caméra de surveillance bien cachée, en train de prendre en photo un écran d'ordinateur sur lequel étaient affichées des données confidentielles.

Mais le plus inadmissible dans toute cette affaire, c'est que lorsque ces faits ont été présentés au dirigeant de la compagnie et à son comité de direction, celui-ci a simplement balayé du revers de la main les preuves irréfutables que son responsable de la sécurité lui présentait. Plus incroyable encore, ce PDG a même suggéré à son directeur de «modérer» son zèle, car cela «n'était pas exactement ce que la compagnie attendait» de lui. Lire : «Cela n'est pas bon pour votre carrière !»

Cette attitude scandaleuse nous rappelle le vieux dicton populaire : «On peut amener un cheval à la fontaine, mais on ne peut pas le forcer à boire.»

Utilisation d'une compagnie paravent ou écran

Plusieurs services de renseignement étrangers utilisent une compagnie paravent. Cette façon d'opérer est bien sûr très sophistiquée et coûteuse mais peut à moyen et long terme rapporter des bénéfices énormes. Ce système a pour but de contourner les lois du pays dans lequel ils opèrent et les embargos éventuels sur l'exportation de certaines technologies. Le nombre de ces compagnies qui font office de pot de miel est en croissance. Selon certaines estimations, la Chine aurait implanté à elle seule plus de 10 000 compagnies paravents aux États-Unis et au Canada. La Russie en compterait près d'une centaine et l'Iran quelques dizaines. Il ne faudrait surtout pas croire que ces pays sont les seuls à utiliser cette technique.

À titre d'exemple, le Centre d'analyse des opérations et déclarations financières du Canada (CANAFE) rapportait en 2008 avoir aidé à identifier un réseau d'espions qui opérait depuis 2002 au pays. Ils avaient réussi à monter plusieurs compagnies paravents afin d'acheter puis de transférer vers un autre pays de la technologie restreinte pour plus de 35 millions de dollars entre 2002 et 2007. Il est déplorable que l'agence gouvernementale ait choisi de ne pas mentionner le pays qui tirait les ficelles de tout cela, car cela nuit à l'information du public et des chefs d'entreprise sur les pays à risque. Soulignons toutefois à titre d'exemple que l'Iran est un pays reconnu pour ce type de pratiques, en particulier dans le domaine du nucléaire.

Et ce n'est pas la première fois que cette tactique est employée par un pays pour dérober ou se procurer «légalement» ce genre de matériel soumis à des restrictions. En août 1980, la GRC a arrêté à Montréal trois individus liés à une opération de contournement par le Pakistan d'un embargo sur le matériel pouvant servir à enrichir de l'uranium à des fins militaires. Il s'agissait en l'occurrence d'inverseurs et de condensateurs General Electric achetés aux États-Unis par une petite compagnie montréalaise spécialisée dans l'électronique et qui faisait office d'écran. Cette compagnie était – et est d'ailleurs toujours – dirigée par une personne devenue une figure emblématique de la communauté musulmane québécoise. La firme prévoyait ensuite d'acheminer le matériel au Pakistan, via Dubaï, mais la «marchandise» a été saisie à l'aéroport de Mirabel juste avant son chargement dans un avion-cargo.

C'était la représentation diplomatique canadienne au Pakistan qui avait averti le service de renseignement de la GRC (le SCRS n'existait pas encore à l'époque) de la venue prochaine de deux pseudo-diplomates pakistanais. Ceux-ci avaient expliqué qu'ils venaient vérifier les livres comptables du consulat à Montréal, rue Drummond. En réalité, il s'agissait de fonctionnaires de l'agence pakistanaise de l'énergie atomique. Dès leur arrivée au Canada, ceux-ci ont été pris en filature et on a pu constater qu'ils ne sont même jamais entrés au consulat de leur pays, mais qu'ils passaient le plus clair de leur temps dans les bureaux de la compagnie écran. Il s'agissait clairement d'une mission d'espionnage, d'une tentative de récupération d'une technologie sensible dans le domaine de la prolifération, ainsi que d'ingérence.

Malheureusement, l'affaire avait beau être sérieuse, sa conclusion a viré à la farce judiciaire. Les trois accusés ont d'abord été reconnus coupables d'un seul des treize chefs d'accusation. Après que la Cour d'appel eut décidé de la tenue d'un nouveau procès, le substitut du procureur du Canada a signé en 1988 un arrêt des procédures (*nolle prosequi*) en faveur de deux des accusés ainsi que de la compagnie montréalaise. Son propriétaire s'était défendu comme un beau diable en affirmant que ces pièces incriminantes étaient destinées à une usine de textile. Toutefois, pour les agents de renseignement canadiens, la mission était accomplie. «Notre objectif était de les perturber», a confié l'un d'eux des années plus tard.

Il est évidemment très difficile de détecter une compagnie paravent. C'est pourquoi cela exige d'une compagnie légitime ou d'un service gouvernemental beaucoup de vigilance et des vérifications par des avocats ou le SCRS. Pour l'instant, ce n'est pas un service offert régulièrement par le SCRS aux entreprises, mais peut-être un jour aurons-nous la clairvoyance de développer des mesures d'aide aux entreprises canadiennes dans ce domaine.

VOL OU COPIE DE TECHNOLOGIE

C'est encore la façon la plus expéditive de mettre la main sur les secrets industriels d'une compagnie. Là encore, les moyens pour y parvenir sont aussi nombreux et divers que les voleurs. Cependant, fait important, souvent les vols auront lieu avec la complicité d'un employé de la compagnie ou du gouvernement visé. On estime que de 75 à 80 % des vols de technologie ou des activités d'espionnage sont pratiqués non pas par des espions qui s'infiltrent mais bien par des employés à l'interne. Il est donc fondamental d'avoir un programme de protection qui inclut dans les politiques d'embauche une vérification minimale des candidats. C'est d'ailleurs ce que fait la CIBC, et ces vérifications sont même reprises chaque fois qu'un employé obtient une promotion à un poste considéré comme sensible. Si cette pratique peut paraître à première vue coûteuse, la CIBC a compris qu'il lui en coûterait beaucoup plus d'avoir un employé qui en un seul acte pourrait détruire une réputation si durement construite.

Pour d'autres compagnies, plus petites ou œuvrant dans des secteurs moins sensibles que celui d'une banque, il n'est pas nécessaire d'en faire autant. Voici une autre pratique assez simple qui peut vous épargner bien des ennuis. Sachez qu'il est possible d'obtenir de son service de police local un document certifiant que vous n'avez pas de dossier criminel. Il en coûte généralement aux alentours de 25 dollars et cette demande peut être faite par la personne concernée. En tant qu'employeur, vous pouvez exiger qu'un tel document vous soit fourni, quitte à rembourser les frais lors de l'embauche. Cette pratique peut devenir la norme dans vos politiques d'embauche et peut même être exigée pour vos sous-contractants. Voilà une façon économique d'obtenir une vérification relative au dossier criminel. Il faut toutefois comprendre les limites de cette vérification. Elle ne garantit pas à 100 % l'honnêteté de la personne qui se tient devant vous mais, du moins, vous découragerez ceux qui ont un dossier criminel et enverrez le message suivant à vos employés : « Nous portons intérêt à votre sécurité car la sécurité est de votre intérêt. »

Dans le domaine de la copie, une des affaires d'importance de ces dernières années est celle dont a été victime la compagnie canadienne Research In Motion (RIM), les créateurs du fameux BlackBerry. Cet appareil révolutionnaire a attiré l'attention d'une entreprise chinoise, China Unicom, qui ne s'est pas gênée pour mettre sur le marché en 2006 sa propre version appelée « RedBerry ». À ce niveau-là d'imitation, c'est presque ajouter l'insulte à l'offense.

DESTRUCTION DE L'INFORMATION

Puisque, à l'occasion, il se peut que le vol soit une opération jugée trop difficile ou simplement non nécessaire, il reste une autre approche bien simple et tout aussi efficace pour mettre son concurrent en difficulté : la destruction de l'information stratégique.

En effet, il est parfois aussi efficace et plus « sûr » de simplement détruire l'information qui se trouve entre les mains de la concurrence. Pour ce faire, les compagnies et les États qui pratiquent la « guerre économique » n'hésiteront pas à générer des attaques sur une entreprise. La forme la plus simple est évidemment la cyberattaque. L'introduction d'un virus, d'un cheval de Troie (Trojan) ou toute autre forme d'attaque cybernétique peut causer des dommages substantiels voir fatals pour une entreprise. L'élimination sous une forme ou sous une autre des chercheurs ou des moyens de recherche est une autre forme d'attaque. Le domaine pharmaceutique est d'ailleurs réputé pour sa brutalité. On recense plusieurs cas de chercheurs morts dans des circonstances mystérieuses. Quand on sait que le développement et la mise en marché d'un nouveau médicament coûtent en moyenne 800 millions de dollars, payer entre 50 000 et 100 000 dollars pour l'élimination physique d'une personne est très «économique».

Il existe toutefois des moyens moins drastiques. Une entreprise de Taïwan a offert à cinq chercheurs d'une rivale américaine un emploi avec à la clé un salaire doublé. Quatre des cinq chercheurs ont accepté et ont déménagé à Taïwan. D'un seul coup, cette entreprise non seulement a acquis tout le savoir stratégique de sa rivale américaine, mais en prime elle lui a infligé un coup fatal.

INTERCEPTION DES COMMUNICATIONS ÉLECTRONIQUES

Bien que cette pratique soit davantage sophistiquée et demande un plus grand bagage technique, divers gadgets qui peuvent être achetés dans des magasins spécialisés ou même sur internet ont fait exploser le marché de l'interception. Ici, on se rapproche peut-être plus des films de James Bond, mais les moyens ne sont pas limités aux espions internationaux. Des chercheurs français de l'université de Lausanne ont d'ailleurs démontré qu'il est possible de «sniffer» les émanations électromagnétiques émises par les divers équipements, et ce, tant par les composants électroniques eux-mêmes que par les courants électriques transmis par câble. Ils ont ainsi démontré qu'ils avaient pu capter ces émanations jusqu'à une distance de 20 mètres de l'équipement «espionné» pour fins de recherche, dont onze claviers différents (PS/2, USB et de portable) vendus entre 2001 et 2008.

L'écoute électronique dans certains pays étrangers est chose très fréquente. Il est souvent facile pour certains services de renseignement de s'organiser à l'avance avec un ou des employés d'hôtel afin que les voyageurs d'affaires ciblés soient envoyés dans des chambres «spécialement aménagées», «sonorisées» dans le jargon. Ces chambres ont bénéficié d'une séance de décoration particulière qui inclut caméras, micros et systèmes d'écoute sophistiqués activés au besoin. Du temps du bloc soviétique, les voyageurs étrangers étaient tous envoyés dans des hôtels spécialement et uniquement réservés aux étrangers. La blague qui circulait à l'époque disait : « En URSS, ce n'est pas vous qui regardez la télévision, c'est la télévision qui vous regarde. » Avec la prise de contrôle du clan Poutine et des anciens du KGB, il n'est pas farfelu de croire que cette ancienne maxime a repris du service.

C'est d'ailleurs un avertissement de la sorte qu'a reçu un jour un haut dirigeant d'une importante compagnie canadienne. Dans cette affaire, exceptionnellement, les enquêteurs du SCRS étaient sortis de leur mutisme légendaire et avaient insisté pour le rencontrer juste avant son départ pour l'Europe, où il devait participer à un salon phare dans son domaine. Ce que les agents canadiens avaient à lui dire était manifestement de la plus haute importance. Ils avaient appris que les communications téléphoniques et le BlackBerry de ce dirigeant étaient scrutés depuis quelque temps déjà par le service de renseignement d'un pays européen dont une des compagnies tentait de rafler des marchés dans le même secteur. Bien qu'il s'agisse d'une compagnie privée, cette société, comme d'autres évoluant au plus haut niveau dans leur secteur respectif, disposait du support logistique des services de contre-espionnage de son pays et d'enquêteurs privés enclins à déroger à la loi lorsque cela se révélait nécessaire. Mais ce n'était pas tout. Notre homme était attendu de pied ferme, semble-t-il, dès sa descente d'avion par d'honorables correspondants, et il y avait de fortes probabilités que sa chambre d'hôtel soit « sonorisée ». Le dirigeant canadien n'en revenait tout simplement pas.

On lui avait bien sûr conseillé de ne pas utiliser son Black-Berry pour ses négociations commerciales sur place. « Achetez plutôt un cellulaire prépayé sans abonnement à votre arrivée », lui glissa un des agents. Et nous n'étions pas en Chine, mais dans un pays de la vieille Europe…

Il existe des entreprises spécialisées qui peuvent inspecter les bureaux, les voitures et les résidences privées. Celles-ci travaillent en collaboration avec l'entreprise qui requiert leurs services afin de détecter la provenance de la menace (*threat from*) ou les agents de menace (*threat agents*) et de bien cerner les points d'entrée. Leur travail est très discret et nécessite un appareillage sophistiqué. Elles exécutent généralement le travail en dehors des heures d'ouverture normales afin de ne pas alerter une taupe éventuelle.

ENTRÉE PAR EFFRACTION DANS LES CHAMBRES D'HÔTEL OU DANS LES VOITURES

Une des plus mauvaises manies des voyageurs d'affaires est d'apporter avec eux des informations stratégiques ou sensibles. Qu'elles soient enfouies dans le disque dur de leur ordinateur portable, leur agenda électronique, leur téléphone mobile ou simplement dans leur valise, ils ne sont pas toujours en mesure de surveiller ces informations. En un rien de temps, il est facile pour une équipe spécialisée de faire une razzia, de copier les informations et de vider le contenu d'un portable. Ça arrive même aux pros du domaine. C'est la mésaventure qui est survenue à un agent russe opérant au Canada il y a quelques années. Il avait fait l'erreur de stationner son véhicule quelques minutes pour déposer des vêtements chez un nettoyeur situé dans un centre commercial. Le temps qu'il entre, marche jusqu'au local du nettoyeur, fasse sa transaction et revienne à sa voiture, les agents canadiens avaient eu le temps de déverrouiller sa voiture (en ayant pris soin de désactiver l'alarme), d'ouvrir son porte-documents, de copier les documents qui s'y trouvaient, de refermer et de barrer le porte-documents et la voiture. Une scène qui aurait fait mourir d'envie les meilleurs scénaristes !

INTERFÉRENCE ÉTRANGÈRE

Pour aider leurs entreprises nationales, plusieurs pays, dont certains occidentaux, n'hésitent pas à utiliser leurs services de renseignement. C'est le cas évidemment des « vilains » traditionnels comme la Chine, la Russie et l'Iran. De plus en plus, toutefois, on retrouve la trace d'agents des pays «alliés» dans des dossiers de grande envergure. Les États-Unis, l'Angleterre et la France ont reconnu publiquement dès le début des années 1990 qu'ils emploieraient dorénavant leurs services d'espionnage offensif afin de protéger leurs intérêts nationaux dans les négociations commerciales ou pour assister leurs entreprises nationales.

Leurs interventions ne se limitent évidemment pas à cibler des entreprises canadiennes. Plusieurs opérations de renseignement cherchent à influencer des élus canadiens, et ce, à tous les niveaux politiques. À cet effet, citons le cas récent d'une organisation chinoise établie au Canada qui a réussi à convaincre des élus fédéraux de soutenir une motion de blâme à la Chambre des communes à l'encontre du gouvernement japonais pour des atrocités commises durant la Seconde Guerre mondiale. Bien que ces faits historiques se soient réellement déroulés, leur interprétation et surtout leur résurgence visaient avant tout à isoler le Japon de ses alliés naturels. Le Japon étant le principal concurrent de la Chine en Asie, ce groupe s'est servi du Canada pour montrer du doigt le Japon. Par le même fait, l'adoption de la motion en chambre a eu pour effet de refroidir les relations entre le Canada et le Japon. Une enquête a révélé que l'ensemble de cette opération avait été montée par le service de renseignement chinois (SRC). Une grande partie des fonds et de la littérature utilisée par ce groupe de pression venait du SRC, plus précisément du United Front Work Department (UFWD). Les principaux dirigeants étaient, et sont toujours, régulièrement en contact avec de hauts responsables du UFWD et visitaient régulièrement la Chine sous des prétextes d'«éducation». Les élus canadiens, pressés de séduire la communauté chinoise pour empocher leurs votes, se sont laissés rouler dans la farine et embarquer dans cette entreprise de manipulation, sans faire aucune vérification d'usage préalable auprès du SCRS.

Ce petit répertoire des «méchants coups» des espions n'est que la pointe de l'iceberg. Les espions internationaux ou les fraudeurs qui se cachent dans les entreprises sont très imaginatifs lorsque vient le temps de dérober des secrets. L'un des dossiers les plus importants des années 1970 a été la découverte d'une taupe au sein de la compagnie TRW qui recevait des messages très secrets pour le gouvernement américain. Cette histoire a d'ailleurs été portée à l'écran en 1985 dans le film de John Schlesinger *The Falcon and the Snowman (Le Jeu du faucon)*, qui raconte comment Christopher Boyce, fils d'un agent du FBI, a été pendant plusieurs années une taupe volontaire pour le KGB. Voulant démontrer à quel point le maillon le plus faible de la sécurité était et sera toujours le facteur humain, il a raconté lors d'un témoignage devant le Comité sénatorial américain sur la sécurité et le renseignement comment il s'était amusé un jour à déjouer le système en demandant à un garde de l'aider à sortir une plante pour lui. Dans le pot, il avait caché des microfilms destinés à son contrôleur du KGB à Mexico.

CHAPITRE 008

Comment se protéger… un peu plus

Le génie réside dans la capacité d'évaluer l'incertain, le hasard et l'information conflictuelle[145].

Sir Winston Churchill

La menace est grande. Elle est réelle. Elle est en croissance et dépassera probablement dans les prochaines années le niveau atteint pendant la guerre froide. Elle revêt des formes multiples et provient tant de l'intérieur que de l'extérieur. Faute de gouvernements volontaires et décidés à agir, et faute d'un cadre législatif efficace, les institutions policières ou les organismes de renseignement sont impuissants. Bref, les chefs d'entreprise ne peuvent compter sur quasiment personne pour les protéger et n'ont d'autre choix que de se retrousser les manches et d'espérer que leurs secrets ne tomberont pas de manière illicite entre des mains «hostiles». Et quand bien même les autorités se réveilleraient, il est évident que chacun, à son niveau, a son rôle à jouer dans le domaine.

Il est certain que l'on ne peut pas demander à tout le monde de se métamorphoser en spécialiste de la sécurité. Il y a toutefois un certain nombre d'actions précises et faciles à entreprendre

---

145. *« Genius resides in the capacity for evaluation of uncertain, hazardous, and conflicting information. »*

afin de réduire substantiellement – et parfois même d'éliminer – la menace. Comme nous l'avons mentionné dans notre introduction, notre souhait est que ce livre dépasse le simple compte rendu d'incidents significatifs ou la dénonciation d'un problème grave qui menace notre société. C'est pourquoi cet ouvrage a également une approche constructive, éducative, en vue de partager des solutions pratiques avec nos lecteurs. Ce chapitre s'adresse donc particulièrement aux dirigeants d'entreprise, aux personnes responsables de la sécurité ou à toute autre personne intéressée à améliorer la sécurité dans son entreprise.

Une approche méthodique et dialectique

La logique est simple et pratiquée depuis des millénaires. C'est un jeu qui se joue entre le prédateur et sa proie. Les espions prédateurs cherchent les points faibles, de moindre résistance. Si l'on peut au moins rendre la vie des prédateurs difficile, il y a de bonnes chances qu'ils changent de proie. Toutefois, si une entreprise détient un produit ou une recherche qui est unique et très convoitée, ces espions ne lâcheront pas facilement. Il faut donc se préparer, prévoir le coup avant qu'il n'en coûte, et parfois très cher.

Voici les trois prémisses à partir desquelles nous travaillerons :
- préférer la proactivité à la réactivité ;
- augmenter la sécurité et améliorer la sécurité sont deux choses différentes ;
- réaliser que la culture organisationnelle de l'entreprise la défendra davantage que la sécurité physique.

À l'aide de ces trois principes, on est à même de juger de la valeur d'un consultant en sécurité ou des mesures proposées sans être soi-même un spécialiste. L'accent doit être mis sur une amélioration qualitative et non uniquement quantitative de la sécurité corporative. En d'autres mots, si un « spécialiste » propose une série de solutions axées exclusivement sur l'équipement technique, méfiance : vous avez devant vous un « marchand de bébelles » qui ne cherche qu'à placer son équipement. La sécurité technique est certes un appoint souvent important, mais elle ne doit jamais être considérée comme la panacée, ni comme une solution complète. De plus, investir dans de l'équipement de sécurité sans avoir une idée de la menace à laquelle on est confronté est aussi ridicule que d'arriver à une partie de baseball habillé d'un gilet de sauvetage.

Six grandes étapes pour la sécurisation d'une entreprise contre l'espionnage

Voici les six étapes destinées à assister les dirigeants d'une entreprise dans l'amélioration de la sécurisation, tout en les aidant à estimer la valeur des spécialistes qui les assisteront.

1. Reconnaître l'existence de la menace.
2. Adapter les pratiques d'affaires de l'entreprise à la nouvelle réalité.
3. Effectuer une évaluation de la menace et des risques (EMR) afin d'identifier les vulnérabilités réelles de l'entreprise.
4. Assigner les responsabilités de la sécurité au niveau exécutif.
5. Instaurer un programme permanent de sensibilisation auprès des employés.
6. Effectuer périodiquement des vérifications et des audits de sécurité.

RECONNAÎTRE L'EXISTENCE DE LA MENACE

Tout commence par la reconnaissance du danger. Le vieil adage anglais *See no evil, speak no evil* prend ici tout son sens. Imaginons un instant que votre propriété intellectuelle vient de passer aux mains de votre concurrent. Ou encore que votre compétiteur a été en mesure de vous infiltrer et est maintenant au courant de tous vos projets stratégiques. Faut-il en dire plus ?

Ce qui est le plus difficile à contrer, ce ne sont pas les espions eux-mêmes, mais bien la persistance de certains chefs d'entreprise à ignorer les faits. Même lorsqu'ils ont sous leurs yeux des preuves sur film, des noms, des événements précis, des témoignages… certains PDG ou vice-présidents refusent d'admettre la situation. C'est le déni total !

Et, trop souvent, la seule raison pour expliquer leur attitude est la peur d'avoir à porter le blâme ou d'admettre qu'ils ne savent pas de quoi ils parlent, qu'ils sont dépassés par les événements. Si ce livre ne vous a pas encore convaincu, vous pouvez cesser de lire. Ne perdez plus votre temps. De toute évidence, vous en savez plus que le reste de la planète.

Mais si vous avez passé le test, il faudra changer votre perception du rôle de la sécurité, qui est trop souvent considéré comme une « dépense » plutôt que comme un investissement stratégique. Car ici deux visions s'affrontent, l'une réactive, l'autre proactive.

Si pour vous la sécurité n'est qu'une dépense, vous vous condamnez à ne réagir que lorsque la catastrophe frappe. C'est le mode réactif. Ce n'est plus alors qu'une question de temps. Au contraire, si vous percevez le tout comme un investissement stratégique, une plus-value que vous pouvez valoriser comme outil de promotion ou lors de discussions avec des partenaires éventuels, non seulement vous démontrez un sens proactif de la gestion, mais vous faites preuve vis-à-vis de vos actionnaires et partenaires d'affaires d'un niveau élevé de conscience de la conjoncture internationale et de ses menaces.

Vous offrez en outre une valeur ajoutée à votre entreprise qui peut être quantifiable en argent.

Prenons, à titre d'exemple, une analyse financière comparée des coûts liés à une crise vécue par une entreprise[146].

---

146. Peu importe la nature de la crise. Si celle-ci est suffisamment sérieuse, elle emportera l'entreprise dans un gouffre financier, à moins qu'il y ait eu préparation stratégique au préalable.

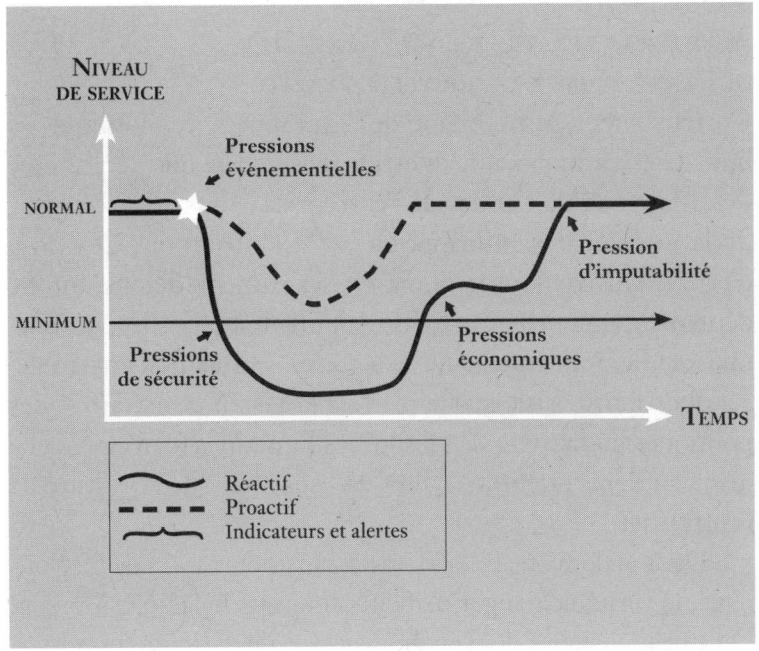

Si au moment d'une crise rien n'a été prévu pour la contrer (approche réactive), l'impact financier sera proportionnel à l'importance de la crise, et la durée de la crise affectera les coûts associés. En effet, si les dirigeants de l'entreprise attendent qu'une crise se déclenche, ils devront gérer et débourser de gros montant pour retourner à un niveau normal d'opération.

À l'inverse, si une crise survient qui a été au préalable préparée, elle sera au moins contenue. Bien sûr, une crise est une crise et on ne peut pas toujours l'éviter (pensons juste à la crise du verglas en 1998 ou aux attaques du 11 septembre 2001), mais une approche préventive peut considérablement en réduire les conséquences financières et permettre un retour à la normale plus rapide. Ici, l'important est de porter son attention sur la période précédant la crise, quand les indicateurs et les alarmes peuvent être détectés. C'est en soi, l'essence de la proactivité.

ADAPTER LES PRATIQUES D'AFFAIRES
DE L'ENTREPRISE À LA NOUVELLE RÉALITÉ

Curieusement, le problème de l'espionnage économique ou industriel est moins une question de sécurité que de pratique des affaires et de culture de l'entreprise. Tout gravite autour de la gestion des informations. Mais attention, c'est loin d'être exclusivement le domaine des informaticiens, qui ne détiennent qu'une petite partie, somme toute très importante, mais seulement une seule des composantes de l'ensemble. La question se situe sur le plan de la vision des affaires, des politiques en matière de ressources humaines (de l'embauche jusqu'au départ définitif), bref de l'ensemble de la culture de l'entreprise.

Dans le domaine de la sécurité, et par extension de l'espionnage, le véritable danger demeure toujours le facteur humain. On a beau installer des caméras, des gardes à toutes les portes, des contrôles d'accès sophistiqués, chaque jour les employés quittent leur travail avec toutes sortes d'informations dans leur mallette et, surtout, dans leur tête. Lorsque l'on parle de la gestion de l'information, tout est inclus. Voici une liste, non exhaustive, de situations courantes au cours desquelles des fuites importantes d'information dite stratégique ou sensible peuvent survenir :

- les conversations à l'extérieur du bureau, dans des endroits publics, lors de repas du midi ou d'un 5 à 7 au café du coin entre employés (on ne sait jamais qui se trouve à la table d'à côté) ;
- la participation à des conférences, colloques ou foires commerciales (par exemple, rien n'est plus facile que de faire parler un scientifique qui a rarement la chance de s'exprimer sur ses recherches) ;
- la rencontre d'une nouvelle personne (*a priori*, cela paraît être un cliché, mais les femmes secrétaires sont particulièrement ciblées par les espions ; elles ont accès à tout et si quelqu'un s'intéresse à elles et à l'écoute... la suite est facile à deviner) ;

- le passage de stagiaires étudiants ou un échange de techniciens et d'ingénieurs étrangers;
- la visite de la délégation d'une entreprise ou d'un gouvernement étranger qui «s'intéresse» à des travaux ou à la possibilité de travailler avec l'entreprise;
- un employé mécontent;
- un employé qui a des problèmes financiers ou de dépendance au jeu, par exemple;
- l'information donnée par l'équipe de marketing sur le site web ou encore dans les brochures de l'entreprise;
- et la liste est longue…

Le point central de notre propos est l'importance d'instaurer des politiques axées sur la protection de l'information. Celle-ci est diffusée par des humains, mais elle est aussi protégée par ces mêmes humains. Si une culture organisationnelle encourage les employés d'une compagnie à développer des réflexes visant à protéger l'information ou à rapporter les incidents douteux, un énorme bout de chemin est déjà fait. Et cette attitude doit venir de la haute direction et être promue et maintenue à tous les niveaux.

EFFECTUER UNE ÉVALUATION DE LA MENACE ET DES RISQUES (EMR) AFIN DE DÉTERMINER LES VULNÉRABILITÉS RÉELLES DE L'ENTREPRISE

On ne peut prétendre faire une bonne utilisation d'un programme de sécurité si on ne connaît pas l'ampleur ou la nature de la menace. Trop souvent on constate que les programmes de sécurité mis en place sont «standards», c'est-à-dire qu'ils ne sont que la copie de ce que les gens croient qu'il faut faire ou acheter pour se doter d'une sécurité (caméra, contrôle d'accès, protection informatique, etc.), bref du copier-coller. À cela viennent s'ajouter les «croyances», les peurs et légendes urbaines véhiculées par les promoteurs de la peur (*fear mongers*) dans le simple but de faire mousser leurs ventes de services ou d'équipement. Au bout du compte, le client est mal servi.

La seule façon de bien faire est d'effectuer périodiquement une évaluation des menaces et des risques (EMR[147]). Sans ce type d'évaluation, le travail se fait à l'aveuglette. Il n'y a aucune autre manière de faire une d'évaluation méthodique et objective de la situation. L'EMR permet une lecture de l'environnement dans lequel l'entreprise évolue, et c'est un exercice qu'il faut répéter régulièrement. Voici comment déterminer si les personnes chargées de cette tâche font bien leur travail.

Dans sa forme la plus simple, une bonne EMR a deux composantes qui permettent de répondre aux deux questions suivantes :
- sur quels éléments sensibles de l'entreprise la menace pèse-t-elle ?
- d'où provient la menace ?

La première partie est relativement facile : 90 % des compagnies de sécurité ayant de l'expérience sont en mesure d'assister elles-mêmes les spécialistes dans la détermination des éléments importants qui devront être protégés.

Malheureusement, la seconde composante, qui identifie la provenance de la menace, est de loin la plus complexe, car la très grande majorité des compagnies de sécurité conventionnelles ne sont pas en mesure de faire cette évaluation. Tout simplement parce que cela implique de pouvoir procéder à une analyse du renseignement de sécurité. Or, à la base, cela signifie avoir la capacité de faire la collecte ou de produire du renseignement.

Ce n'est qu'une fois que ces deux composantes sont superposées que l'on obtient une évaluation perspicace de la vulnérabilité de l'entreprise.

Les résultats de cette première étape s'inscrivent ensuite dans un processus d'évaluation plus élaboré. Voici, dans sa forme la plus simple, le processus décrit en trois phases successives :
- évaluation de la « cible » de la menace (*threat to*) ;
- évaluation de la « provenance » de la menace (*threat from*) ;
- évaluation de la vulnérabilité.

---

147. Communément appelée en anglais *Threat and Risk Assessment*, ou TRA.

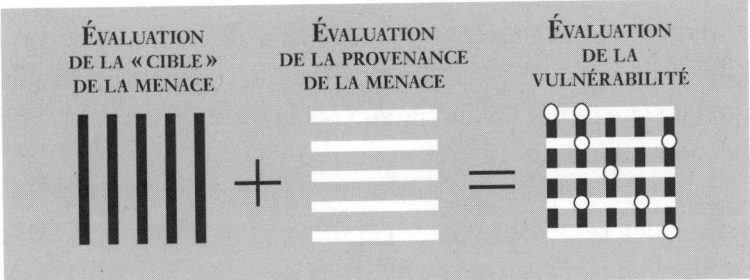

Ce n'est qu'une fois ces trois étapes terminées que l'on peut prétendre trouver des solutions pertinentes à nos besoins, maximisant ainsi l'utilisation de l'enveloppe budgétaire pour la sécurité !

ASSIGNER LES RESPONSABILITÉS DE LA SÉCURITÉ AU NIVEAU EXÉCUTIF

Ce point est des plus importants, car trop souvent la responsabilité de la sécurité est reléguée à des niveaux subalternes sans soutien réel de la haute direction. Nous ne suggérons pas que le niveau opérationnel soit placé nécessairement à un niveau exécutif, mais les questions de sécurité doivent être évoquées et traitées à ce niveau et le suivi doit être permanent. Il faut instaurer une plage de temps lors des rencontres du comité exécutif pour discuter et s'enquérir des développements, des préoccupations et de la mise en place des mesures de prévention ou de correction. Ici encore, le tout relève de la direction et de la vision qui doit être communiquée à tous les niveaux de l'entreprise.

Cette pratique a été instaurée à Hydro-Québec à la suite d'une crise générée par un reportage télévisé faisant état de sa piètre gestion en matière de sécurité. En un temps record, la haute direction s'est dotée d'un comité exécutif qui s'est attaché à corriger la situation de manière remarquable. Le succès de cette expérience a conduit la haute direction de la société d'État québécoise à maintenir le comité exécutif chargé d'étudier les questions de sécurité.

Bien que cette pratique puisse servir de référence, elle n'est pas forcément transposable dans des entreprises de moindre envergure. Nous suggérons tout de même de confier la responsabilité de la sécurité à un des membres du conseil exécutif afin qu'il ou elle puisse en faire le suivi et la mention aux réunions hebdomadaires.

INSTAURER UN PROGRAMME PERMANENT DE SENSIBILISATION AUPRÈS DES EMPLOYÉS

Comme nous l'avons déjà mentionné, le point le plus faible dans un système de sécurité est toujours le facteur humain. Chaque jour, les employés d'une entreprise quittent leur lieu de travail avec une quantité incommensurable d'informations stratégiques sur leur compagnie. Ils sont à la fois le problème et la solution. En général, les gens veulent aider, sont ouverts et ont à cœur de bien faire leur travail. C'est justement sur ces points que l'espion va tenter de capitaliser.

Bien que le concept semble facile à comprendre, il faut quand même s'attarder à bien l'adapter aux besoins de l'entreprise. L'erreur à éviter consiste à organiser une session d'information et à croire que cela va suffire pour protéger les informations stratégiques de l'entreprise. Pour qu'un programme soit efficace, il doit commencer dès l'embauche et durer jusqu'au moment où l'employé quitte l'entreprise, et même après. L'objectif est de développer un réflexe chez l'employé en faisant appel à son bon sens et à son intelligence.

L'instauration de politiques fondées exclusivement sur des menaces de représailles a ses limites. Il a été démontré qu'un climat basé sur la responsabilité et l'intégrité rapporte beaucoup plus, tant sur le plan de la loyauté que sur celui de l'amélioration du programme et de la qualité de l'environnement de travail. Et comme le dicton le dit si bien : « La confiance n'empêche pas le contrôle. »

Un bon programme de sécurité réussira donc à convaincre les employés de fournir leur part pour contribuer constamment à la surveillance et à l'amélioration du programme. Ajoutons qu'un programme de sécurité est bâti sur plusieurs niveaux qui se superposent et se renforcent l'un l'autre. Si une première mesure ou ligne de défense est compromise, on compte sur la redondance et les prochaines lignes pour intercepter le problème. Plus on s'approche du centre, plus les mesures doivent être serrées. C'est la raison pour laquelle instaurer un programme exclusivement basé sur la protection technique ou avec soutien technique est insuffisant et peut même être illusoire, dans la mesure où il procure un faux sentiment de sécurité.

Voici quelques points contribuant à instaurer un programme de sensibilisation et permettant de développer ce type de «réflexe» au sein de la culture organisationnelle de la compagnie.

S'assurer que l'employé a un casier judiciaire vierge. Au moment de la soumission d'une nouvelle candidature, demandez au candidat de fournir une attestation policière prouvant qu'il ou elle n'a pas de casier judiciaire. Cette requête permettra d'éliminer dès le début ceux qui ont commis des actions criminelles dans le passé. L'idée est aussi d'envoyer aux employés en poste le message que l'entreprise valorise leur contribution et se donne les moyens de recruter les meilleurs candidats en commençant par éviter d'engager une personne ayant des antécédents criminels.

Faire signer une entente de confidentialité à l'embauche. Par cette pratique, l'entreprise signale immédiatement que la confidentialité est une chose importante. Dans le cas où malheureusement il y aurait un manquement sérieux et peut-être même volontaire à la confidentialité, cette entente peut déboucher sur un recours en justice. À noter que cette entente doit couvrir une période raisonnable après le départ de l'employé de la compagnie afin de protéger pendant un temps donné les informations de l'entreprise. Notons en passant que certains responsables des ressources humaines pourraient être enclins à limiter ce genre de pratique à certaines catégories d'employés. Bien que cette pratique concerne plus particulièrement certains aspects du programme de sécurité, nous recommandons que, pour ce qui est de la confidentialité, tout le monde s'y soumette. En effet, on ne sait jamais par quel canal une information sensible peut être divulguée. Par expérience, sachez qu'il est toujours surprenant de découvrir à quel point une secrétaire, un préposé à l'entretien ou à la salle du courrier peut en connaître long sur son entreprise. Ceux-là sont souvent parmi les meilleures sources.

Organiser une session d'information pour les nouveaux arrivants. La plupart des entreprises consacrent généralement quelques heures pour souhaiter la bienvenue aux nouveaux employés et leur offrir une session d'information visant à mieux les orienter dans leur nouveau milieu de travail. C'est le moment opportun pour traiter du sujet de la confidentialité des informations stratégiques et de la nécessité de rapporter les incidents douteux. Si un programme plus spécifique a été instauré par la sécurité interne, une session de sensibilisation peut y être incluse portant exclusivement sur la protection de l'information et les mesures à prendre en cas d'incident suspect. Si l'entreprise n'est pas assez grande pour justifier ce type d'approche, il est important que la personne responsable des ressources humaines prenne un moment afin d'expliquer les pratiques de l'entreprise en matière de gestion et de protection de l'information.

Faire un rappel périodique de la protection de l'information. Cet aspect du programme peut se présenter sous différentes formes : des sessions formelles données par des formateurs de la compagnie ou des consultants spécialisés, un communiqué interne envoyé à tous les employés, des rappels faits par les gestionnaires lors des rencontres de groupe, un programme de sensibilisation par des affiches ou tout autre moyen adapté à votre entreprise. Et plus vous reviendrez sur le sujet, mieux ce sera.

Rappeler les règles lors du départ d'un employé. Même principe qu'à l'embauche, il faut rappeler l'entente de confidentialité signée au début, afin encore une fois de protéger pendant un certain temps l'information à laquelle l'employé a eu accès.

EFFECTUER PÉRIODIQUEMENT DES VÉRIFICATIONS ET DES AUDITS DE SÉCURITÉ

Tout programme, que ce soit en matière de sécurité ou autre, ne sera efficace que s'il est périodiquement vérifié et adapté à son environnement. Comme les menaces et les risques sont en constante évolution, il faut revoir l'EMR de manière régulière. Selon les besoins et la sensibilité des informations, la fréquence peut changer mais, en moyenne, une révision annuelle s'impose. Si l'entreprise est suffisamment grande pour disposer de son propre service de sécurité, il va de soi que cette responsabilité doit lui revenir. Mais il est primordial que, indépendamment de la taille de l'entreprise, le département ou les personnes responsables des audits d'entreprise incluent dans leur programme la révision du programme de sécurité. C'est la meilleure façon de boucler la boucle et de s'engager dans un mode de perfectionnement continu.

Voici quelques points additionnels (mais non exhaustifs) qui peuvent aider à parfaire le programme de vérification.

Vérifier les antécédents des employés avant l'embauche. Il ne faut pas prendre pour argent comptant ce que le candidat indique sur son CV. Des vérifications peuvent être faites sur la formation scolaire et professionnelle, les anciens employeurs, les antécédents financiers et criminels ainsi qu'auprès des personnes qui recommandent le candidat. Certaines firmes sont spécialisées dans le domaine des vérifications, mais un simple coup de fil peut être aussi efficace. Encore une fois, il est important d'adapter les pratiques aux moyens et besoins de l'entreprise.

Faire des vérifications tous les cinq ans. Bien des choses changent en cinq années. Il est sain pour une compagnie qui détient des secrets industriels ou d'entreprise majeurs de s'assurer périodiquement auprès de ses employés si tout va bien ou s'il y a des difficultés à l'horizon. Cette pratique n'est pas seulement bonne pour la sécurité, elle permet aussi de porter assistance aux employés qui en ont besoin. Si instaurer la pratique pour l'ensemble de la compagnie semble trop exigeant, on peut toujours le faire pour les employés aux postes les plus sensibles… Et il ne faut pas tenir pour acquis que les membres de l'exécutif ou du conseil d'administration sont à l'abri de tels problèmes. Si un groupe a accès à des informations privilégiées et peut causer du tort assez rapidement, c'est bien celui-là.

Désigner une personne responsable de la sécurité. Toutes les entreprises n'ont pas les moyens de se doter d'un service de sécurité. Dans ce cas, il faut tout de même confier cette responsabilité à une personne à laquelle les employés peuvent faire appel ou rapporter des incidents. Si personne n'est responsable, il est certain qu'aucun employé ne prêtera attention à la sécurité.

Prévoir un système afin de répertorier les incidents et de détecter les répétitions. Les incidents de sécurité sont occasionnels. Pour les repérer et déterminer leur fréquence, il faut avoir un environnement dans lequel les employés sont formés à détecter les incidents suspects ou simplement «étranges» et savent à qui les rapporter. De plus, une attaque, qu'elle soit générée de l'interne ou – encore plus – de l'externe, sera souvent préparée sur un certain laps de temps. C'est pendant cette période que les indicateurs peuvent se déclencher et les alertes s'allumer, permettant ainsi à l'entreprise de se préparer et de se défendre.

Prendre l'habitude de ranger les documents après le travail et de débarrasser les bureaux de toute paperasse. Nous conviendrons que cela n'est pas toujours évident, mais cette pratique permet de voir rapidement si certains distraits ont laissé des dossiers ou documents confidentiels au vu et au su de tout le monde.

Acquérir des classeurs à cadenas ou à combinaison pour les dossiers confidentiels. Une évidence.

Acquérir des déchiqueteuses pour la destruction de documents d'entreprise. Comme nous l'avons expliqué dans le chapitre précédent, le vol d'information par la collecte de déchets est fréquent. Les services secrets excellent dans l'art de la collecte dans les poubelles et bacs de recyclage. L'acquisition de déchiqueteuses (qui coupent en diagonale) règle une bonne partie de la question. Si votre entreprise a un trop grand volume de documents et a recours à un service externe, assurez-vous que les documents sont bel et bien détruits en étant présent lors de la destruction. Lors de certaines opérations d'espionnage, des agents de renseignement se sont fait passer pour des employés affectés à cette tâche et sont repartis avec le sac de documents confidentiels intact.

Nous sommes loin d'avoir fourni un répertoire complet de mesures pouvant être instaurées afin d'améliorer la sécurité des employés et des informations stratégiques. Chaque compagnie est différente des autres et les besoins le sont aussi. Nous pouvons garantir toutefois que le peu de temps passé à évaluer les menaces et la mise en place des mesures préventives ou correctives valent mille fois moins que la misère générée par la perte d'informations stratégiques ou de propriété intellectuelle.

CONCLUSION

La renaissance de l'espionnage

On ne devrait jamais tourner le dos à un danger pour tenter de le fuir. En faisant cela, on double le danger. Mais si vous l'affrontez rapidement et sans reculer, vous le réduirez de moitié. Ne fuyez jamais quoi que ce soit. Jamais[148] *!*
Sir Winston Churchill

Loin de régresser, l'espionnage est en progression au Canada. Et non seulement ici mais partout dans le monde et de manière vertigineuse, même si ces affaires sont rarement rendues publiques, contrairement aux dossiers liés au terrorisme, par exemple. Les acteurs traditionnels du grand jeu demeurent les mêmes, mais comme le mentionne avec justesse un fin connaisseur de ce milieu, «ce n'est plus un jeu qui oppose l'Est et l'Ouest, les États-Unis contre la Russie, mais tout le monde contre tout le monde». L'espionnage est devenu global, complexe et implique de nouveaux joueurs tout en incluant un plus grand éventail d'activités illicites. La menace est par conséquent plus difficile à cerner.

Récemment, les autorités japonaises rapportaient avoir constaté une augmentation substantielle et croissante de refus de visas à des visiteurs et diplomates russes du fait de leurs

---

148. *« One ought never to turn one's back on a threatened danger and try to run away from it. If you do that, you will double the danger. But if you meet it promptly and without flinching, you will reduce the danger by half. Never run away from anything. Never! »*

liens avec le SVR ou le GRU. En août 2007, le Comité central du Parti communiste chinois nommait le nouveau patron des services secrets chinois : Geng Huichang (58 ans), qui a passé sa vie entière à faire du renseignement économique et compétitif, au poste important de ministre de la Sécurité d'État. D'après des observateurs unanimes, cela démontre hors de tout doute l'importance qu'entend donner la Chine dans les années à venir à l'espionnage économique et à l'acquisition de technologie étrangère.

Et la crise économique mondiale actuelle n'arrange rien. Bien au contraire. Plus que jamais, dans ce monde qui est devenu multipolaire, les gouvernements et surtout les entreprises privées vont être confrontés à des attaques répétées de la part d'entités, étatiques ou privées, qui tenteront de freiner ou même de voler leur avance technologique ou économique. C'est qu'il est plus rentable d'investir dans des services secrets offensifs que dans la recherche et le développement, et qu'il est plus rapide de voler la technologie des autres que de la créer soi-même. Alors les gouvernements vont commencer à resserrer les contrôles pour se « protéger ». Cela aura pour effet de ralentir le flot du commerce dans certains secteurs, ceux visés par les pays « offensifs ». Ces « délais » offriront des opportunités d'« inspecter » des colis ou de la correspondance et d'en tirer des informations importantes. Bref, toute une rhétorique économique politiquement acceptable destinée en fait à camoufler les véritables intentions : espionner. Les gouvernements et les entreprises privées qui se consacraient déjà à ce type d'activité profiteront désormais d'un contexte socio-économique justifiant d'accroître leurs opérations. Après tout, « il en va de la défense de nos intérêts », argumenteront-ils en silence.

· En matière d'espionnage politique, la Chine poursuivra donc la répression de la dissidence, le vol de technologie et l'ingérence dans les gouvernements étrangers afin de profiter de la croissance économique et de l'influence si recherchées. D'un activisme redoutable, les services de renseignement chinois ont engagé leurs forces dans des programmes qui s'échelonnent non pas sur quelques années mais bien sur des décennies, et ils continueront leur œuvre tout en capitalisant sur le travail remarquable des générations antérieures. Avec la mondialisation, leurs efforts pour obtenir de nouvelles parts de marché seront encore plus vifs. N'oublions pas qu'ils disposent de nombreux atouts, en commençant par la puissance, l'énergie et le nombre. *China über Alles...*

La Russie est d'ailleurs elle aussi résolument engagée sur cette voie. Plus de 80 % de ses élites ayant servi dans les rangs des services secrets, de la police ou de l'armée, en commençant par Vladimir Poutine lui-même, ancien colonel du KGB, il est évident que ce pays aura de plus en plus recours à ses anciennes méthodes «musclées». Mais les a-t-elle totalement abandonnées, au fait? Avec en toile de fond, malgré la crise économique mondiale, l'ambition avouée de redevenir la Grande Russie et de retrouver l'influence dont jouissait l'Union soviétique, elle utilisera toutes les formes d'espionnage, du contrôle de la dissidence à l'espionnage politique et surtout économique.

Les pays «amis» ne seront certainement pas en reste. Alors que les États-Unis et l'Europe vivent la plus grande crise économique et politique de leur histoire contemporaine, il va de soi qu'ils déploieront beaucoup plus d'efforts pour protéger leurs intérêts nationaux. Et cela implique davantage d'interceptions électroniques et de recrutement de sources humaines, ainsi que d'opérations clandestines pour prendre l'avantage dans leurs négociations commerciales et politiques.

Certains autres pays, comme l'Iran et la Syrie, continueront leurs opérations intensives de surveillance et d'intimidation de la dissidence. Plus les choses vont mal à l'intérieur de leurs frontières, plus les pays autoritaires ont besoin de faire taire la critique, quitte à utiliser des méthodes peu orthodoxes. Et le monde étant ce qu'il est, ils redoubleront leurs efforts d'acquisition clandestine de technologies pour leurs programmes militaires et d'armement de destruction massive.

En octobre 1996, Peter Schweitzer rapportait devant le Comité sénatorial américain, lors d'une enquête sur l'espionnage économique aux États-Unis, que le FBI avait conclu que sur une période de quinze ans, sur 173 pays observés, 57 avaient tenté d'obtenir clandestinement des informations impliquant de la haute technologie et qu'au total 100 pays avaient utilisé des fonds publics pour acquérir de la technologie américaine[149]. L'Australie estimait à la même époque perdre en moyenne 18 milliards de dollars par an à cause de l'espionnage économique et industriel. Il y a fort à parier que, plus d'une décennie plus tard, ce chiffre ait grandement augmenté.

Et le Canada ?

En ce qui concerne le Canada, à la lumière des faits exposés dans cet ouvrage, nous avons collectivement un sérieux examen de conscience à faire. Des faits graves se déroulent sous notre nez depuis des décennies. Il faut surtout reconnaître que nous sommes une cible privilégiée. La naïveté oisive entretenue par tous nos dirigeants gouvernementaux qui se sont succédé depuis des décennies (pas seulement ceux qui sont actuellement en poste à Ottawa, mais aussi aux autres niveaux provinciaux et municipaux) et le faux sentiment de sécurité nous coûtent collectivement des milliards de dollars et des milliers d'emplois chaque année. Il ne faut pas se le cacher : depuis la fin de la guerre froide, l'espionnage ou le contre-espionnage n'ont plus vraiment la cote auprès du pouvoir en place à Ottawa. Une disgrâce qui a débuté bien avant que les tours du World Trade Center ne soient réduites en poussière. Les chasseurs d'espions du SCRS, quelque peu négligés, doivent certainement trouver le temps long en plus de composer avec la réduction continuelle des budgets et des effectifs destinés au contre-espionnage. Et même si, par miracle, un espion était arrêté, il n'aurait pas grand-chose à craindre de notre système judiciaire.

---

149. Peter Schweitzer, Remarques présentées devant le Comité sénatorial américain sur la sécurité et le renseignement, octobre 1996.

Quand, en 1995, le SCRS a été en mesure d'affirmer que l'espionnage coûtait des milliards au Canada, le tout était basé sur des faits. Des faits difficiles à établir et à recenser à partir d'informations ouvertes, car les compagnies victimes préfèrent adopter un profil bas. Pas question de clamer leur mauvaise fortune sur la place publique. D'abord en raison de la peur de l'imputabilité, puis de la crainte d'avouer leurs manquements en matière de protection d'information stratégique. Cet aveu entraînerait selon eux (et ils n'ont pas tout à fait tort) la perte de confiance des investisseurs, des consommateurs, des clients, des fournisseurs et même des éventuels organismes gouvernementaux bailleurs de fonds. En même temps, malheureusement, on ne peut que déplorer la méfiance chronique des leaders économiques envers leurs services de renseignement respectifs, au Canada mais aussi dans d'autres pays occidentaux comme la France. Voici par exemple ce que nous déclarait lors d'un entretien l'ancien directeur de la DST, le Français Rémy Pautrat, aujourd'hui président de l'Institut d'études et de recherche pour la sécurité des entreprises :

> Les patrons de petites et moyennes entreprises n'ont aucune conscience de l'importance de la sécurité économique. Ils se font prendre leur savoir-faire et se réveillent lorsqu'il est trop tard. [...] On note les mêmes lacunes en matière de protection des systèmes de l'information. Un quart seulement de nos entreprises sont protégées moyennement contre ce fléau. Ça ne les intéresse pas, ça ne les concerne pas, sauf lorsque la catastrophe arrive.

Un discours que nous pouvons transposer ici sans crainte. Il est en effet à la fois ironique et pathétique de constater que c'est effectivement lorsque le mal est fait que nos entreprises canadiennes s'empressent elles aussi de frapper à la porte du SCRS et de la GRC pour s'attrister de leur sort et demander de l'aide. Malheureusement, dans presque tous les cas, comme le résume si bien Rémy Pautrat, il est déjà trop tard. Et dans les rares cas où l'on réussit à coincer les malfaiteurs, la sanction qui leur est imposée ici est tout à fait ridicule et sans commune mesure avec les torts causés à l'entreprise visée ou à la société dans son ensemble.

Ces points de vue peuvent paraître incisifs, mais il est grand temps de regarder la réalité en face en admettant l'ampleur du problème et en commençant à porter notre attention sur les solutions.

Voici les points les plus importants auxquels on doit immédiatement s'attaquer :

- prendre conscience politiquement du problème afin de déployer les efforts et les actions pour contrer le problème de l'espionnage. Il faut absolument sortir de la vieille maxime anglaise *See no evil, speak no evil* ;
- donner à un comité sénatorial la mission d'entreprendre une étude internationale qui se pencherait activement sur la question. Cette initiative permettrait non seulement de rassembler des spécialistes qui exposeraient enfin publiquement leur point de vue sur cette réalité dérangeante, mais aussi de sensibiliser la population et les chefs d'entreprise qui se retrouvent aujourd'hui sans aucune connaissance de l'ampleur de la menace et sans assistance de la part des autorités policières ou du renseignement ;
- préparer une loi canadienne spécifique sur l'espionnage économique et industriel donnant la capacité de punir de manière significative les contrevenants. Nous disons bien une loi spécifique, et non quelques articles égarés dans les méandres d'une autre loi qui ne s'attaque pas précisément à ce type de crime ;
- préparer une loi ou une modification au Code criminel afin de rendre plus aisées les poursuites pour ingérence étrangère et pour harcèlement des personnes qui tentent d'intimider ou de semer la terreur dans nos communautés culturelles ;

– entraîner puis déployer des effectifs policiers spécialisés à la GRC qui s'occuperont, en collaboration avec le SCRS, de poursuivre les contrevenants ;
– s'assurer que les fonctionnaires du ministère des Affaires étrangères et du Commerce international puissent difficilement interférer avec l'application de la loi. Et surtout, envoyer un message clair à la communauté internationale précisant que le Canada ne tolère plus ce type d'activité. Quitte à en revenir, si besoin est, aux expulsions massives et médiatiques des années 1980. Les intérêts nationaux doivent passer avant les intérêts carriéristes ou les promesses de contrats et de nouveaux marchés (toujours illusoires) ;
– concentrer les efforts d'enquête et de sensibilisation de la part du SCRS. Revoir l'ancien programme de sensibilisation des entreprises dans le but de collaborer davantage avec le secteur privé. La politique du silence doit être abolie et le changement de paradigme doit s'effectuer afin de partager des renseignements avec les entreprises privées ;
– créer des centres de renseignement privés dont le seul but sera d'informer et de guider les entreprises dans des secteurs donnés. C'est d'ailleurs un modèle qui existe déjà aux États-Unis depuis 2000. Les Information Sharing Analysis Centers (ISAC) sont un modèle qui pourrait servir aux entreprises canadiennes. Le modèle américain est un peu limité dans sa forme actuelle et devra être adapté afin de remplir les besoins canadiens, mais cela doterait à coup sûr nos entreprises d'un avantage stratégique ;
– augmenter l'imputabilité de la gestion du SCRS en permettant à ses agents de pouvoir rencontrer le Comité de surveillance des activités de renseignement et de pouvoir porter plainte en toute immunité et indépendance auprès de ce comité.

La création d'un service offensif canadien

Si nos alliés et nos moins bons amis ne se gênent pas pour voler des informations stratégiques afin de les offrir à leurs entreprises nationales, la question qui se pose alors est de savoir si nous devrions leur rendre la monnaie de leur pièce. Est-il nécessaire de se doter d'un service offensif extérieur comme les SVR, CIA ou MI6 de ce monde et d'en faire plus que nous faisons à l'heure actuelle? Ou encore doit-on donner plus de pouvoir au SCRS afin qu'il protège davantage le Canada? Ce dilemme est un serpent de mer qui revient régulièrement à la surface depuis des décennies.

La décision de constituer un nouveau service offensif dépasse rapidement l'équation économique pour tomber dans les considérations politiques. Bien sûr, il faut envisager l'aspect monétaire. Cela est assez simple : veut-on ou non payer la note? Il y a bien des modèles de service de renseignement et la taille du nouveau service aura une incidence sur le budget. Mais on peut estimer qu'un service de renseignement offensif nécessiterait au bas mot un budget annuel de 125 millions à 250 millions de dollars. À titre de comparaison, en 2007, le budget annuel des services de renseignement offensifs de l'Australie (ASIS) était de 162,5 millions de dollars australiens. Le budget du SCRS pour 2006-2007 était de 356 millions.

D'un point de vue politique, l'implantation d'un service canadien de renseignement à caractère offensif viendrait totalement changer les règles du jeu. Pour l'instant, le Canada jouit sur le plan international d'une bonne réputation et n'est pas perçu comme un «agresseur». Le SCRS, de par son mandat, œuvre principalement à défendre le Canada au Canada, mais il est également habilité à mener des actions à l'étranger au besoin, toujours dans ce même but. Ce fait est accepté par tous les gouvernements du monde et, fondamentalement, il est légitime pour tout pays de protéger ses intérêts nationaux sur son propre territoire. La façon de s'y prendre est une autre question.

Cette position et ce choix de ne pas disposer de service offensif nous ont bien servi jusqu'à présent. Certains mettront en avant notre dépendance, argueront du fait que nous sommes à la remorque des autres, en particulier des États-Unis, pour la collecte d'informations. Cela est pourtant loin de la réalité. À maintes reprises dans le passé, nous avons constaté à quel point les services de renseignement américains avaient été défaillants dans la prévision de grands événements historiques comme la chute du bloc soviétique, les essais nucléaires du Pakistan et de l'Inde, la montée et les attaques d'Al-Qaïda, la poussée des Chinois et le retour de la « Grande Russie », pour ne citer que ces exemples. Cela est dû en grande partie à l'emphase qui est mise sur les opérations de terrain et à leur obsession du renseignement technologique au détriment de l'humain, la « pointe de diamant de l'espionnage ». En d'autres mots, ils ont le nez collé sur l'arbre et ne peuvent plus voir la forêt.

Le Canada a rendu de grands services à d'autres pays en fournissant des analyses stratégiques poussées. Cela nous a aussi permis de nous retrouver dans la position d'intermédiaire ou même d'arbitre dans des grands dossiers internationaux. Lester B. Pearson a déjà dit : « Le Canada est le plus petit des plus grands et le plus grand des plus petits. » Cette position pivot est très importante, mais on a arrêté de l'exploiter à notre profit. Le Canada jouit encore de la réputation d'être « du bon monde ». Mais dotez-vous d'un service offensif et le portrait peut changer du jour au lendemain. Chaque voyageur canadien pourra être considéré comme un espion potentiel. Donc, d'un point de vue défensif, les pays étrangers auront à nous traiter comme une menace… et vogue la galère. C'est aussi simple que cela.

A-t-on suffisamment à gagner en se dotant d'un service offensif ? Pour nous, la réponse est bien claire : NON. Nous croyons que cela serait une erreur stratégique importante. Il y aurait là plus à perdre qu'à gagner. Nous croyons sincèrement qu'il n'y a presque rien de vraiment crucial que des opérations clandestines coûteuses pourraient nous apporter et qu'une bonne capacité analytique ne saurait faire. Là est la clé du succès. Nous avons perdu la capacité d'analyse stratégique que nous avions auparavant non seulement au sein du SCRS mais dans tous les ministères fédéraux. Avec les coupures dans le personnel dans les années Mulroney, les groupes d'analyses stratégiques ont été les premiers à disparaître et ne sont plus revenus. Ces bureaux agissaient comme un radar auprès des dirigeants gouvernementaux. En éliminant ces atouts, nous avons perdu nos yeux.

Il y a pourtant des preuves historiques de la valeur de l'analyse stratégique. Ainsi le fameux MITI[150] japonais, le ministère du Commerce international et de l'Industrie, créé au lendemain de la Seconde Guerre mondiale, a transformé un pays défait et ravagé par deux bombes nucléaires, des années de bombardements, et «occupé» par une puissance étrangère. En moins de vingt-cinq ans, le Japon est devenu «la» puissance économique mondiale. C'est principalement le MITI qui a été le fer de lance de ce succès. Il n'était ni plus ni moins qu'une grande boîte d'analyse et de distribution de renseignement qui colligeait des informations provenant de diverses sources (agences gouvernementales, ambassades, industries, compagnies privées, etc.), puis les analysait avant de diffuser ses conclusions. De cette manière, en coopération avec les grands secteurs industriels, les dirigeants gouvernementaux ont pu doter le Japon de visions stratégiques nationales qui ont relancé le pays et lui ont donné sa puissance économique. Certes, le Canada n'est pas le Japon. Toutefois, un leader est un leader, et ce qui est déplorable au Canada, c'est le manque de visionnaires, et par conséquent de vision, à la tête du pays. Alors que le monde vit une de ses plus grandes crises économiques des temps modernes, il serait temps de se doter d'une politique visionnaire qui irait plus loin que l'échéance de la prochaine élection.

---

150. Ministry of International Trade and Industry.

Et qu'est-ce qu'on fait en attendant?

À la lumière des faits exposés, que l'on observe la situation sous un angle historique ou dans le détail des cas qui se sont déroulés ici, il est évident que le Canada restera encore pendant un bon nombre d'années l'un des plus intéressants terrains de chasse des espions internationaux, le plus grand danger n'étant pas la venue de ces espions mais bien l'attitude et le comportement que nous adopterons face au problème.

L'approche à adopter face au problème de l'espionnage doit foncièrement changer dans l'esprit des gens, ainsi qu'au niveau du gouvernement, qui doit immédiatement prendre les moyens nécessaires pour bien cerner le problème et ensuite démontrer, non seulement à sa population mais aux acteurs internationaux, que nous sommes maintenant résolus à endiguer les activités d'espionnage au Canada.

Les entreprises privées, ensuite, doivent changer leur approche face aux affaires, au sein à la fois de leur direction et de leur culture organisationnelle. Ce ne sont pas les caméras de surveillance qui vous protégeront, c'est la qualité de vos employés et leurs «réflexes» à protéger les intérêts de leur compagnie, et par extension ceux du pays.

Chose certaine, le monde a changé et continue de changer sur un mode agressif. La démographie mondiale débridée, les mouvements de population non contrôlés, les problèmes environnementaux de toutes sortes, l'épuisement des ressources naturelles renouvelables et primaires – comme l'eau potable, qui ne se renouvelle plus dans certaines parties du monde – et les ambitions politiques et commerciales de certains pays vont nous entraîner, qu'on le veuille ou non, dans une collision avec les grands acteurs de ce monde.

Il y a un dicton qui dit que la vie est comme une parade. Il y a des gens qui sont dans la parade et y participent. D'autres qui la regardent passer et souhaiteraient secrètement être de la partie.

À nous de décider si nous rejoignons la parade ou si nous la regardons passer.

Conséquences

11. Le conflit récent entre l'Estonie et la Russie, qui a donné lieu à une campagne électronique concertée contre des sites Web gouvernementaux et commerciaux estoniens, confirme que la protection contre les attaques électroniques est un élément essentiel de tout programme de protection de l'infrastructure critique et du maintien des activités quotidiennes du gouvernement. Désormais, tout conflit politique ou diplomatique comprendra probablement un volet électronique important. Les cibles gouvernementales prestigieuses, comme le chef de l'État, la magistrature et le ministère des Affaires étrangères et des cibles économiques importantes comme le secteur financier et des entreprises, seront sans doute les plus susceptibles d'être visées.

⁶ Les serveurs de noms de domaines (DNS) font partie de l'infrastructure d'Internet et traduisent les noms de domaines en adresses numériques IP (protocole Internet).

⁷ Le protocole de transfert de courrier simple (SMTP) est le protocole d'envoi de courriels courant entre serveurs. La plupart des systèmes d'envoi de courriel par Internet l'utilisent pour les communications entre serveurs. Les serveurs qui ne sont pas bien protégés sont vulnérables aux attaques par déni de service, souvent appelées attaques par SMTP.

— 4 —   CONFIDENTIEL

sites qui ont été la cible d'attaques et paralysés, citons ceux du premier ministre, du Parlement, du ministère des Affaires intérieures, du ministère des Affaires économiques et des Communications et du ministère des Affaires étrangères. Des sites commerciaux ont également fini par être ciblés, notamment celui d'une importante banque en ligne, qui a dû bloquer toutes les adresses internationales d'où des correspondants tentaient d'accéder à son site.

CONFIDENTIEL
2007 07 24

Service canadien du renseignement de sécurité

Bulletin de renseignement du SCRS

BR 2007-8/05(a)

**VOLET ÉLECTRONIQUE DES CONFLITS
INTERNATIONAUX : SOMMES-NOUS PRÊTS?**

► Rapport du SCRS sur l'état de préparation du Canada face aux menaces de cyberguerre. (Archives des auteurs)

- In 2006 12, five South Korean businessmen were arrested on charges of spying for North Korea.

Espionage Involving Canadian Interests

10. Canada figured prominently in media reporting on espionage over the past year. the case involving an individual identifying himself as Paul William HAMPEL (whose identified real name is protected under a Federal Court order), who was arrested by Canadian authorities on 2006 11 14 and detained on a Security Certificate. It was determined that HAMPEL possessed a fraudulent Ontario birth certificate with which he was able to construct a "legend," allowing him to assume an identity as a Canadian citizen. Following the presentation of evidence in *ex parte* and public hearings, a Federal Court judge concurred with the Service's assessment that HAMPEL was an SVR Illegal and he was deported to Russia on 2006 12 25.

11. The HAMPEL case received extensive Canadian and international media coverage. Russian media reports generally quoted Canadian media accounts of the case,

- 1 -   **SECRET**

SUMMARY

In 2006, espionage reached a level of prominence in the public eye that has not been witnessed since the Cold War. Several cases of espionage capturing global media attention in 2006 including the poisoning death of former FEDERAL SECURITY SERVICE (FSB) officer Aleksandr LITVINENKO and the arrest and expulsion of four Russian military intelligence (GRU) officers from Georgia. The arrest in Montreal and eventual deportation of an SVR Illegal, identifying himself as Paul William HAMPEL,

SECRET   2007 02 06

Canadian Security Intelligence Service

CSIS Intelligence Brief

IB 2006-7/26

ESPIONAGE CAPTURED GLOBAL ATTENTION IN 2006

► Un des rares rapports récents du SCRS traitant de la problématique de l'espionnage au Canada et dans le monde. (Archives des auteurs)

Principales agences de renseignement

Cette liste sommaire n'a pas pour but de regrouper toutes les agences de renseignement du monde mais principalement les agences de renseignements qui opèrent au Canada. Plusieurs agissent dans la clandestinité alors que certaines participent à des programmes d'échange d'agents de renseignement ou d'agents de liaison officiellement déclarés et rattachés à leurs ambassades respectives. Soulignons que presque toutes les agences mentionnées ici ont effectué des opérations clandestines au Canada.

Organisations canadiennes

CSARS (Comité de surveillance des activités de renseignement de sécurité): organisme indépendant chargé de la surveillance des activités du SCRS. Le mandat du CSARS est de vérifier que cette agence agit dans le respect de la loi. Un rapport est publié chaque année pour en rendre compte au Parlement et à la population canadienne. Il n'existe pas à l'heure actuelle d'organisme indépendant qui surveille les activités de la GRC.

CST (Centre de la sécurité des télécommunications) : agence chargée de la collecte et de l'analyse du renseignement électromagnétique. Créé en 1947 sous le nom de Direction des télécommunications, son existence ne fut reconnue officiellement par le gouvernement que trente-quatre ans plus tard. Le CST a le mandat d'écouter les communications des étrangers ou des appels provenant de l'étranger à destination du Canada, mais la loi lui interdit d'écouter celles faites par des Canadiens.

GRC (Gendarmerie royale du Canada) : agence policière fédérale. La GRC mène des enquêtes et des opérations sur le crime organisé, le terrorisme et le trafic de drogue. Autrefois, elle avait aussi pour mission d'enquêter sur les menaces à la sécurité nationale du Canada ; ce rôle fut attribué au SCRS après que la commission McDonald eut fait la lumière sur des abus commis dans les années 1970. Depuis le 11 septembre 2001, la GRC est revenue au premier plan avec les enquêtes sur le terrorisme.

SCRS (Service canadien de renseignement de sécurité) : agence de renseignement chargée d'enquêter sur les menaces à la sécurité nationale à l'intérieur du Canada et à l'étranger. Le SCRS fut créé en 1984 après que la commission McDonald eut recommandé la division de la GRC de façon à créer une agence civile de renseignement. Le SCRS est chargé d'enquêter et d'aviser le gouvernement fédéral sur les questions d'espionnage, de terrorisme et de sabotage. L'organisme est régi par la *Loi sur les services de renseignement de sécurité du Canada*. Cette agence n'a pas le pouvoir de procéder à des arrestations, rôle qui revient à la GRC.

Organisations étrangères

ASIO (Australian Security Intelligence Organisation) : Australie – Agence chargée de la protection de la sécurité intérieure, ce qui inclut la lutte contre l'espionnage, le sabotage, l'extrémisme politique et l'ingérence étrangère. L'agence a le mandat de conduire au besoin des opérations à l'étranger pour remplir ses fonctions. L'ASIO a un pouvoir d'enquête, mais pas d'arrestation, ce dernier relevant des services policiers. Cette organisation participe à un programme d'échange d'agents de renseignement avec le SCRS et a un agent en poste à Ottawa.

ASIS (Australian Secret Intelligence Service) : Australie – Service de renseignement extérieur chargé de la collecte de renseignement humain (HUMINT). L'ASIS a pour mandat de protéger les intérêts vitaux de l'Australie à l'étranger en menant des activités de contre-espionnage et en faisant l'acquisition de secrets pour le compte du gouvernement australien.

BND (Bundesnachrichtendienst) : Allemagne – Service fédéral de renseignement chargé du renseignement extérieur. Cet organisme, créé en 1956 en ex-Allemagne de l'Ouest, est un pur produit de la guerre froide. Le BND a été au centre de plusieurs controverses ces dernières années, entre autres pour des histoires d'écoute électronique de journalistes ainsi que d'espionnage d'ONG et d'officiels en Afghanistan. Le BND compte près de 6 000 employés.

Bureau 610 : Chine – Service de renseignement extérieur chargé de traquer les groupes dissidents. La nature même de cette agence est obscure. Selon deux transfuges chinois, elle aurait été créée le 10 juin 1999 et aurait pour mandat d'infiltrer les groupes dissidents au gouvernement chinois, principalement le Falun Gong, et de récolter de l'information sur eux.

CIA (Central Intelligence Agency) : États-Unis – Service de renseignement extérieur chargé d'enquêter sur les menaces contre la sécurité nationale. La CIA est divisée en quatre branches. Celles-ci incluent le National Clandestine Service, qui se spécialise dans les activités de renseignement humain et les opérations clandestines à l'étranger, et le Directorate of Intelligence, qui produit des rapports sur des questions préoccupant le gouvernement américain. Officiellement, la CIA n'a pas le mandat de procéder à des arrestations aux États-Unis, ce rôle relevant du FBI.

CISEN (Centro de Investigación y Seguridad Nacional) : Mexique – Agence de renseignement intérieur et extérieur. Le CISEN travaille en relation étroite avec les agences d'application de la loi pour lutter contre le crime organisé et le trafic de drogue, dont l'essor est problématique.

DCRI (Direction centrale du renseignement intérieur) : France – Agence policière relevant du ministère de l'Intérieur. Elle est née en 2008 de la fusion de la Direction de la surveillance du territoire (DST) et de la Direction centrale des renseignements généraux (RG). La DCRI a pour mandat de protéger la sécurité économique de la France et de lutter contre l'espionnage, l'ingérence étrangère, l'extrémisme politique et le terrorisme.

DGSE (Direction générale de la sécurité extérieure) : France – Service de renseignement extérieur responsable de la collecte et de l'analyse de renseignement électromagnétique (SIGINT) et humain (HUMINT). La DGSE mène aussi des activités clandestines à l'étranger dans le but de faire avancer les intérêts français.

DRS (Département du renseignement et de la sécurité) : Algérie – Agence de renseignement intérieur et extérieur. Le DRS est chargé des opérations de contre-espionnage, de sécu-

rité interne et de collecte de renseignement. L'agence est soupçonnée d'être impliquée dans de nombreux cas de torture.

DST-France (voir DCRI).

DST-Maroc (Direction de la surveillance du territoire-Maroc) :
Maroc – Agence de renseignement intérieur et extérieur. Si elle
a conduit dans le passé des opérations d'espionnage politique,
elle est aussi connue pour avoir mené des opérations communes
avec d'autres agences de renseignement alliées à l'étranger.

FBI (Federal Bureau of Investigation) : États-Unis – Agence
policière chargée d'enquêter sur les crimes fédéraux commis
aux États-Unis. Le FBI possède des attachés légaux dans plus
de soixante-dix villes à l'extérieur des États-Unis (incluant
Ottawa, Toronto et Vancouver). Ces attachés ont le mandat
de protéger les vies américaines en empêchant que des crimes
commis à l'étranger touchent des Américains et en enquêtant
sur certains crimes internationaux.

FSB (Federalnaya Sluzhba Bezopasnosti) : Russie – Terme
signifiant Services de sécurité fédéraux. Agence chargée de la
protection de la sécurité publique. Le FSB a succédé au KGB
après la chute de l'Union soviétique, puis au FSK en 1995.
Les activités de l'agence touchent entre autres au contre-
espionnage, aux enquêtes contre les crimes économiques, à la
lutte antiterroriste et à la surveillance. On estime qu'au moins
75 % des principales figures politiques actuelles en Russie ont
dans le passé travaillé pour le KGB ou le FSB.

GDI (General Directorate of Intelligence) : Iraq – Ancienne
agence de renseignement intérieur et extérieur sous le régime
de Saddam Hussein. Le GDI était divisé en plusieurs direc-
toires, dont un des plus importants, le Directoire 9, avait la
responsabilité de mener des opérations de sabotage et des
assassinats à l'étranger.

GRU (Glavnoje Razvedyvatel'noje Upravlenije) : Russie – Terme signifiant Administration centrale du renseignement. Service de renseignement militaire, le GRU collecte du renseignement humain grâce à des agents illégaux et à ses attachés militaires postés dans les ambassades russes. Le renseignement électromagnétique et l'imagerie satellite font aussi partie de ses responsabilités.

GSD (General Security Directorate) : Syrie – Agence de renseignement intérieur et extérieur. Le GSD est divisé en trois branches : Sécurité intérieure, Sécurité extérieure et Affaires palestiniennes. Les activités de la branche Sécurité extérieure sont comparables à celles de la CIA.

IB (Intelligence Bureau) : Inde – Service de renseignement intérieur chargé du contre-espionnage, de la lutte antiterroriste, de la surveillance des communications et de la transmission du point de vue gouvernemental dans les médias. Il était autrefois responsable du renseignement extérieur, mais cette fonction a été attribuée au RAW en 1968.

Intelligence Directorate : Cuba – Anciennement connu sous l'acronyme de DGI. Service de renseignement extérieur responsable de la collecte de renseignement. On estime que plus de la moitié de la mission cubaine à l'ONU, la troisième délégation en importance, est composée d'agents de renseignement de l'Intelligence Directorate. Durant les années 1990, le renseignement cubain a accru la part accordée à l'espionnage économique afin d'améliorer l'économie cubaine.

ISI (Inter-Services Intelligence) : Pakistan – Agence de renseignement intérieur et extérieur. L'ISI surveille en sol pakistanais les étrangers, médias, diplomates et groupes politiques actifs. Il intercepte et surveille également les communications et conduit des opérations secrètes offensives. L'ISI est soupçonné de fournir des informations privilégiées aux talibans et

d'être un «État dans l'État», dans la mesure où aucune supervision de l'agence n'a réellement lieu.

KGB (Komityet Gosudarstvennoy Bezopasnosty) : Russie –
Police secrète et agence de renseignement ayant agi de 1954 à
1991 avant d'être dissoute et remplacée par le FSK puis le FSB.
Le KGB avait la responsabilité de la collecte de renseignement
et des opérations secrètes à l'étranger et en Russie. Le KGB est
reconnu pour avoir employé des méthodes brutales contre la
dissidence politique et pour avoir entretenu pendant la guerre
froide un réseau d'espions très développé.

MI5 (Military Intelligence, section 5) : Royaume-Uni
– Agence de renseignement intérieur chargée du contre-
espionnage, de la lutte antiterroriste et d'enquêter sur les
menaces à la sécurité nationale. Bien que les activités du
MI5 soient surtout concentrées sur le territoire britannique,
il arrive qu'elle conduise des opérations à l'étranger. Dans un
tel cas, ces dernières seront étroitement coordonnées avec le
SIS. Cette organisation participe à un programme d'échange
d'agents de renseignement avec le SCRS et a un agent en
poste à Ottawa.

MI6 (Military Intelligence, section 6) : voir SIS.

MIT (Millî Istihbarat Teşkilâtı) : Turquie – Agence de renseignement intérieur et extérieur chargée de mener des opérations
de contre-espionnage à l'étranger et de faire la lumière sur les
groupes à tendance communiste, séparatiste et fasciste.

MOIS (Ministry of Intelligence and Security) : Iran – Service
de renseignement intérieur et extérieur. Peu d'informations
sont disponibles sur le MOIS. Celui-ci a remplacé la Savak,
l'ancienne agence de sécurité nationale, après la révolution islamique en 1979. À l'étranger, le personnel du MOIS peut être
rattaché aux ambassades ou aux consulats en tant qu'agents en

poste ou représentants du ministère de la Culture. Le MOIS utilise aussi des agents illégaux avec couverture qui peuvent être aussi bien des étudiants que des universitaires, des journalistes ou des marchands. L'agence est soupçonnée d'avoir ordonné l'assassinat de dissidents politiques à l'étranger à la fin des années 1990.

Mossad (HaMossad leModi'in v'leTafkidim Meyuhadim) : Israël – Terme hébreux désignant l'Institut pour le renseignement et les opérations spéciales. Service de renseignement extérieur responsable de la collecte du renseignement humain (HUMINT), des opérations spéciales et du contre-terrorisme. Le Mossad est particulièrement actif dans les pays arabes, mais aussi dans les pays occidentaux et à l'ONU. Les activités du Mossad incluent notamment l'espionnage par des agents illégaux et des agents en poste, le sabotage, les assassinats ciblés et la guerre psychologique.

MSS (Ministry of State Security) : Chine – Service de renseignement responsable des opérations de contre-espionnage, de surveillance des dissidents politiques et de la collecte de renseignement à l'étranger. Le MSS est également très actif dans l'espionnage économique. En 2003, le FBI estimait que 3 000 compagnies chinoises établies en Amérique du Nord avaient pour but de coordonner les efforts d'espionnage dans ce domaine.

NIB (National Intelligence Bureau) : Sri Lanka – Agence de renseignement intérieur et extérieur. Fondé en 1984, le NIB regroupe les activités de renseignement de l'armée et de la police.

NIS (National Intelligence Service) : Corée du Sud – Service de renseignement intérieur et extérieur auparavant connu sous les acronymes de KCIA et ANSP. Le NIS enquête sur les menaces contre la sécurité nationale et procède à la collecte de renseignement à l'étranger, notamment en matière de secrets militaires. Les activités de l'agence couvrent également le contre-espionnage, dans le but de prévenir, entre autres, l'espionnage industriel et militaire.

NSA (National Security Agency) : États-Unis – Service de renseignement extérieur responsable de la collecte et de l'analyse de renseignement électromagnétique (SIGINT). La NSA est à l'origine du réseau Échelon, une alliance mondiale d'écoute des télécommunications dont font partie le Canada, l'Australie, la Nouvelle-Zélande et le Royaume-Uni. Si le mandat de cette agence a, par ses activités, pour but de protéger le pays contre une attaque, la NSA a été accusée dans le passé de faire de l'espionnage économique au profit des États-Unis.

NSB (National Security Bureau) : Taïwan – Agence de renseignement intérieur et extérieur. Le NSB a pour devoir d'informer le gouvernement des derniers développements dans le monde, en Chine et à l'intérieur du pays. Pour y arriver, l'agence est autorisée à mener des opérations de collecte de renseignement. Toutefois, l'application de la loi est réservée aux forces policières.

NSS (National Security Service) : Arménie – Agence de renseignement chargée de mettre en œuvre les politiques de sécurité nationale du gouvernement. Plusieurs des opérations d'espionnage du NSS sont concentrées sur la Turquie et l'Azerbaïdjan, deux adversaires politiques.

RAW (Research and Analysis Wing) : Inde – Service de renseignement extérieur chargé de la collecte de renseignement, des opérations secrètes et de la lutte antiterroriste. Fondée en 1968, cette agence concentre surtout ses activités sur le Pakistan et les pays avoisinants.

SB (Special Branch) : Malaisie – Agence de renseignement intérieur et extérieur rattachée à la Police royale malaisienne.

Le SB est divisé en sept départements chargés notamment de la collecte et de l'analyse de renseignement technique, économique et politique.

SIE (Serviciul de Informații Externe) : Roumanie – Service de renseignement extérieur. Fondé en 1990, il a pour mandat de protéger la sécurité nationale et les intérêts de la Roumanie à l'étranger.

SIS (Secret Intelligence Service) : Royaume-Uni – Service de renseignement extérieur aussi connu sous le nom de MI6. Le SIS conduit les opérations clandestines à l'étranger et la collecte de renseignement. À cet effet, le SIS est aussi officiellement utilisé pour l'espionnage économique.

SRC (Services de renseignement chinois) : Chine – Inclut le Bureau 610, le ministère de la Sécurité d'État (MSS ou Guoanbu) et le Département du travail uni (United Front Work Department). La Chine possède un impressionnant arsenal de services de renseignement qui est actif aussi bien à l'intérieur de son territoire, pour contrôler la dissidence et les dangers contre l'État, qu'à l'extérieur, de manière très agressive et proactive. L'Armée populaire de la libération (APL) dispose elle aussi d'unités dans les trois grandes divisions militaires que sont la marine, l'aviation et la terre. Le Comité central du Parti communiste joue un rôle central dans la planification et le contrôle des activités de tous les services de renseignement en indiquant les grandes lignes de conduite et les stratégies jugées nécessaires au soutien du régime. Ce qui est peut-être unique à la Chine est le fait que les services de renseignement occidentaux considèrent l'agence de presse New China News Agency (Xinhua) comme l'une des branches actives des services de renseignement de la Chine. Le ministère des Affaires étrangères chinois, bien que n'étant pas un service officiel de l'appareil de sécurité, est toutefois très actif en soutien aux services de renseignement. Cela dit, en Chine, tous les ministères, agences médiatiques et centres académiques servent, d'une manière ou d'une autre, les services de renseignement et sont tous grandement infiltrés par ces derniers.

SVR (Sluzhba Vneshney Razvedki): Russie – Terme signifiant Service de renseignement extérieur. Agence responsable des opérations à l'étranger, entre autres l'écoute de communications, la collecte de renseignement et l'espionnage économique. Le SVR a succédé à la Première Direction du KGB après la dissolution de l'Union soviétique.

SZRU (Sluzhba zovnishn'oyi rozvidky Ukrayiny): Ukraine – Service de renseignement extérieur. Le SZRU a pour mandat de faire la collecte et l'analyse de renseignement politique, économique, militaire, scientifique, technologique et écologique.

TC2 (Tổng cục 2): Vietnam – Agence de renseignement intérieur et extérieur chargée de la collecte et de l'analyse de renseignement notamment dans les domaines économiques, diplomatiques, politiques, scientifiques et technologiques.

UFWD (United Front Work Department): Chine – Département placé sous la responsabilité du Comité central du Parti communiste chinois. Il maintient des liens avec les citoyens chinois travaillant à l'étranger dans le cas où ceux-ci pourraient être utilisés pour fournir du renseignement à la Chine.

VEVAK (Vezarat-e Ettela'at va Amniat-e Keshvar): Iran – Voir MOIS. Ministère de la sécurité et du renseignement.

Jargon des espions

Agent de liaison : agent de renseignement officiellement déclaré et qui agit comme représentant officiel de son agence auprès d'agences étrangères. Son rôle est de favoriser les échanges d'information. À l'occasion, les agences échangent des agents qui sont intégrés dans une agence alliée pour un temps déterminé.

Agent dormant : espion placé dans un pays ou une organisation donnée et qui reste inactif jusqu'au moment où il est appelé à fournir du renseignement à l'agence pour laquelle il travaille réellement. Un agent dormant peut rester inactif pendant plusieurs années, ce qui rend sa détection difficile par les services de contre-espionnage.

Agent double : espion qui prétend travailler pour un gouvernement ou un service de renseignement du pays, mais qui en réalité agit pour le compte d'un gouvernement étranger en lui fournissant des informations secrètes. Cet agent peut aussi être utilisé pour infiltrer des communautés en se faisant passer pour un sympathisant.

Agent en place : agent qui travaille pour le compte d'un pays étranger au sein d'un autre gouvernement ou d'une mission diplomatique. Ces agents peuvent être recrutés parmi les citoyens d'un pays ou être des agents doubles.

Agent en poste : espion agissant sous une couverture diplomatique officielle au sein d'une ambassade du pays pour lequel il travaille. Il communique directement avec le quartier général de son agence dans son pays d'origine et exécute les ordres en matière de collecte d'information ou d'opération offensive. Pour ce faire, il utilise son immunité diplomatique afin d'établir des contacts, de faire du recrutement, d'obtenir des informations ou d'avoir accès à des personnes de manière «officielle» ou clandestine. L'emploi d'agents en poste contrevient à la convention de Vienne sur les relations diplomatiques.

Agent illégal : espion agissant sous couverture pour le compte d'un gouvernement étranger. À la différence d'un agent en poste, l'illégal ne bénéficie pas d'une protection diplomatique. Les deux types d'agent sont «officiellement» interdits.

Antenne (ou station) : groupe d'un service de renseignement à l'étranger opérant généralement à partir d'une mission diplomatique dans le but de masquer ses opérations illégales (équivalent de *rezident* pour les Russes). Comprend généralement un responsable, le chef de station (équivalent du *rezident* pour les Russes), qui rend compte des activités au quartier général, et des spécialistes chargés de faire la collecte d'information.

Boîte aux lettres morte : emplacement où se trouve un message ou un objet à l'intention d'un espion. Se trouve généralement dans un lieu public (livre de bibliothèque, creux d'un arbre, déchet laissé au sol, etc.) de façon à être récupéré rapidement sans attirer les soupçons des services de contre-espionnage. Permet de communiquer avec d'autres agents en évitant les contacts directs.

Chef de station : plus haut responsable d'un groupe d'agents de renseignement opérant clandestinement dans un pays étranger. Généralement posté au sein d'une ambassade ou d'un consulat afin de masquer les activités d'espionnage.

Collaborateur (*cooptee*) : personne qui coopère avec un agent de renseignement étranger afin de fournir des informations stratégiques, parfois confidentielles mais pas nécessairement secrètes. La motivation est souvent d'ordre idéologique ou personnel. À titre d'exemple, un collaborateur peut être utilisé pour faire la collecte d'information sur des dissidents d'un régime étranger ou pour passer des « opinions » propagandistes.

Contre-espionnage : activités de renseignement déployées par un pays afin de contrer les activités offensives d'espionnage de pays étrangers ou de compagnies compétitrices.

Contrôleur (*handler*) : agent de renseignement responsable de gérer une source clandestine. Fait généralement référence à une source humaine, mais peut aussi être utilisé pour désigner la personne responsable d'une source technique.

Courrier diplomatique : correspondance sous forme de sac ou de contenant de toute grosseur qui est protégé en vertu des accords diplomatiques internationaux. Cela signifie que tout colis ou objet déclaré « courrier diplomatique » n'est pas inspecté par les douaniers ni par les policiers. Cette voie est régulièrement exploitée par les espions diplomates qui reçoivent ou envoient à leurs quartiers généraux la correspondance ou le fruit de leurs collectes clandestines.

Couverture (agir sous) : utilisation par un espion d'une fausse identité pour lui permettre de remplir ses fonctions sans être identifié. Le terme anglais souvent utilisé est *undercover*.

Espionnage : activités illégales entreprises afin d'obtenir ou de communiquer des informations de manière clandestine et non officielle. Ces activités sont généralement commandées par une agence gouvernementale étrangère qui agit à l'encontre des conventions internationales et diplomatiques. Des pratiques similaires sont maintenant aussi utilisées par le secteur privé afin d'obtenir, toujours de manière illégale, des informations d'ordre commercial (voir Espionnage économique et Espionnage industriel).

Espionnage économique : utilisation par un gouvernement de ses services de renseignement nationaux afin d'obtenir clandestinement et illégalement des renseignements à caractère commercial ou économique d'une entreprise ou d'un État étranger. Ce type d'espionnage est souvent confondu avec l'espionnage industriel, qui, lui, s'effectue uniquement entre compagnies privées. Dans certains cas, par exemple, un gouvernement peut ouvrir une entreprise qui en apparence semblera privée mais qui en réalité lui servira pour faire de l'espionnage économique.

Espionnage industriel : activité illégale faite par une entreprise commerciale privée contre une autre entreprise privée afin d'obtenir clandestinement des informations stratégiques ou de la propriété intellectuelle importante. La ligne de partage entre l'espionnage économique et l'espionnage industriel est parfois ténue. Dans les deux cas, il s'agit d'acte criminel.

HUMINT : acronyme de *Human Intelligence*. Correspond aux renseignements acquis par des sources humaines grâce à l'utilisation, par exemple, de taupes, d'informateurs ou d'agents doubles.

IMINT : acronyme de *Image Intelligence.* Correspond aux renseignements obtenus par des images photos ou satellites.

Informateur : personne qui accepte de donner des informations confidentielles et stratégiques. Le terme est généralement utilisé dans le domaine policier ; dans le domaine du renseignement, on parle plutôt de « source ».

Intelligence : voir Renseignement. Dans cette acception, c'est un anglicisme. Communément utilisé dans les pays francophones d'Europe, particulièrement en France.

Légende : efforts déployés par un service de renseignement ou un agent afin de se créer un passé en partie fictif et réel. Pour ce faire, les services de l'agent feront la collecte d'information légitime d'un enfant mort très jeune dans un pays donné. Par la suite, l'agent utilisera cette identité comme nouvelle couverture. Très souvent, l'agent séjournera dans divers pays avant d'arriver dans le pays visé afin de laisser des « traces », donc de légitimer sa légende.

Ligne (*rezidentura*) : les lignes renvoient aux différents départements que l'on retrouve dans les services de renseignement russes. Les différentes lignes sont identifiées par des lettres qui désignent les divers fonctions, activités ou types d'information que ses membres ont à faire ou à obtenir. Par exemple, la ligne N a la responsabilité de gérer les réseaux d'agents illégaux du pays ou de la région dans laquelle elle opère ; la ligne X s'occupe principalement du vol de technologie ou d'information à caractère scientifique ou économique ; la ligne PR a pour mission d'acquérir du renseignement politique en développant des agents (collaborateurs ou *cooptees*) au sein des gouvernements étrangers et de faire de la propagande ; et la ligne RR s'occupe de faire l'acquisition de renseignement électronique (voir SIGINT). Finalement, la ligne KR s'occupe de la sécurité et du contre-espionnage par la détection des agents doubles ou les transfuges éventuels.

OSINT: acronyme de *Open Source Intelligence*. Correspond aux renseignements acquis par la lecture d'information de nature publique ou de sources dites « sources ouvertes » (journaux, pamphlets commerciaux, rapports gouvernementaux, internet, etc.).

Persona non grata (**PNG**): désigne les personnes qui ont été expulsées d'un pays pour activité « non compatible » avec leur fonction diplomatique. Lire: pour activité d'espionnage.

Poisson des grands fonds: terme employé par les services de renseignement chinois pour désigner un agent dormant.

Renseignement (*intelligence* **en anglais**): résultat de la collecte, de l'évaluation et de l'interprétation d'informations acquises par des sources ouvertes et/ou confidentielles. Vise à mieux informer les dirigeants politiques sur des questions définies d'avance et ainsi améliorer le processus de prise de décisions. Une erreur commune consiste à croire qu'on collecte le renseignement; en réalité, on le produit. On fait la collecte de l'information qui servira à produire le renseignement: information + analyse = renseignement.

Renseignement ou information classifiée: anglicisme (*classified information*) renvoyant aux informations confidentielles, secrètes ou très secrètes.

Résidence: voir *Rezidentura*.

Rezident (**résident**): chef de mission des espions russes en poste dans une ambassade ou un consulat. Rarement, le *rezident* sera l'ambassadeur ou le consul général.

Rezidentura (**résidence**): quartiers au sein des ambassades ou des consulats russes réservés exclusivement aux activités et agents de renseignement russes. La *rezidentura* est divisée en plusieurs départements ayant chacun des fonctions précises (voir Ligne). Le terme *rezident* renvoie au chef de la mission du renseignement russe à l'intérieur de l'ambassade ou du consulat agissant sous couverture diplomatique.

ROEM (Renseignement d'origine électromagnétique) : voir SIGINT.

ROHUM (Renseignement d'origine humaine) : voir HUMINT.

ROIM (Renseignement d'origine image) : voir IMINT.

ROSO (Renseignement de sources ouvertes) : voir OSINT.

SIGINT : acronyme de *Signal Intelligence.* Correspond aux renseignements acquis par l'interception de signaux électromagnétiques (écoute des ondes radios et satellitaires, interception des communications téléphoniques et électroniques, fax, télémétrie, etc.).

Source : terme générique désignant une source d'information quelconque (source humaine, source technique, source ouverte). Le terme sera souvent utilisé volontairement dans une conversation ou dans un rapport afin de masquer toute information qui pourrait amener à l'identification des moyens utilisés pour la collecte de l'information. Par exemple, mentionner que l'information a été obtenue par une source technique sous-entend immédiatement l'utilisation d'un appareil d'écoute ou d'observation électronique.

Source humaine : voir HUMINT.

Source ouverte : voir ONSINT.

Source technique : voir SIGINT.

Station : voir Antenne.

Taupe : espion travaillant clandestinement au sein d'un gouvernement ou d'une agence étrangère et utilisant ses fonctions pour fournir du renseignement secret à un État étranger. Peut dans certains cas être un agent dormant.

TECHINT : acronyme de *Technical Intelligence*. Correspond aux activités de renseignement qui s'intéressent au développement des capacités des forces armées étrangères.

Transfuge : personne (espion, diplomate, etc.) qui change son allégeance envers un pays pour un autre. Peut dans certains cas apporter avec elle des informations secrètes qu'elle partagera avec les services de renseignement du pays hôte. Au Canada par exemple, la défection en 1945 du commis à la communication de l'ambassade soviétique à Ottawa, Igor Gouzenko, a permis de mettre au jour l'ampleur de l'espionnage pratiqué par l'URSS au Canada et a en partie révolutionné la vision des services occidentaux face à la menace offensive des Soviétiques en matière d'espionnage. Certains spécialistes qualifient l'incident Gouzenko comme l'un des facteurs déclencheurs de la guerre froide.

Volontaire (*walk-in*) : personne qui vient volontairement proposer ses services à un service de renseignement étranger afin de transmettre des informations classifiées. La motivation de ce type de trahison est souvent l'argent, la vengeance ou les différences idéologiques.

BIBLIOGRAPHIE

« Security Awareness in the 1980s: Featured Articles from the Security Awareness Bulletin, 1981-1989 », DIANE Publishing, 1992.

ANDREW, Christopher et Oleg GORDIEVSKI, *Le KGB dans le monde, 1917-1990*, Fayard, Paris, 1990.

ANDREW, Christopher et Vassili MITROKHINE, *Le KGB contre l'Ouest, 1917-1991 – Les archives Mitrokhine*, Fayard, Paris, 2000.

BELL, Stewart, *Terreur froide*, Les Éditions de l'Homme, Montréal, 2004.

BEN MENASHE, Ari, *Profits of War. Inside the Secret U.S. – Israël Arms Networks*, Sheridan Square Press, New York, 1992.

CHERKASHIN, Victor et Gregory FEIFER, *Spy Handler. Memoir of a KGB Officer: the True Story of the Man who Recruited Robert Hanssen and Aldrich Ames*, Basic Books, New York, 2005.

DHAR, Maloy Krishna, *Open Secrets – India's Intelligence Unveiled*, Manas Publications, New Delhi, 2005.

EARLEY, Pete, *Comrad J. The Untold Secrets of Russia's Master Spy in America after the End of the Cold War*, GP Putnam's Sons, New York, 2007.

FALIGOT, Roger, *Les Services secrets chinois, de Mao aux JO*, Nouveau Monde Éditions, Paris, 2008.

GRANATSTEIN, J. L. et David STAFFORD, *Spy Wars, Espionage and Canada from Gouzenko to Glastnost*, Key Porter Books, Toronto, 1991.

LESTER, Normand, *Enquête sur les services secrets*, Éditions de l'Homme, Montréal, 1998.

MELNIK, Constantin, *Les Espions – Réalités et fantasmes*, Ellipses, Paris, 2008.

MITROVIKA, Andrew, *Entrée clandestine*, Trait d'union, Montréal, 2002.

OUGARTCHINSKA, Roumiana, *KGB et cie – À l'assaut de l'Europe*, Éditions Anne Carrière, Paris, 2005.

THOMAS, Gordon, *Histoire des services secrets britanniques*, Nouveau Monde Éditions, Paris, 2008.

THOMAS, Gordon, *Histoire secrète du Mossad – De 1951 à nos jours*, Nouveau Monde Éditions, Paris, 2006.

REMERCIEMENTS

Ce livre n'aurait jamais pu voir le jour sans l'aide précieuse de plusieurs personnes que nous souhaitons remercier ici :

Michel Auger, Yves Bonnet, Bernard Bujold, Maloy Krishna Dhar, Pablo Durant, Roger Faligot, Vladimir Fedorovski, Lise Garon, Me Stéphane Handfield, Jamel Jani, François Lavigne, Kayum Masimov, Brian McAdam, Ari ben Menashe, Raymond Nart, Gérard Pardini, Rémy Pautrat, Claude Rivest, Lucy Zhou.

En revanche, l'identité de plusieurs de nos sources ayant pour la plupart œuvré dans le milieu du renseignement doit être tenue secrète. Nous tenons aussi à leur exprimer toute notre gratitude pour la confiance qu'elles nous ont accordée, ainsi que pour leur disponibilité sans failles.

Nous devons souligner l'aide précieuse que nous avons reçue de Karl Payeur, brillant jeune chercheur qui nous a donné un bon coup de main.

En terminant, nous ne pourrions passer sous silence nos épouses, enfants et familles. Leur soutien a été continu, acceptant sans broncher les longues heures passées loin d'eux pour mener à bien la rédaction de ce livre. Vous avez tout notre amour et toute notre reconnaissance.

TABLE DES MATIÈRES

Cet ouvrage a été composé en Ehrhardt MT 12,25/15
et achevé d'imprimer en août 2009 sur les presses
de Marquis imprimeur, Québec, Canada.

Imprimé sur du papier 100 % postconsommation,
traité sans chlore, accrédité Éco-Logo et fait à partir de biogaz.

certifié   procédé   100 % post-   archives   énergie
          sans   consommation permanentes biogaz
          chlore